中国民族博物馆研究

MUSEUM ANTHROPOLOGY READERS

追踪行业轨迹　发声学术前沿　推动行业发展

2017

民族出版社

《中国民族博物馆研究》编辑部

电话传真：010-82684383

邮箱：yanjiubu3@sina.com

目　录

理论

实践

专题研究

田野

文物

文化遗产

书评

理论

博物馆管理的一些准则

弗朗茨·博厄斯　著

郑姗姗　译*

乔治·多尔西博士（Dr. George A. Dorsey）详细地讨论了美国自然历史博物馆的民族学藏品，其批评大致认为——这种安排就推广民族学研究成果而言，其尝试并不尽如人意。在讨论中，他设定大型博物馆的基本目标是研究，而非与讨论这种基本假设有效性无关的讲解。

我将在以下的评论中，探讨于我而言将博物馆作为研究机构和教育机构之用途的关键所在。由于我的实践经验大部分来自民族志博物馆，我将会特别以此为例，来说明民族志博物馆在哪些方面与自然历史博物馆有所不同。

博物馆服务于三种目标。其机构设计可用来提供有益健康的休闲活动，提供讲解与教育，以及推动研究等。

博物馆作为大众休闲场所的价值不可低估，尤其是在大城市中，应创造各种机会，使人们能够在健康、积极的环境中休闲消遣，这些能够抵销酒吧和赛马场影响

* 弗朗茨·博厄斯（Franz Boas，1858-1942），德国裔美国人类学家，被称为“美国人类学之父”。作为现代人类学的奠基者之一，他开创了人类学的四大分支：体质人类学、语言学、考古学以及文化人类学。博厄斯曾任职于德国柏林皇家民族学博物馆，以及美国自然历史博物馆民族学部。

郑姗姗：中山大学社会学与人类学学院硕士研究生。

的有趣之物都有着重要的社会意义。如果博物馆就是为此目的，它首先要有娱乐性，并且尝试通过消遣提供有益的兴奋之处。寻求休闲和消遣的人在其寻求刺激的时候并不乐意接收系统的讲解。他们想欣赏，想感受展品的精彩与美妙；如果展览潜在的理念能够清晰有效地被带出，则不需要做任何特别的努力，他们便可感受展品的伟大之处。这一类型的参观者不是去博物馆具体地研究展览，亦非严格遵循馆长安排的计划，而是在展厅间随意踱步，漫无目的地四处探寻吸引其关注之物。

许多博物馆工作人员总是一厢情愿地认为大多数公众态度认真严肃；但对在博物馆展厅中踱步参观的访客的观察清楚地表明，大多数人来此只是为了消遣而已。通过跟随他们穿过展厅，聆听他们的评论，以及参观者为了看遍博物馆而从头到尾穿越所有展厅的总体趋势中，很容易得到证明。在纽约市，周日午后，当父母和孩子们在愉快的环境中打发时间，并试图融入奇妙的景象时，也可以看到这种景象。

如果这是真的，那么一个非常严肃的问题就产生了，（博物馆）为此类人数众多的参观者可以做些什么呢？显然，系统的展览并不能吸引他们，我们最能期望的是通过蕴含重点的展览来使其轻松明白。大部分博物馆并非基于承诺在这方面取得成功的计划而修建。要传达某种观点至少需要考虑引起关注的可能性；而我们基于建筑印象而建的巨大展厅，总会使得参观者的注意力有可能分散，因为他才开始参观一个展览，就已经在期待下一个，所以根本无法在任何特别的主题上集中注意力。有效的基础在于使之能够集中注意力，以及每个展览中表达的理念一致。那些看过德累斯顿博物馆（the Dresden Museum）藏有西斯廷圣母（Sistine Madonna）雕塑展厅的人会知道我的意思。这间房内没有任何东西来分散参观者关注单一展品的注意力，因此，展厅成了圣地。

在决定呈现给公众的主题挑选之前，博物馆馆长应该清楚大众展览所接受的对象为何。科普成为近年的一种准则（Shibboleth），我们太倾向于相信通过简单方式来展现科学探索的成果本身就是一种值得称赞的努力。

我担心在这种信念下，一些科普的基本目标被忽略了。在倾向普及知识的演讲、畅销书，以及在受欢迎的博物馆中，人们经常是从对未知事物和模糊观点的轻描淡写中获得理解，使大众相信无需努力，只要通过听上一个小时或更短的问题阐述就能掌握。此即我认为的科普展览的危险之处。这是促成对个人力量的过高估计，并反映在公共生活的许多阶段。它促使人们认为，严谨完善的工作培训的必要性乃过时的偏见，对知识一知半解式的常识将适用于生活、经商以及科学和公共事务等任何地方。

我所理解的科普是一种努力，以抵消这些影响，并体现真理的崇高以及为了获得它所需的真诚努力。因此，应该最大程度地去避免各种不精确，更不能通过试图消除所有模糊的东西来使所有问题显得幼稚、简单。

这并不意味着最复杂的问题应该被选来做大众展示，但应该强调获得研究成果所付出的巨大努力。要在我前面所提及的引人注目的大众展览中付诸实践，应该围绕这些展览努力传达出这样的印象——参观者通过观看简单的展品，无法领会藏品想传达的所有意义，还需要更多的学习。

另一种观点应牢记于心。当引人入胜的展览技术趋于完美时，危险始终存在——沉于欣赏之中的公众，将无法理解展览想要传达的理念，甚至会忘记在赞赏布置展出技能中寻找这种理念。譬如，在一个关于海浪之上盘旋的鸥类展览中，参观者太有可能只会问“它们是怎么被悬置的？”从博物馆回来之后，他们会告诉朋友们这些鸟在看不见的悬架上展出的技术，却未必知道它们是什么鸟。因此所有展览要点之外的因素均会分散人们对于基本观念的注意力。我担心某种情况下会产生一种对模拟自然的人造物的兴趣，就像安徒生童话（Andersen's fairy tale）中《夜莺》故事里的中国皇帝侍臣感受到的那样，当他们发现夜莺不是机械玩具时，竟然惊呼：“多无趣啊！它居然是一只真鸟！”

为了吸引漫步展厅的参观者的注意力，博物馆需要一种不太有差别的背景，一个想要到处吸引观众的展览需由此出发；博物馆管理者的艺术在于适当选择这种让人明白确切理念的展览。一家收集了一批引人注目的展品的博物馆一定程度上会败给自己，因为收集大量品位相同的藏品的结果，会削弱对每一件藏品的注意力。而且，由呈现某一特别设想的展览所构成的无差别背景阐明了所需面对的问题的广度，这也是一种针对展览悬置主题的肤浅假设的检验。

只有两种方法可以引起博物馆消遣的参观者的注意。一种是藏有罕见的稀世珍宝，其自身的价值就是吸引人的地方。布鲁克林学院博物馆（the Museum of the Brooklyn Institute）部分地尝试实践了这种设想。然而，这显然不是一所试图在其展厅中陈列丰富展品，且不只是通过小型展览，还包括综合性主题呈现的大型博物馆的目标和方式。的确，一定要意识到不可能通过所有展品来吸引人们的注意力，但对于参观者来说大多数展品仅仅只是一种背景，一些恰好引发其兴致的主题在其中鲜明地凸显出来。

我想所有大型博物馆的经验都表明，只有关注到普罗大众才是正确的。比如，当一件新的某种灭绝动物的巨型骨架陈列一公布，人们会蜂拥而至，一睹为快，藉由从整体展陈中脱颖而出的崭新且令人印象深刻的陈列，以及博物馆较平时特别不同的气氛，他们思维的感受能力得以提升。当一大群美丽的鸟类展出时亦复如是。然而，如果博物馆含有大量巨型骨架陈列，或者有大量相似特征的鸟群，印象就完全不一样了。参观者会从一个走到另一个，但每一组给人留下的印象会相应减少。

就这种观点而言，我想没有话比布朗·古德博士（Dr. Brown Goode）的一再声明更正确，他说博物馆即通过展品来呈现的安排有序的标签陈列。相反地，吸引公众的是突出的展品；无论什么附加信息，标签也好，周围的陈列也好，能将之带入访问者的内心，乃预期之唯一效果。

我相信有经验的博物馆管理者会同意我的观点，在有着访问率最高的博物馆中，只要不将博物馆参观者的讲座出席率也算进去人为提高比率的话，此类参观者的数量很容易达到 90%，甚至更多。对被简单归为国家首都名胜之一的美国国家博物馆来说更是如此，对于同城的美国自然历史博物馆而言，其周末的访问量也是如此。

我倾向于认为通过合理且有见地的安排，博物馆可在公众教育方面贡献良多，但它需要高层次人才进行选择，寻找引人注目的目标，能让人们明了与无差别背景相对的重要观念，并以此获得最好的结果。

从已有评论可以看到，大型博物馆里挑选展品的机会是以这种方式进行的，即，多种多样的重要观点往往通过特展体现出来。

人们已经在入口大厅做过这种尝试，许多非常优秀的展品陈列在那里，部分依照系统的特色，部分则想要显示某种特殊的生物属性。我相信这里所传达的感觉是受参观者喜爱的，当参观者从大厅移步到该建筑中的各个展厅时，就因为这种在入口组合呈现的物质背景，发现众多展品的期待被营造出来。此外，人们也可能认为，如果这些展厅各处都有同样引人注目的展品的话，效果会更好。

我相信鉴于来此消闲的参观者的需求，大部分博物馆注重预备将某些特定的展品组合在一起陈列，试图呈现一些重要的意图。在过去 15 年的组合陈列实践中，为此打算的参观者的需求经常被忽略。一个陈列组并不能传达比一本普通图画书中的图片更能传达的信息，但它有异于图画信息的传达。通过规模和环境方面带来的深刻印象而与画册相区别。因此，一系列于不同层面阐明同一理念的组合是不受欢迎的，因为各种印象会被过多同样的陈列削弱。我认为这种类型相同且过度重复的组别的效果可以在美国国家博物馆（the United States National Museum）的展品中察觉到。该博物馆的人类学部的组别重复的确不是以一个组别形式来呈现所有印第安文化类型而实施的系统努力。更多是由于博物馆承担的繁重的责任，要组织一系列新的引人注目的展览参与各种无休无止的国家或国际博览会，这些博览会几乎都只是给观光客看的，观光客根本不会轻易被什么打动，他们感兴趣的就是这种有着各种组别的大型展览。如果你去观察美国国家博物馆里漫步于陈列着印第安组的卡特林展厅（the Catlin Hall）的参观者，很容易感觉到第一组看起来非常有趣，但很快对其他组渐渐失去兴趣，并变得越来越不重要。因此我们可以确切地断言，将大型展品放在一起的方法应该谨慎采用，只有在无差别背景的映衬下，每一个展品陈列的效果才会更好。

我已经在这里提及那些会吸引普罗大众的大型展览。但这也不是那么准确，总还是有那么一些受过高等教育的参观者，他们可能会被小规模的特展所呈现的简洁精美所吸引。

博物馆也会被用于传递系统的信息。通过参观博物馆寻找这种信息的人相对较少，但却不可忽略；毋庸置疑，博物馆给此类观众提供信息责无旁贷。但问题在于，一所巨型博物馆能够多大程度给有这种需求的学生提供信息。倘若像美国自然历史博物馆这样目前拥有 18 个展厅和 6 个画廊，展厅占地面积达到 2438 ～ 3048 米（8000 ～ 10000 英尺），画廊面积 1219 ～ 1524 米（4000 ～ 5000 英尺），想象各个展厅为了系统地展现各种科学而陈列，我们发现整个馆变成了一个既分离又相互交错的体系的迷宫，一般的参观者即使希望获得系统信息，也会因为陈列大量的展品而泄气。

显然，这里不得不运用初等教育的基本准则，即有效性并不依赖于多样性，而在于展品的完整性。“宁要完整，不要繁杂。”（Multum, non multa.）至此我意识到，没有人试过根据一个刚性方案来将一所巨型博物馆的藏品系统化，这显然是因为其自身呈现出的难以克服的困难。

困难之一即在于缺乏展现科学所有不同分支的系统收藏。这一欠缺在我们美国所有的博物馆都很明显，这些博物馆的大多数陈列由北美各处的藏品组成，而来自其他洲的素材呈现却不够充分。对于获取涵盖科学任一特定分支的小型系统藏品而言，并没有自身的困难，但在大型博物馆里总存在与特定问题或特别地区相连的藏品优势。这种展品缺乏总会是大型藏品完全系统化的一个障碍。许多小型博物馆已在尝试发展有代表性和系统性的藏品方面取得突出成就，并且以这种方式成为其所在城市教学设施的重要部分，其功效与小规模息息相关。

根据系统规划指导安排一所大型博物馆的方式存在多方面的困难。首先，必须明了，在大城市里有着完全不同兴趣的人们都会来博物馆咨询，因此希望在完全不同的系统陈列中找到展品。以动物学为例。一位老师可能想利用博物馆给其班级做一个系统动物学的回顾。另一位老师可能想让学生对神经系统或某种身体器官的发展印象深刻。然而，还有一位老师可能对与物种进化问题相关的基本现象感兴趣。另一位老师则可能想通过藏品来说明当地动物群的特性。希望以这种方式咨询博物馆的人数越多，就有更多人认为系统化观点可取。我认为甚至对那些不熟悉博物馆管理的人而言，都会立刻明白以这种观点来组织一所大型博物馆的所有藏品只会导致一种结果。如果所有有见地的观点都要包括，这种系统的复杂性会变得非常巨大，以至于整个系列的效用会变得十分可疑。另一方面，如果只有很少观点被采用，那么所有在特定的博物馆展示的科学将会因被采用的观点的限制而穿上了紧身衣，而素材应该如此安排，才可从多个角度把握。

学校博物馆和大学博物馆的经验清楚指出了该困难可能得以解决的最佳方式。一所大型博物馆可能会有一翼或一小组的展厅留出来给系统陈述，在那里班级可以逐一观看实例，用于科学普及教学的基本观点被当作陈列的准则，但这些展厅的用处不应被高估，因为有着大量展品的博物馆不是一个吸引学生注意力的理想地点。小型博物馆倒是可以依靠这种方式达到效果，通过细微的手段，比如通过马萨诸塞州塞勒姆市年度支出为 8000 美元（包括所有的工资、行政费用和购置费）的博物馆，在爱德华 · 莫尔斯教授（Professor Edward S. Morse）的有力指导下为公共教育做出许多贡献。

在像纽约、芝加哥或费城这样规模的城市，这样一种集中收藏的最佳效果却无法实现。由于城市的巨大距离，很少有可能在任何确切时间在博物馆聚集一群可能会从这种收藏中有所收获的学生。而且，一旦在大型博物馆设立意在服务于分散于城市中的教育旨趣，则多少应为固定展览，而越是这样，就要为了保证优质陈列花更多钱，并且无法根据不同学校的需求来调整。因此，用于许多学校，意图服务于此目的的不同的学校博物馆系统极其可取，使一个大型机构主要服务于学校班级需求，完全没有必要。

再以美国自然历史博物馆为例，我相信该博物馆的管理已经表明藏品的系统安排对公立学校有益，博物馆从市政获取大量经费也是情有可原。我相信每年支出将近 200000 美元，而没有场地的建筑物大约价值 3000000 美元。如果我们想象这笔年度支出仅 1/3 用于维持学校博物馆，而不是单一的大型建筑群，那么 20 座小型博物馆就能建于城市的不同地方，将更有助于实现这些目标，而中央博物馆，亦即美国自然历史博物馆，就能从其试图履行的责任中获得解脱，这个责任由于机构和城市规模太大而未能实现。这种小型博物馆将会与主要博物馆保持像公共图书馆分馆与中央图书馆一样的关系，即通过这样的机构，大大提升了教育的效用，并且把某些需求从中央图书馆转移给了其他能更好满足的渠道。

这将是一个极好的计划，如果博物馆和其他得到类似支持的机构能够为学校博物馆提供必要展品与信息，让学校老师可以自由使用标本，因为没有印刷标签可以代替标本选取的自由，而教师在教学过程中可能会碰到此类情况。

法国和瑞士做了许多年的努力去配置公立学校使用的小型藏品，并在学校之间传递，最近这些努力在美国重现。这样的尝试值得鼓励，尽管在我们大纽约的学校里也会有丰富的机会去利用标本来证明有必要在学校建立小型固定展览，人们会发现这会比经常将博物馆藏品从一个地方运到另一个地方更经济，并且可能从教学用品的经销商那里以相当合理的价格购买到。

即使建立这种学校博物馆，博物馆将一些展厅留给系统陈述还是合理且必要的，但如果博物馆仅仅是服务于教育目的，那么大型博物馆不仅是不必要的，甚至是不合时宜的。

人们对于展览的大型展品大规模淘汰，以及只保留引人注目的展览而提出的反对意见，同样见于针对博物馆展品的图式化上。没有比将整个博物馆作为完整的成品展览来呈现更能有助于传达完整性及进一步努力无效的情形，这种呈现中，每一样展品都有其在确切系统内的位置。这样一所博物馆会无法让人理解自然的复杂性，以及欣赏掌握其秘密所需要的努力。

以人类学展览为例，不可能从单一材料的角度对博物馆进行分类。同时，这种考虑会表明人类学展品和自然历史展品的不同之处。像人类学展品中发现的素材的聚集，完全由世界不同民族的所造之物构成——他们的工具、日用器具、仪式物品等等。所有这些都用于民族的日常生活，并且几乎都只通过伴随其中的思想而获得其意义。譬如，北美印第安人的烟斗不只是一件印第安人用来抽烟的古怪器具，还有着许多用途和意义，只有从这个民族的社会与宗教生活的角度来看才能理解。在人类学藏品中甚至会经常看到，思想的广阔领域可能会通过一件简单的物品甚或不通过物品来表达，因为生活的某些特殊方面可能只由思想构成。比如，如果一个部落在其宗教崇拜中使用许多物品，而另一个部落的崇拜中几乎没有使用物品，这些部落的宗教生活可能同样充满活力，在博物馆藏品中却显得不大真实。另一个原因则是物品的自然损毁，使得考古学藏品几乎无法系统起来。因此，物品的任何陈列总只是一个民族真实生活的非常碎片的呈现。所以，想通过展品的系统分类来展现民族学素材的任何企图不仅仅是人为的，而且完全是一种误导。人类学调查的唯一对象——文化的心理学与历史联系，不能通过任何基于物品陈列所显示的极小部分的民族生活来表达。任何抓住这个事实的人会马上认清，一个人类学展览不能铸成全世界每个人都在自动重复的简单模型示意图。然而，有了丰富、有趣且重要的人类学问题，就很容易根据人们应对生活的特征，用一种通俗的方式，在不同的地方呈现其特点。

人类学展览和那些与自然科学有关的展览的差异更在于程度，因为展品自身无法传递展览想要表达的完整理念。这在任何试图表达功能而非形式的展览中更为确切，如在阐明动力地质学或与植物和动物生理学相关的事实的展览中。但是，人类学藏品与自然历史藏品的区别在于，与其在人类学中的功能重要性相比，展品的重要性可谓微不足道，事实上，所有展品基本都是人类学调查主题自身的复杂心智过程的附带表达，后者在博物馆平常陈列的生物学领域中几乎完全缺失。

为此，人类学藏品应该被视为艺术产业的藏品以及艺术收藏品，而非解释自然科学的藏品。

因此，很显然，只要公众关注，人类学藏品与自然历史藏品的基本理念完全不同，并且，如果试图阐明人类学展览蕴含的理念，则不需要参观者在通过人类学展厅时接触到自然历史展览。总的来说，要在一座大型、复杂的博物馆建筑中达到这个目标并不容易，由此问题将被很好地提出，把人类学藏品和那些与自然历史相关的藏品完全分开是否会更好。

这里仍然会有另一种考虑，对人类学展品的系统陈列有重要影响。之前已经指出，人类学本质上是一门历史科学，所以不容易服从于系统化，但比这更进一步的是，在我们这个时代最好的人类学家中，存在着很多关于主题系统呈现中人类学素材的重要意义的争论，似乎对于任何博物馆来说，几乎没有理由去假定通过其安排来提出人类学科学所认可的系统应该是什么。

在进一步讨论博物馆与公众和学校的关系有关的政策前，也许可以讨论一下博物馆作为一个意在体现科学进步的机构的价值。

反对大型博物馆的工作集中于这些方面，即反对服务少数人而非多数人的旧异议，而非教育层面。严谨的教育者很久之前就认识到，离开教师最全面、辛苦的教育，我们想要的大众教育不可能实现，一个可靠的教育系统的适用性不能仅限于小学，如果没有中学、专科学院、大学和教师的培训学校，公众教育的整个系统就会失败。因此，我们根本不同意民众的错觉，认为给予发展科学的少数人机会是反对大众的进步，但我们在他们当中更看到进步的公众教育的必不可少的方法。

无疑，维护大型博物馆的必要理由完全在于其作为科学进步的必要手段的重要性。这在美国国家博物馆的案例中尤其明显，它是所有政府调查的存放处，职责就是要保存作为调查工作基础的资料。小型博物馆则对大众教育大有裨益。

大型博物馆的功能是什么呢？它是汇集和保存形成于科学归纳基础之上的完好、大型系列素材的唯一手段。直至 20 世纪中叶，由于缺乏大型博物馆，每年旧藏品的遗失，显然成为科学进步的严重障碍之一。博物馆就是贮藏库，其中，藏品必须以经由科学家的推演可以被检查到的手段来保存，同时，它们也是来自遥远国度的科学素材、消失的物种、古生物学遗骸以及消失的部落使用过的物品，为将来保管与保存，并且可能作为研究的基础，没有它们，研究就不可能进行。我们历年花费巨资将遥远国度与旧时代生命形式的证据集合起来，收集过去的古迹与遥远部落使用的物品。我们收集这些，因为它们是科学研究的基础。那么我们会不乐意为保持我们昂贵的调查结果之完整而提供适当的手段吗？博物馆作为一个科学机构的基本功能，就是要为未来以最好的可能的方式来保存已收藏的有价值之物，不允许它散落他处以及损坏。

就此观点而言，相信对藏品的恰当照料没有华丽的展览重要，对博物馆管理员职责的误解没有比此更大的了。缺乏对易燃和易腐坏物品的恰当照料，经常改变非陈展物品的位置，缺乏对因基础教育目的而交换及赠送的藏品的保守，属于博物馆管理最不可原谅的疏失。不幸的是，我们博物馆里藏品的保存方法在许多情况下并非其应有的状态，部分来自需要，部分来自选择。像美国国家博物馆那样的场地拥挤的状态，或是像美国自然历史博物馆那样试图把巨大数量的展品转移到储藏室，以及使用木质容器来储藏贵重物品，危及藏品的安全，使之暂时或永久不易使用。严谨的科学家们心知肚明的是：当研究生物学和人类学现象时，只观察某件单一展品通常会引起错误，在现代，能够对一系列物件而不是单一个体进行调查，这是在博物馆方法进步基础上获得的巨大进展。原因在于单独一个系列可以告诉我们特点是什么，而当只有一个个体可用，性状特点可能会被忽视，或者我们可能会倾向于把一个偶然的特点认为是一整组的特点。因此与一个地方同样问题相关的大型系列的保存可以更好地服务于科学，而非通过分散在许多不同地方的系列。这对所有科学都适用，并且这是在同一点上的扩大展品收藏的正当理由。所有尽责的科学家都应该反对博物馆为获得分散各处的展品而推进的大规模收藏，否则不予展陈的做法。

为了使大型系列有用，博物馆里大多数展品应该保持在这样的状态，即不但随时可以参观，而且也可从任何角度审视。当动物学藏品由骨骼和皮肤组成，这种目的可通过储藏在系统陈列且容易打开的金属盒而易于实现，其他展品则不能以同样的方式处理。这对人类学展品尤其适用，由于展品尺寸、形式和物质的不同，以及看待展品观点的多样性，人类学藏品只有以这种每件藏品都能被看到的方式来储藏才能令人满意。

我并不认为有必要更详细地讨论大型博物馆作为一个推广科学的机构的功能，因为关于这个问题的主张没有太大区别。如果调查主要是基于需要保存的标本，那么这项工作必然由博物馆或与博物馆密切相关的机构承担。但可能会有人指出，收集标本的强烈倾向常常是人类学发展的一个不利条件，因为如前所述，在这门科学的许多方面，较之相关的实际科学问题，实物并不重要。

像菲尔德自然历史博物馆和美国国家博物馆这些机构的经验清楚表明，收集藏品的必要性实际上排除了来自博物馆活动领域的人类学工作的重要方面。从前美国自然历史博物馆在这方面遵循更自由的政策，而现在更广泛的观点似乎逐渐变得被菲尔德博物馆认可，但这些机构经历过的政策的迅速变化表明，人类学的田野工作需要一种比博物馆藏品收集的严格要求更广阔的视角。提供必要特权的唯一机构为美国民族学局，通过它的调查不受任何收集藏品的要求的阻碍。

同样，相比于注重细节的解剖学研究，自然历史博物馆倾向于更多注重系统的动物学和植物学，解剖学研究的结果不能同样很好地展示出来。功能特征的研究几乎没有试过，对于策展人而言，依旧面临更大的困难。

关注博物馆的科学管理，首要问题就是为了克服获得可观数量的展品的趋势所带来的局限而引发的博物馆活动的延伸。

我相信在美国的博物馆管理员中，帕特南教授（Professor F. W. Putnam）应得到最高的赞誉，因为他曾是最早意识到如果完全受限于获得藏品的渴望，将会使博物馆活动受限，并勇敢地开始认真探讨依照其科学重要性而选择博物馆的科学问题，而非根据出产许多展品的概率。

有了这些观点，问题就产生了，公众的兴趣和科学的兴趣多大程度上可以协调？我认为，必须要放弃一所大型博物馆完全系统化的努力，因为它是基于对大型博物馆功能的一个误解。系统的博物馆应该是小型博物馆。

在一所为了有助于教育目的而将展览系统化作为主要理念的大型博物馆，馆长个人的功能很可能会变成越来越像一个执行来自综合博物馆管理命令的官员的功能，所以在这样一个机构里几乎没有空间留给最高层次的调查者。一所大型博物馆的藏品的系统化和大众化与科学的最大利益并不一致，美国国家博物馆的管理就明显地体现出来，在那里，生物学部门展厅的作品已完全与关于藏品的科学工作分离。

问题来了，我们应该对我们的藏品做些什么来使其对公众有用，且同时对科学进步有用？要达到这个目的有两种可能的方法。我们可能把面向公众和面向科学家的藏品完全分隔开来，或者决定让公众和科学家同样易于接近全部藏品。

两种方法都可能会有其支持的理由，应该延续什么方法主要是经济的问题。所采用的方法也会决定博物馆建筑的形式。不幸的是这种观点很少在规划博物馆大型建筑时被考虑到。以美国自然历史博物馆为例，我们发现整座博物馆除了地下室以及为半个阁楼的顶层之外，布局大都是宏伟、巨大的展厅，意味着整座博物馆要使公众容易进入。因此，除了展览同时对科学家和民众的目的有所帮助，别无选择。这种建筑物用于存储的可用空间的比例太小，以致根本谈不上科学用途的藏品的完全使用。柏林的动物学博物馆（Zoological Museum）遵循了相反的原则，它是为数不多的在分隔展览藏品和研究藏品方面做了深思熟虑的尝试的建筑。但在这里，分给研究藏品的空间是分给展览藏品的空间的两倍多。

如果一所博物馆像美国自然历史博物馆那样规划，唯一要做的事是慷慨地承认公众是允许接近博物馆内所有藏品的，要从科学的角度来陈列藏品，并从这些置于显著之处的藏品出发，使人理解那些意在公众的展览。譬如，大型展厅的中央通道更适于此类展览，而侧厅则可能用来提供无差别背景，以陈设受人欢迎的展览。

我绝不相信这是一个困难问题的最佳解决方法。以这种方式使所有展品容易接近的尝试会是不必要的破费；如果博物馆要成为一个极具生命力的机构，要在展陈中继续的工作会趋向于从展厅的雍容中转移，我认为只要考虑到公众，博物馆的必要特征之一。于我而言，既然公众进入博物馆大厅，大厅里的所有东西就应该被设计来增强雍容的印象及其与日常生活的区别。打扫、擦拭、重物移动，都不应在公众参观的大厅里进行，因为它会干扰最适合理解博物馆状态的理念的心境。

有人提出可以通过把研究藏品置于大城市之外，如土地便宜而且可以修建不铺张的建筑的郊区，来克服让大型藏品易于接近的必要性的经济困难，以及意在公众的展厅的巨大开销。这个议题在英国提出过，柏林的民族志博物馆就实施了。尽管分隔展览藏品和储存藏品有着相当大的管理困难，同时对科学异议持开放态度，若必要被引向采用这种管理准则也并非不可能。然而，既然藏品集中在一个大型建筑物，我们应当接受藏品必须得到妥善的保管、必须对科学研究可用的准则。在我们现今不得不与之相处的博物馆建筑中，这个目的可能可以通过把面向民众以及那些在高中、特殊培训学校、专科院校的学生，甚至许多大学学生的展览置于一翼或一层上来很好地实现。在这种藏品中面向学生的更高级的藏品会给出我之前所说的无差别背景，而这对于民众而言非常必要。但许多展厅会不得不以一种更浓缩的方式来陈列，可能是通过把画廊加在多余高度的展厅里，在里面学生可以接近展品。尽管大概没什么参观者会带着任何更胜于对博物馆覆盖的工作领域的大小的印象离开，公众没有理由不应进入这种展厅。直到博物馆的运作计划在博物馆建筑兴建之前就决定，作为基础教育附属物的小型而系统的教育博物馆完全与大型博物馆分离，博物馆管理的彻底整顿才有可能。就像大学，为了科学最高的理想，大型博物馆必须始终立足于其与公众的关系以及其与科学家的关系。

从“文化景观”看现代博物馆文化逻辑的破与立

郑茜 *

2016 年国际博物馆日的主题是“博物馆与文化景观”。这个主题以一个并置的二元结构，暗示了博物馆场域与文化场景在过去历史里的长期分离以及在当代世界所试图进行的整合与相融。这一命题隐含和贯穿着现代博物馆固有文化逻辑的立与破、解构与重构，呈现出现代性与后现代文化意识在不同时代里对于博物馆所施加的影响与正在促成的变革。而在全球化环境下文化资本逻辑正在助推一个个文化景观快速完成“博物馆化”的现实背景中，博物馆与文化景观的关系因此变得复杂起来，其中呈现出的一系列复杂和动态的情境令人反思。

一、博物馆怀疑论：物与文化场景的分离及其后果

就现代意义博物馆的诞生情景而言，正是因为博物馆与文化场景在某种意义上所发生的分离，才构筑了现代意义博物馆得以创生的文化逻辑。现代意义博物馆的收藏行为，是以物的“去情景化”作为逻辑前提的——博物馆通过收藏行为而形成一个特定的文化场域，而这一过程正是把“物”从原有社会文化场景中剥离、拆分

* 郑茜：中国民族博物馆副馆长。

出来，使其与原本的历史文化脉络发生离散的结果，于是，物的“博物馆化”与物的“去情景化”，两者如影随行，相伴而生。

物的“博物馆化”产生了一系列后果，其中最重要的一项，是物在博物馆场域里获得了一种新秩序——分类、编目等博物馆操作技术，搭建出了一个关于世界的物象图景，这就是苏珊·皮尔斯所揭示的：博物馆通过物的收藏，来完成对于物质世界的分类与认知[①]。博物馆场域构建的物的秩序，反映了博物馆操作者对于世界图式的认知与想象。这样，人在博物馆里对于物的操弄与驾驭，就使“物”在这一个特殊场域里的存在意义发生了改变：它变成了具有象征意义的标本与符号，用以拼画出人类所认知的宇宙图式与世界模型。

现代博物馆的诞生，一方面显示出“人对历史的掌控和诠释能力”[②]的现代性价值，而另一方面，使“物”驰离其原有历史文化场景的博物馆文化逻辑，从一开始就引起了深重的反思和质疑。18 世纪 90 年代，当拿破仑的军队从意大利战场把罗马帝国及文艺复兴时期的珍贵艺术品作为战利品运进卢浮宫，连同法国国王的收藏品一道，创生出一个史无前例的人类公共艺术博物馆时，作为对历史上第一个现代艺术博物馆诞生的回应，法国考古学家、建筑理论家卡特勒梅尔·德·昆西(Quatremere de Quincy，1755 ～ 1849)，却沉浸于忧虑之中并发出激烈批评：“把古代和文化复兴时期的作品从其活生生的历史语境中挪移出来，就毁灭了作品的意义。”在他看来，艺术品和文物不能脱离环绕着它们的地理的、历史的、审美的和社会的环境，因此，真正的罗马博物馆不仅仅是由那些可以移动的艺术品组成的，而且，还“至少有许多的场所、地点、群山、采石场、古道、遗弃的城镇的位置、地理联系，这些东西相互之间的内在联系、各种记忆、当地的传统、依然流行着的

① Susan Pearce, “Collecting Reconsidered,” In Susan Pearce, Interpreting Objects and Collection, London：Routeldge, 1994, p.193-204.

② 王嵩山：《导论：博物馆、知识建构与现代性》，见《博物馆、知识建构与现代性》，台北，“国立”自然科学博物馆，2005，15 页。

习俗或是在其国度自身之内可以形成的诸种比较等”[①]。因此，艺术品只有保持在原初的历史文化背景上才有完整的价值；博物馆将艺术从其语境中脱离出来，就毁了艺术。[②]

历史地看，在所有对于博物馆文化形态的理论反思中，对于物与文化场景的离散后果所引起的忧虑与质疑，是最为激烈并且始终不绝于耳的。当代美国艺术理论家大卫·卡里尔是博物馆怀疑论的集大成表达者，在其所著的《博物馆怀疑论——公共美术馆中的艺术展览史》一书中，他描述了德国文学家歌德在建立起对于博物馆能“将四散于世的古代幸存的零零碎碎的实物会聚于心并使其重获新生”的乐观看法之前，曾存在过的忧虑与疑惑：“意大利直到如今依然是一个伟大的艺术体……在那么多的部分从这一巨大而又古老的整体上撕裂下来时，现在的世界失去了什么？把这些部分挪移走，毁掉了什么，将永远是个谜。”[③]

台湾博物馆学者王嵩山先生在《文化传译：博物馆与常民文化》一文中也指出：“博物馆本身的运作，更以静置、无生命、堆栈死亡之物、反动态的时间性之姿态存在着。……展示之诉求，倾向于将文化特质毫无关连的随意累积……”[④]博物馆的收藏因此被认为是对历史碎片的重组，而博物馆只不过是“收集不同事物的盒子”[⑤]。所以，大卫·卡里尔引用西奥菲尔·托雷在1861年的严厉指责：“只要艺术健全，创造力蒸蒸日上，那么博物馆就永远不会出现。博物馆不过是艺术的坟墓，是把曾经为活物的东西的残余乱埋一气的茔窟。”[⑥]也就是说，博物馆抹杀了语境，

① 〔美〕大卫·卡里尔著，丁宁译：《博物馆怀疑论——公共美术馆中的艺术展览史》，66页，南京，凤凰出版传媒集团，江苏美术出版社，2009。

② 〔美〕大卫·卡里尔著，丁宁译：《博物馆怀疑论——公共美术馆中的艺术展览史》，66页，南京，凤凰出版传媒集团，江苏美术出版社，2009。

③ 〔美〕大卫·卡里尔著，丁宁译：《博物馆怀疑论——公共美术馆中的艺术展览史》，67页，南京，凤凰出版传媒集团，江苏美术出版社，2009。

④ 王嵩山：《文化传译：博物馆与常民文化》，见《文化传译：博物馆与人类学想象》，23页，台北，稻乡出版社，2000。

⑤ 彭兆荣：《此“博物”抑或彼“博物”：这是一个问题》，载《文化遗产》，2009（4）。

⑥ 〔美〕大卫·卡里尔著，丁宁译：《博物馆怀疑论——公共美术馆中的艺术展览史》，72页，南京，凤凰出版传媒集团，江苏美术出版社，2009。

也就屠杀了艺术。

殖民时代大量从殖民地搜集来的文化“他者”的物件也提供了具有说服力的案例。由于离开原生环境，这些充满陌生意味的文化物件，沦为了“反常的、无序的、不可分类的”博物馆藏品。[①] 而导致这些藏品无法认知与无从分类，显然并非其自身属性所导致，而是与其社会文化语境分离的结果。多年以后，当后殖民时代来临时，这些莫衷一是的“他者”文化之物终于被收藏它们的西方民族学博物馆解读出了丰富的审美与艺术价值，它们最终被当作了艺术品，陈列在充满美学色彩的展柜之中，而其宗教、伦理、历史等原有的文化内涵则全被忽略、遗忘、埋没。为此，新博物馆学领军人物雨果·戴瓦兰在给苏东海先生的信中，以非洲传统的宗教面具和圣物为例，指出了艺术化阐释民族志藏品的肤浅性：“多数情况下只是看到了它们的艺术价值，然而事实上这些文物是根据各种宗教和实践的不同用途以及一套属于他们自己血统文化的艺术标准而创造的。”对于民族志藏品的艺术化解读，正是这些物品在离开其原有历史文化脉络后丧失意义的结果——这些器物在丧失“所指”之后，只剩下了“能指”。艺术价值不过是它们的意义干枯后被博物馆工作者捕捉到的最后一丝价值。

物与原有社会文化场景的分离，表面上看是场所与位置的迁移，但更深刻的后果是人对于物的认知态度与意义阐释可能发生的变异。如果收藏者依凭自身的价值观念对作为整体的文化进行肆意拆解，使得散碎成若干零星文化部件的文化整体不可避免地瓦解，那么碎片化的文化元素则可能沦为不真实的文化表征的支配对象与叙事策略。所以，“邓肯、克里姆帕、普雷扎西、皮尔斯、胡帕－格林希尔和其他怀疑论者认为，博物馆作为基本上是受控制的机构，为其收藏创造了一种虚假的景象”[②]。在充满文化碎片气息的博物馆里，对于物的操控、安排与设置，演化成一种隐蔽的权力，在幕后决定着博物馆的知识建构、价值观塑造以及意识形态表达，“人

① 尹凯：《珍宝、标本与艺术：西方民族志藏品的内涵演变与发展逻辑》，载《中国博物馆》，2014（3）。
② 〔美〕大卫·卡里尔著，丁宁译：《博物馆怀疑论——公共美术馆中的艺术展览史》，67页，南京，凤凰出版传媒集团，江苏美术出版社，2009。

们通过搜集文物，经器物、形具的展示等方式对人类的过去进行发明和重构……从这个意义上，‘博物馆对于历史的重新发明’（the museum's reinvention of history）被认为是对历史原义的一种威胁”[①]。

然而现代意义博物馆的产生是世界历史发展不可避免的产物。回溯17世纪的欧洲史，现代意义博物馆的诞生与西方现代性的生成基本上是在同一历史刻度完成的。博物馆以物对于场景的拆解和分离，表达了现代性的特征——正如马克思在揭示现代资本主义社会的特性时所作的形象描述：“一切坚固的东西都烟消云散了。”[②]而博物馆通过对物的分类、编目、阐释所搭建的世界图景，正好表达了现代性对于世界秩序的认知和想象。所以，现代意义博物馆的历史情景，深刻地印证了现代性的历史特征。

二、文化整体性观念：博物馆在当代所实现的文化自觉

20世纪中后来期兴起的新博物馆学思潮，是现代意义博物馆进行自我反思、自我批判、自我革新的一场思想理论运动。1972年，作为新博物馆学运动起点的国际博协圣地亚哥会议及其所发布的《圣地亚哥宣言》，第一次提出了“整体博物馆”（integrated museum）概念。所谓整体博物馆，是指博物馆的功能（保护、研究、传播）应当相互整合在一起（称之为内部整体），同时博物馆的功能还应当与环境（称之为外部整体）整合在一起。[③]

值得注意的是，就在国际博协召开圣地亚哥会议的同一年，联合国教科文组织在巴黎召开了第17届会议并通过了标志着世界文化遗产保护时代来临的《保护世界文化和自然遗产公约》。上述两大历史事件在同一时间刻度发生，表明二者之间隐含着的某些同步的思想进程以及潜藏着的某些相互呼应的思想关联。事实上，此后在全世界范围内兴起的文化遗产保护运动，始终贯穿着一个重要理念与原则，即

① 彭兆荣：《此“博物”抑或彼“博物”：这是一个问题》，载《文化遗产》，2009（4）。
② 马克思：《共产党宣言》，见《马克思恩格斯选集》第1卷。
③ 朱诚如：《文化遗产概念的进化与博物馆的变革》，载《中国博物馆》，2002（4）。

强调整体地、关联地、生态地对待文化遗产。而文化整体性观念，也很快成为此后新博物馆运动的主要观念图景，并演化出生态博物馆、社区博物馆等博物馆新业态。

所谓文化理解与文化保护的“整体性观念”，实际上是对现代性之于人类文化进行肆意割裂、搬运、拼装以及重构的一种深刻反动。而它正是20世纪后半期以来博物馆寻求重归文化景观的深刻思想动力。在新博物馆运动中，整体性观念意味着博物馆的核心功能从以往保护处于割离状态的、碎片化的“物”，到保护“物”所代表的整个文化价值体系的根本性转变。为实现这一转变，博物馆需要重新缔结起“物”与其社会历史文化背景的关联，“由单纯陈列转到诠释性的沟通……将支离于功能与意义之网的器物和生活方式予以再脉络化……”[①]，通过还原器物的原生环境与原有时空脉络，博物馆将呈现出物在其自身社会历史环境中的情境意义，释放出物与外部文化语境原有的关联价值，敞开物在博物馆封闭场域里被隐藏与被遮蔽的价值内涵。

在《博物馆学的源流与当代意义》一文中，台湾博物馆学者张誉腾先生引用前国际博物馆协会博物馆学委员会主席孟许（Peter van Mensch）指出的当代博物馆七大新趋势，其中之一——“博物馆诠释方式的改变：开始注重收藏脉络和原址保存的观念；将文物标本连同其生存环境、形成过程与功能一起呈现，必要时使用替代性物件或模型来加强说明。原址保存，亦即保存原地原物，包括周围相关环境的保留，被认为是较为理想的诠释方式”[②]，博物馆打破封闭的围墙，重与文化场景相勾连，这成为20世纪后半期以来博物馆最具前沿性的一个趋势。美国博物馆学家艾琳·胡珀－格林希尔（Eilean Hooper-Greenhill 在阐释“后博物馆”（Post Museum）概念时指出：当我们想象现代博物馆时，脑海中浮现的多是雄伟的希腊罗马式建筑，而后博物馆则逾越了博物馆之墙，融入了社区的空间与关怀之中。在胡珀－格林希尔看来，现代博物馆与后博物馆的区别是：我们从前以建筑来想象现代博物馆，而

① 王嵩山：《想象与知识的道路》，23页，台北，稻乡出版社，2005。

② 张誉腾：《博物馆学的源流与当代意义》，见《博物馆、知识建构与现代性》，台北，“国立”自然科学博物馆，2005。

未来的博物馆则是以过程或经验来被想象的；现代博物馆以物为中心，而后博物馆如社区博物馆则是以人为主，因为物的意义来自于使用的人，而非独立于人之外。Hudson 于 1987 年考察世界各地的博物馆并写作《最有影响力的博物馆》一书，此书声称："面对当代种种议题及现象，在未来的数十年中，最具影响力的博物馆，将不是所谓大型的国家级博物馆，而是在经营上能够结合地方资源的社区生态型的博物馆。"Hudson 所列举的最具影响力的博物馆，包括美国的安纳考斯提亚社区博物馆、英国的铁桥博物馆等。

生态博物馆与社区博物馆应被视为博物馆重归文化景观的革命性成果。生态博物馆与社区博物馆均试图瓦解博物馆与社区之间的区隔与鸿沟，将整个文化环境与生态环境包含进博物馆范畴内，以此彻底打破博物馆以有形建筑物与戒备森严的典藏品为其核心价值的传统观念。通过引入一系列非传统性博物馆要素，生态博物馆与社区博物馆实现了从关注和保护器物本体到关注和保护器物背后的整个文化价值体系的功能转变。这一转变的内在动力，正是基于对整体性文化遗产保护的价值取向。

"整体性观念"意义重大，它根本性地改写了博物馆的传统形态，把博物馆从其诞生以来就从未解脱过的深重质疑中解救了出来。在生态博物馆和社区博物馆里，那些被传统博物馆"扼杀"了生命的物品终于"活"过来了，因为它们与自身的母体文化紧紧相连，融为一体。如一般意义上的民居保护只是对民居本体形态的保护，生态博物馆与社区博物馆则从保护"传统民居"走向保护"民居传统"，通过对民居功能的维持和拓展，将传统村落的活态文化延续下去。

整体性保护观念是"博物馆与文化景观"这一命题的核心意义，它意味着博物馆对于人类文化保护价值理念的根本性改变——从对抽离于原生环境的个体物品的保护，转变为对整个文化遗产价值体系的保护，这正是博物馆在当代所实现的文化自觉。而"博物馆与文化景观"这一个主题的出现，则表明博物馆适应当代文化观念，完成自身形态重构的历史性变革愿景。

三、悖论式情景：文化现场“博物馆化”的后果及其反思

但是，有意思的是，当我们观察新博物馆运动尤其是中国当代的生态博物馆实践时，却发现了一个悖论式的现象：当活态的文化现场与尚在历史演进过程中的文化场景被“博物馆化”后，这些文化现场与文化场景便有可能陷入与以往博物馆藏品相同的困境——活态的文化景观被标签化、样式化、符号化，其继续生长与自然变迁的进程被阻断。

这是一个出现在生态博物馆实践过程中引人深思的现实境况。台湾博物馆学者王嵩山教授在《文化传译：博物馆与人类学想象》一书中，曾指出被“博物馆化”的常民生活的走向：“相对于未被收藏与展示的那一部分常民生活，已被收藏与展示者，便跃升为文化成就的象征。”而这一部分“‘博物馆化’之后的常民生活方式，有可能失去生命，成为文化中‘式样化’的表征，再也见不着其继续成长与发展的潜力”[①]。也就是说，由于博物馆独特的文化表征功能，居于“博物馆化”辐照范围内的文化，有可能因为成为“文化式样”而停滞生长与变化。这一情形当然同样也存在于当前的生态博物馆实践中。

与现代博物馆的收藏行为不同的是，生态博物馆收藏的文化遗产是一个庞大的形态，它不是单个的物件，而是流动的社会生活与行进中的文化现场。这意味着一个特别的文化场域被“博物馆化”了，变成了可供他者观看的事物。在“博物馆化的情境下，作为生存行为的日常生活被置于展示的情景，各村落在表征实践中生产或重构了意义”[②]。博物馆化了的村落生活，其口传历史、手工技艺、古歌民谣、生育嫁娶等，在观看者的凝视中拥有了多重象征意义与符号功能，于是不再作为日常生活的一部分而自然演进、流变，转而被形塑成了固化的文化标签、传统标本。于是，活态的文化便被“水晶化”了——也就是说，当一个文化景观被整体性地收藏起来，作为一个文化样式被展示出来时，它有可能就像水晶一般地凝固了——失去

① 王嵩山：《文化传译：博物馆与人类学想象》，29 ~ 30 页，台北，稻北出版社，2000。
② 潘守永、谢开：《村落“博物馆化”的诗学与政治学》，见《记忆 创新 沟通 @ 博物馆》，196 页，北京，光明日报出版社，2015。

了本有的变迁轨迹与演化能力。

这样，我们在当代中国的生态博物馆实践中，就不难发现一个现象：取得了博物馆展示意义的民俗生活与文化场景，与传统博物馆里的那些从历史文化脉络中被抽离出来的“物”，其被孤立与碎片化的境遇有可能趋于一致；被标本化的民俗文化事象的处境，亦与“藏品”、“展品”的传统处境有可能如出一辙；更进一步地，在传统博物馆里为每一件孤立的“物”赋予意义阐释所可能发生的价值偏离，也同样可能发生在这些非物质文化遗产之上——从日常生活中被撕裂出来的某一文化事象，被文化操作者以自身的价值观念赋予其多重游移的、偏离其本真性的象征意义。

博物馆与文化景观的关系因此变得复杂起来。在当代文化语境下，民族民俗文化景观实现博物馆化的主要动力，一方面来自于文化遗产保护的迫切性，另一方面则来自于地方文化作为文化资本参与进经济全球化竞争浪潮的势头。前者受文化伦理的动力支配，后者则源于文化资本的动力助推。相对于文化保护的动能，文化资本的运行逻辑显得更加快速和有力，助推着一个个文化景观加速完成着博物馆化的历程。以当代中国为例，我们可以看到，一场对于民族民俗文化景观的新的“博物馆化”运动正在全国各地展开，许多民族民俗文化借助于生态博物馆的形式载体，实现了“被凝视”的景观化生存。

在这样的时代环境下，“博物馆与文化景观”的主题因此便包含了一系列复杂和动态的情境话题。我们可以看到：“博物馆 + 文化景观”以强化文化景观的标签意义、站牌价值的方式，使地方文化加速进入了全球化观光产业的市场流动中，从而使地方文化参与世界文化拼图的重新洗牌；我们还可以看到，由于介入全球化市场流动，一系列现代性普适价值通过“博物馆 + 文化景观”，快速渗透进地方文化，从而使文化景观的周围环境进一步市场化、商业化，如此行进的结果则使博物馆化的文化景观进一步地孤岛化。此外，我们还可以看到，当“博物馆 + 文化景观”的操作规程与地方旅游产业的发展计划合二为一时，这些文化景观所内蕴的自身发展轨迹，就有可能从依循文化主体的内在需求和自身历史文化逻辑，转变为对于观光者凝视目光所传递的市场价值体系的依赖与惟命是从，这样，景观之内的文化发展，就会发生由依靠“自我”到依靠“文化他者”的一场畸变。

所以，“博物馆与文化景观”主题的内在价值理念鼓舞人心，但与此同时，当代中国发生在各个地方的“文化景观博物馆化”历程，却依然有着让人警醒的现实情状。这就是“博物馆与文化景观”主题为我们带来的思考。

从博物馆的社教功能看公共考古的开展

张敏 *

一代又一代人繁衍生息在同一片土地上，文化遗产能够留到今天完全是一种偶然，可以被考古工作者发掘更是偶然中的偶然。有限的文化遗产资源尤如田野中的守望者孤独地承受着岁月的摧残，它们的命运不可挽回地呈现递减趋势。更重要的是，从纵向的人类历史来看，文化遗产从来没有面临今天如此空前的破坏：大规模的国家工程、无休止的基本建设项目、“盛世收藏”背景下的盗掘活动……凡此种种，各级考古从业人员肩头的压力可想而知。

中国的考古学是在传统金石学的基础上引进西方考古学理论、方法、技术的新型学科，从它诞生时起就伴随着寻找中国的文明起源、补史证史的过程，它的研究对象是人类过去活动留下的物质性遗存，它的工作方式必须进行田野发掘，它的工作人员也得是善于此道的少数群体，这一切决定了考古学科的冷清，用白岩松的话说：考古是一门寂寞的学科。

但是文物本质上属于全人类，是全人类的共同财产。在现代化频率逐渐加快的今天，每一处文物尤其是地下文物随时面临威胁，国际国内已经注意到对文物及其

* 张敏：扬州市文物考古研究所馆员。

蕴含的信息、价值的发掘、研究、保护和传播需要更广泛的社会和公众参与并且也给予文物保护高度的重视，也就是在这种趋势下文化遗产的概念应运而生，而且在世界遗产大会的感召下，一场国际范围内的文保之风大起。先进的理念需要有足够的实践来驱动。在这个过程中我们遇到了不少问题亟待解决。

一、考古工作在文化遗产保护时面临的问题

在面对文化遗产保护的现实时，笔者初步总结了我们所面临的问题：

第一，基本建设中的尴尬处境。

在现代化基本建设大潮中，考古队更多的是扮演“救火者”的角色，尽量在第一时间更多地抢救出有价值的实物和信息，同时又作为“分羹者”不得不在文保政策和施工方“夹缝”中求生存，为了赶工期必定存在处理模糊的问题。本质上来说，考古发掘就是科学的破坏而已，如果遇到发掘者认识和水平技能不够，甚至会单纯流于“挖宝”的形式，再加上现场监督措施力度差等情况，这样对于文物保护无疑是有害的。显而易见，文化遗产具有不可再生性，一旦遭到损失将无法挽回，为此，施工单位应很好地和文物管理部门协调，最好由政府出面，规划好工程点的位置，满足各方时间和利益分配的最大化，考古部门内部也要注意做好对发掘者认识及技能的培训，尽可能将对文化遗产的损害降到最低限度。

第二，一座“围城”隔内外。

首先就行业性质来说，各级各类考古部门和中心、机构不论比重多少职能主要是研究或教育，他们多是事业单位，不以赢利为目的，更多的是专业性的自我陶醉，保护工作纯粹属于职业道德和责任，缺乏更多的社会关怀。政府导向是保障基础，直接关系到文化遗产保护的力度和综合效果，专家则对文化遗产价值的评估起着决定性作用，而群众才是文化遗产保护的主力军，要唤起从政府到专家到群众的文化遗产保护意识，利用现今申遗、“三普”、“一普”调查的良好形势广泛地激发公众对中国文化遗产的认知。因此要适当地走出“围城”透透气，与博物馆、艺术馆、电视传媒等其他文化机构合作，利用他们教育、宣传的长处来弥补考古纯学术部门

的短处，甚至可以在文化遗产日等重大节日走上街头义务宣传，或经常性地组织专家到社区到学校进行宣传，进而提高群众参与的热情，达到保护的目的。

第三，畸形的考古基层结构。

文化遗产分布和地方经济建设、政策导向的不平衡性导致了地方考古专业机构分布的不平衡，考古工作队伍规模的不平衡性，那么就出现了广大基层工作队的冷清场面，而且许多高学历从事相关专业的毕业生不愿到基层，这不是健康的社会文保结构，这样不断恶性循环下去，后果不堪设想。因此必须加大对基层考古工作的力度，省级考古单位对基层工作队适当地分流，不单指管理、保护他们主要面对的任务，同时包括研究课题、人才的培养，调动基层人员的工作积极性，同时分担省级考古单位的工作，才能更有效的保护文化遗产。

从上述问题中就可以看出，我们所遇到的问题有很大一部分原因是考古这个专业并不为大众所熟知。如何更好地与专业圈子以外的其他人分享考古发现，分享文化遗产的价值，成为考古工作者们需要直面的问题。

2007 年 7 月 11 日在内蒙古呼和浩特召开的“大遗址保护研讨会”标志着文化遗产时代考古学界的一种集体性的反思与觉醒：“现阶段的考古学应该是一种很好地协调考古学的学术与社会责任的考古学；要求考古学家以考古发掘为中心，进一步扩充考古学的目标，完善和改进考古程序的各个环节，并以学术研究和遗产价值的评估为核心，在发掘前、发掘过程中就应该系统地考虑到古代遗存的保护、展示和传播问题，主动介入包括大遗址保护在内的文化遗产保护程序，同时大力发展考古学中的公共考古学分支，担负起普及考古知识和提高全民族文物保护意识的责任。”[①] 这有各种客观因素，但主要还是受限于人员、业务工作、思维惯性等，曾经有学者说：“考古学根本没有必要放弃自己那种冷冰冰的物质性、巨大的时空场以及特殊的方法论体系（这些正是考古学的立身之本），通过媚俗、放弃自己和迁就公

① 曹兵武：《考古学与大遗址保护——文化遗产时代中国考古学的觉醒》，载《中国文物报》，2007 年 11 月 9 日第 001 版。

众这些大众传播时代的惯用伎俩，通过对一门严肃科学的釜底抽薪，来谋求在当代人文精神与知识领域中占据一席之地。”① 可见这种对文化遗产宣传工作是一场对业内业外都有必要的“头脑革命”。但是从现阶段的工作看来，考古工作者似乎还没有熟练地掌握向大众宣传、展示的技艺。那我们是否应该问问博物馆同行们的建议呢？

二、博物馆作为文化遗产宣教机构的工作特性

从博物馆与考古学的天然关联来讲，考古发掘所得实物资料包括图片、文字、实物都需要通过博物馆举办的展览以更加直观的形式向观众进行展出。而且博物馆本身就是作为面向大众的平台而存在。从这个意义上来说，博物馆是考古学大众化的一个重要载体，一个不可或缺的媒介。同时，与其他途径相比，博物馆在促进考古学的大众化方面有着独特的优势，主要体现在：

首先，博物馆是社会公认的收藏展览机构，以收藏展出历史文物为主要目的，其展出的展品直观、真实，是最原始的实物资料。

其次，博物馆是科学研究机构。博物馆所举办的展览尽管仍然存在简单化倾向等一些缺点，但是，不可否认，就是这样“简单”的展览，也是建立在对展出文物有科学的研究基础之上的。

再次，博物馆是公益性机构，不以赢利为目的，因而在一定程度上会避免因商业化的行为带来的不利影响。②

三、博物馆文创推广模式与考古业务部门合作探讨

在进行合作时，考古从业者们需要了解博物馆在进行推介时是如何运作的。任何一个行业的运行都有一套属于自己的职业伦理。博物馆对于自身的认识也随着时代的进步而不断进步。美国博物馆学者哈里森（Harrison .J.D）在 1993 年发表的

① 曹兵武：《考古学与公众》，载《中国读书报》，2003 年 9 月 3 日第 001 版。
② 李春华：《博物馆与公众考古学》，载《中国文物报》，2005 年 8 月 12 日第 007 版。

《90 年代博物馆观念》一文中指出：新博物馆学的观念是相对于“传统”博物馆学的观念而言的，它的重心不再置于传统博物馆所一向奉为圭臬的典藏建档、保存、陈列等功能，转而提供一种新的人文主义观念，去关怀社区中大多数人对精神层次的需求。[①] 这就要求博物馆需要有足够的“产品”让社区民众进行选择，也就是要博物馆学会“营销”自己的文化产品。有学者认为博物馆利用营销的主要目的在于建立新的形象并主动将博物馆介绍给大众，并且在不违背博物馆理念下实现收益目标，并促成博物馆服务社会等积极目标的实践。[②] 在这样一番观念的转变下，博物馆的产业化模式成为可能。

新形势下，博物馆事业成为文化产业重要一环。[③] 欧洲文化产业委员会也认为博物馆是“文化艺术活动的生产和销售系统”[④]。博物馆可以通过构建全面合理的博物馆文化产品体系与文化产业建立良好的互动机制，因此作为文化产业的博物馆在进行文化产品甚至文化价值观念推广时已经走在了文博业务系统的前列。而所谓的产业化恰恰是考古业务单位难以触碰的区域，但要进行所谓的历史文化推广，让人们知晓，文化产品是最为直观的形式之一。这其中，日本、法国、意大利和澳大利亚等国家的博物馆的实践为我们提供了良好的借鉴。

结合这些先进经验可以总结出目前博物馆进行文化产业化的活动内涵，大体可以分为以下三个形式：一是吸引观光客、学校或教育团体，成为社会教育的一部分；二是发挥休闲、娱乐、学术研究、资料保存出借的功能成为俱乐部式的会员性场所；三是通过文创产品的开发提供礼品选购、餐饮服务、媒体传播成为文化理念的传播者。博物馆所提供的“文化产品”可以分为展览服务、影视节目、讲座培训、文物鉴赏、文物修复、休闲娱乐、音像出版物、文物及艺术复制品等。

相较于以田野作为主要工作区域的考古部门，博物馆所拥有良好的场馆设施，

① 王宏均：《展望 21 世纪博物馆和博物馆学的发展趋势》，北京博物馆学会第三届学术会议文集，2000。
② Zukin, S. The Cultures of Cities. New York: Blackwell, 1995.
③ 张正彦：《WTO 与中国文化产业政策》，26 页，北京，中共中央党校出版社，2001。
④ 楼嘉军：《休闲文化结构及作用浅析》，载《文化研究》，2002（10），65 页。

舒适的环境，专门的讲解人员，而且其教育功能具有广泛性，正在逐步成为全社会的终身教育基地，其在教育方面的使命不是完成特定人群的精英教育，而是在于提高全民的科学素质和文化素养，它的教育对象涵盖所有社会成员。[①]这些条件都是具有很强专业性的考古部门所不具备的。

博物馆的考古田野模拟体验，则解决了上述考古部门在现场所遇到的问题，虽然在真实性上不如考古一线，但随着声光电等多媒体技术的引入，使现场的环境和气氛不再是问题。而且模拟展示的场所可循环使用，并可根据需要模拟的地层、灰坑、包含物等要求进行调整，这是考古现场无法比拟的优势。

以扬州博物馆为例。扬州双博馆在对“中国雕版印刷展”进行推广时就有意识地进行受众遴选，时间调配，并根据实际情况在策划时采用流动展览、亲子体验、公益讲座等多重手段推介。[②]这些也对在与博物馆合作中推进公众考古工作有相当大的借鉴意义。博物馆的上述功能对于公众考古的开展而言是非常有启发的。通过对各单位组织公众考古的情况来看，考古所等专业单位在组织公众考古上还是有先天不足，首当其冲的就是在宣传组织上人力、物力和注意力的偏向。就目前国内考古田野工作和发掘资料整理的情况来看，考古所所能分出的公众考古力量有限，这就直接影响到了向公众宣传的力度。但是就宣传和教育的功能而言，博物馆则体现得更为专业，包括在展馆、人员、工作重心等方面有着先天优势，并且诸多博物馆多开展了田野考古体验的模拟活动，这就为公众了解什么是考古，什么是文化遗产保护奠定了基础。由此可见，公众考古的推广上，考古业务部门与博物馆进行合作是必然趋势。在具体实践时可以考虑把博物馆的展览服务讲座培训、文物鉴赏、休闲娱乐这几个产品搬到田野考古一线。由博物馆讲解人员和考古一线工作者联合推介，形成体验产品推广给广大爱好者；影视节目、音像出版物、文物及艺术复制品

① 单霁翔：《从“馆舍天地”走向“大千世界”——关于广义博物馆的思考》，83页，天津，天津大学出版社，2011。

② 王潇潇：《传播知识 教育公众——扬州博物馆社教工作的探索与实践》，载《江淮文化论丛·第二辑》，扬州博物馆编，2013（6）。

这类产品则可以交由博物馆室内完成。

四、小结

综上所述，公众考古的发展是考古学可持续发展的必由之路。由于公众考古在考古学中正式开始操作的时间并不长，还有很多方法有待完善。从事考古专业工作的文物考古部门对考古的大众化有不可推卸的职责。但由于近些年来，基本建设的兴起，基建考古占用了考古所大多数的精力。要开辟出公众考古的新路径，与博物馆联合是极为有效的方式。博物馆在与公众交流沟通时，应当多以文化遗产保护、文物知识等公众喜闻乐见的内容出现，在传播知识的同时潜移默化地影响一批人。并且在讲解人员或讲座人员的设置上，可以与考古所合作，由专业考古工作人员结合一线田野经历和文化遗产保护的实践案例向广大公众推广，以图做到让参与活动的公众认识真正的考古，并由他们去影响身边的人，使公众考古成为全社会广泛参与的活动。

博物馆策展人与策展团队

叶尔米拉*

我国的博物馆现在处于黄金期，展览发展得很快，很丰富，也取得了很显著的成就。现在博物馆展览也是很重要的竞争、提升期，对策展人员和策展团队的各方面能力要求也在不断提高。

陈列展览是博物馆的核心业务。一个博物馆，通常至少应该具备收藏和展示这两大基本功能。陈列展览既是博物馆主要业务工作，也是博物馆为观众服务的主要内容，可以说是博物馆的主要文化产品，是体现博物馆社会效益和经济效益的主要方式。博物馆自全面免费开放以后，发展速度很快，主要表现在展览数量的增多、博物馆展览理念的变化以及参观人数的提高，当然这些是我们能用肉眼可以看到的变化。那么，我们肉眼看不到的是各种荣誉和赞美背后博物馆人的努力。我亲耳听过有观众说："博物馆不就是摆文物给大家看的嘛，做几个版面挂墙上，摆一排文物在展柜不就得了。"这说明还有很多人不理解博物馆，不懂得博物馆展览的形成过程。其实一个成功的博物馆展览背后一定有一个成功的策展人。策展人是协调博物馆展示和观众艺术审美之间关系的重要桥梁，他所扮演的角色不仅是展览的策划

* 叶尔米拉：新疆维吾尔自治区博物馆副研究馆员。

者和创造者，更是观众愿望的“代言人”。

“策展人”一词源于英文“curator”，全称“展览策划人”（或“策划展览的人”），是指在艺术展览活动中担任构思、组织、管理的专业人员。在西方语境中，“curator”通常是指在博物馆、美术馆等非赢利性艺术机构专职负责藏品研究、保管和陈列，或策划组织艺术展览的专业人员，也就是常设策展人。① 从现在各类博物馆展览的展陈效果和观众反馈信息可以看出，各大博物馆的策展人素质参差不齐，风格不同。策展人的策划水平会因其本身思路、实力、灵活性和职业道德等因素也有高低之分。另外，策展人的策划风格、对文物的理解和认识以及对观众所需的了解也不尽相同。可以看出，有的策展人喜欢按计划展开工作，有的则喜欢随机应变；有的策展人侧重在空间、物质和数量上做文章，而有的却侧重在时间、观念和质量上下功夫；还有的策展人注重展陈的是艺术效果，也有的却注重展览的内容。不同的策展人很可能会将一个相同的展览主题用不同的展陈形式进行展示和阐释，其结果和产生的效果肯定是不一样的。由此可知，策展人的核心地位和职能不仅局限于展览的本身，相反策展人功能的衍生是我们应该更加应该注重的。

我国各地博物馆的策展人大致可以分为三大类，即从事业务工作的馆领导、从事文物保护、修复、管理工作的专业技术人员和专职陈列设计人员。由此我们可知，作为一个成功的策展人，首先必须要具有很全面的与自己所在博物馆性质有关的历史、文物、民俗、自然、科技、考古等知识，即一个成功的策展人必须具备很高的研究能力。现在展览很多，无论是专题展、临时展还是固定陈列都是策展人聪明才智的体现。一个成功的展览展现的不单单是丰富多彩的文物和吸引眼光的展陈效果，还应该有很深厚的知识底蕴的表达和各种知识层次的观众简单直接的理解效果。毕竟现在观众的知识水平是多层次的，而且随着社会的发展，观众的知识水平在大幅度提高，简单的版面说明和走马观花的讲解已经不能满足观众的需求了。此外，系统性的常设展览不再受到人们的欢迎，专题性的展览越来越受追捧，新颖的展览举

① 杨应时：《“独立策展人”的兴起》，载《美术研究》，2004，艺术管理增刊，178 页。

办的频率越来越高，大部分大、中型博物馆平均每三个月就会引进或推出一个专题性的展览来满足广大观众的需求。现在很多博物馆都会遇到应急性的专题展，这类展览更能考验一个博物馆策展人的整体素质。展览和展览策划本身已构成当代博物馆艺术发展变化的一个重要组成部分，策展人不一定是艺术家，但是策展人不能没有艺术素养，这一切就导致了策展人的职能不能只局限与展览本身的设计与规划了。

从现在博物馆展览的发展看，博物馆策展人职能的提高是必然的。博物馆策展人如何通过一个展览，认识自己的定位，体现自身价值，全面发挥自身功能，从而使展览效果达到最完美，是一个值得研究的课题。

首先，博物馆策展人应该是展览内容与形式的创造者。策展人在展览中所处的地位和发挥的作用超出了所展览的作品所传达的含义，他展现了整场展览对文化渊源和社会背景的反思和阐释。①“策展”理念的关键不在“展”，而在“策”，一个成功的文物展览应该是“策”出来的。“策”包括对文物展览市场的前期调研、展览主题的确定、观众的定位、陈列主题与设计思想的确定、文物的选择、展览资金注入的方式、展览宣传模式的选择和确定、展览门票的推广政策，以及展览服务等多项内容的思考。②因此策展人必须要有广博的知识面。

例如新疆博物馆《瀚海霓裳——西域服饰的记忆》专题展，从展览题目看，第一它是一个新疆古代服饰展，因此策展人必须先要掌握新疆地区出土的所有与服饰有关的各类文物信息，然后要了解与装饰艺术相关的知识链接，才能确定这个展览是否能进一步策划。在确定文物数量和质量能够撑起一个专题时，才能开始进一步策划如何将这些服饰类文物进行展示，要确认这些文物展品是按服饰的质地归类，还是按照服饰文化发展的脉络进行展现，每件文物背后的故事是否要展示，若要展示将如何展示等等问题，都是策展人的文物知识水平和策展能力决定的。第二就是陈列大纲的撰写，陈列大纲是展览实施的关键，也是展览成功的必要前提。《瀚海

① 王静：《冯博一：展览主题的生效性讨论》，载《东方艺术》，2011（23）。
② 彭文：《连接博物馆文物展览与受众的桥梁——独立策展人制度探索》，载《中原文物》，2008（1）。

霓裳——西域服饰的记忆》专题展名称的定位、框架结构的确立、每个部分主题内容和陈展文物的确定都是必不可少的环节。《瀚海霓裳——西域服饰的记忆》专题展在大纲撰写过程中也遇到了一些修改的问题，这是很正常的。很多博物馆展览的陈列大纲在编写过程中，其结构会随着文物数量、种类的变更，以及与之有关的新的研究成果的发布等因素会有所变更和提升，并最终达到完美。第三就是《瀚海霓裳——西域服饰的记忆》专题展是一个艺术气息很浓的展览，那么策展人就要注重展览本身的艺术处理和展览形式的艺术效果，如何使用辅助展品（图表、绘画、蜡像、沙盘、景观、雕塑等），使用什么样的辅助展品才能完美地表现展览的内容，是策展人的策展方案中的重要环节，同时策展人还要负责相应的文字工作，如撰写和发表与展览和陈展文物相关的学术文章，很多策展人也参与展览大纲的编写工作、展览画册的编辑工作、宣传折页的设计工作等等。除此之外，做为一个成功的策展人，要有一定独立工作的能力，即展览事务的处理，在展览的前期准备阶段要明确展览的主题，结合展览所需要的相关因素做出预算，并根据展览的主题找出相对应的专家，参与布置展览场地及摆放展览品，以及突发事件的应对和处理，保证展览的顺利进行，在展览的过程中还要统筹展品的借用情况，以及展品所涉及的保险，都需要策展人具有良好的调动能力和整体协调能力。①

其次，策展人是文物与观众的桥梁，策展人的认知是通过他策划的一个展览来给予支持和呈现的，展览本身就是策展人创作的一件作品，因此策展人可以说是博物馆展览与宣教的重要环节。如何让观众站在一件文物前就能通过这件文物体会策展人策划这个展览的目的，甚至通过辅助陈列素材、讲解、语音导览、宣传折页、展览画册、媒体宣传等方式和内容去认识这件文物乃至整个展览所表达的内容，从而达到知识普及、宣传教育的目的。

现在观众的知识层面、个人喜好、传统习惯都有所不同。因此，博物馆展览策展人应该具备对博物馆观众研究的基础，要有掌握观众心理和兴趣的能力。那么选

① 王露萱：《中国独立策展人规制研究》，硕士论文，28页。

择展览主题就是关键，策展人选择展览主题时，第一要准确掌握馆藏文物的优势，第二要结合当地的文化传统和民俗习惯，充分挖掘、筛选能够彰显本土自然、历史、人文等诸多方面的亮点，这些亮点能成为观众的吸引点和兴趣点。因此陈列展览的选题，也就成为了展览策划工作中的一个重要内容，关乎陈列展览的定向，是陈列展览成功与否的关键。选题是对陈列展览的题材和主题的选取。题材选取主要取决于博物馆自身的性质与任务，而主题是构成陈列展览的主导因素，规定每件展品在展览中的位置和作用。①

博物馆展览策展人如何才能具备对博物馆观众研究的基础，这需要策展人在长期工作中得以积累。“博物馆观众研究”指的是对观众构成、心理、行为、需求、影响方式等方面的研究。博物馆观众研究的理念在于获取观众的相关信息，以便对展示设计有所帮助，并且与观众做更有效的沟通。② 博物馆展览的最大目的，本身就是借着展览教育观众，为观众提供学习的机会。③ 因此，作为策展人要时常要对观众作调查，可以通过问卷调查了解观众的喜好、知识需求、感官需求等等，从而进一步提高展览的质量。策展人的最终追求是设计一个有创意有情感的空间，能让观众在空间中享受观看展览的过程，让空间的一切展览元素都融入展览主题之中。

再次，博物馆展览必须要有强有力的策展团队，好的策展团队是展览成功的根本。要做好一个展览策展人要学会发挥策展团队里每一个人的长处，并做好坚持集体决策、集体参与，一定要将集体的经验与智慧发挥到极致。

前面我们提到策展人应该具有良好的调动能力和整体协调能力。英国博物馆学家麦克·贝杰曾说过：“博物馆展览犹如一个沟通的媒介。展览所给予的力量是无限的，有限的是人的想象力、实际技术、外在能力与预算。”因此，策展人的能力应该是被无限扩大的。现在虽然各个博物馆的展览呈现的是一片欣欣向荣的景象，但要想在新时代的文化背景下争取到更多的地位，就要拿出更多的举措，这仅仅靠

① 涂其鹏：《对博物馆陈列展览的点滴认识》，载《大众文艺》，2015（4）。
② 王启祥：《国内博物馆观众研究知多少》，载《博物馆学季刊》，第18卷02期。
③ 周功鑫：《博物馆展览策划与观众学习》，载《博物馆学季刊》，第18卷02期。

增加展览的数量是不够的。博物馆需要更好的展览机制、更好的展览团队、更专业的人才队伍。这就要求策展人不但要有策展能力、艺术功底、文物知识、文字功底、展览宣传的能力，而且还要有组织协调能力，即展览团队的组织和运作能力，展览团队人才的选拔能力等等。除了博物馆各个部门的支持以外，一个展览团队需要具备各种能力的人才，如内容策划人员、平面设计人员、形式设计人员、展览施工人员、灯光、摄影、音频调整人员、文物摆放人员、讲解人员、展览推进和宣传人员等等，如何将这些人才组合成一个成功的展览团队，并策划出成功的展览，就要看策展人的组织协调能力。

我们给策展人赋予了那么全面的职能，但条件是有限的，展览是繁多的，工作量很大，每个策展人不一定能做到面面俱到。当然，重视展览活动在博物馆制度建设与文化事业发展的重要性，建立一个可持续发展、深具潜质的博物展览策划结构是很多博物馆急需解决的问题。我们要不断地转换角度来认知博物馆展览、全面客观地看待博物馆展览，只有对组织结构进行优化调整和比重权衡，才能确定本博物馆的定位是什么，需要哪些条件能满足。博物馆策展团队需要根据定位不同的展览来制定应对策略，灵活地调整各方资源，保持博物馆的学术立场。①

对博物馆策展人的职能的探讨，会派生出很多相关连锁问题。例如博物馆职能如何进一步的提高、文物藏品的研究如何深入、博物馆宣教如何运作才能使观众更满意、原创展和特展如何策划才能将博物馆自身的优点表达到最极致等等。谈到这些我们就不可避免地会谈到策展人负责制的问题。一个博物馆有了健全的策展人负责制度，责任会细化，一个展览从展览意向的确立到最后展览正式面世过程中的每个环节都会责任明确，就算在其中有个环节因某种原因脱节，也会很快找到应对方法和措施，因此策展人负责制应该在策展人职能确定的同时得以明确。策展人负责制是有利于博物馆展览与服务的提升和业务的开展，博物馆根据自身运营结构的不同，在策展人的领导下可以开展各种展览。博物馆根据自己组织、策划的原创展及

① 田甜：《论中国博物馆“策展人负责制”的建立》，硕士论文，11页。

具有一些其他功能特性的展览，可以请策展人策划一些自创展。① 通过这种方法来提升自己的教育职能，这也是博物馆确立自身学术个性的关键，是博物馆必须重视的创造性工作。

总之，陈列展览策划能力是博物馆核心竞争力的主要构成要素，加强陈列展览策划是适应博物馆事业发展的需要，提高策展人能力，加强策展团队建设，深化陈列展览策划有助于提升博物馆的文化影响力。随着博物馆展览质量的提升和数量的增多，策展人和策展团队的职能和职责越来越明确。作为博物馆展览策划、组织、协调、实施、监督的总负责人，以及博物馆展览内容与形式的创造者，文物与观众的桥梁，策展人被赋予了巨大的光环。能够拥有如此巨大的光环并不是一件很容易的事情，这需要策展人自身具备很大的能量，也就是说一个好的博物馆策展人应该必须具备一定的素质，如扎实的美术功底和空间设计理念、多体系的文化素养、对现代设计软件的掌握、对展品的熟悉、高超的管理协调能力、丰富的展览经验，有了这些素养，博物馆的策展人才能跟上现在博物馆事业的发展速度。一个好的展览，既要将所要传达的信息表述清晰，使领导及观众认可，又要将展览的艺术性表达清楚，这是每个策展人必须做到的，这不仅是对其能力的综合考验，也是关系到展览效益的关键。所以，每一个优秀的策展人，必须保持广泛的知识猎取能力、独到的思维能力，才能设计出为观众津津乐道的展览。② 因此，培养高素质的策展人队伍，提高策展人职能，确定策展人职责是每个博物馆必须考虑和实施的首要任务。

① 田甜：《论中国博物馆“策展人负责制”的建立》，硕士论文，11 页。
② 田甜：《论中国博物馆“策展人负责制”的建立》，硕士论文，27 页。

浅析宗教的社会功能

——涂尔干宗教社会观解读

马丽娜·阿布都*

一、涂尔干社会功能理论中的宗教观

（一）涂尔干与宗教、社会的渊源

涂尔干 [Emile Durkheim] 法国人，在社会学研究中颇有建树，其研究领域涉及社会学、哲学、人类学等多种学科。曾赴德国留学，回国后将社会学引入法国大门，其著作有《宗教生活的基本形式》《自杀论》《社会学方法准则》等。涂尔干强调宗教中的社会性，并以社会事实为基准，研究宗教对社会产生的影响。涂尔干与社会、宗教有着深厚的渊源，原因在于以下两个方面：其一涂尔干所处的时代背景，法兰西第三共和国，社会秩序动荡不安，价值信仰的缺失导致社会失范，致力于社会的整合并强调团结；其二涂尔干生于法国的犹太教家庭，信奉过犹太教和天主教，切身感受到宗教对生活的影响。19 世纪，人类学家从个体意识的角度出发阐释了宗教的起源，对原始宗教进行了大量研究。而在《宗教生活的基本形式》一书中，涂尔

* 马丽娜·阿布都：中央民族大学哲学与宗教学学院在读博士。

干对以往的定义进行了系统性的批判，对宗教赋予了新的定义，即“宗教是一种与既与众不同，又不可冒犯的神圣事物有关的信仰与仪轨所组成的统一体系，这些信仰与仪轨将所有信奉它们的人结合在一个被称之为‘教会’的道德共同体之内”[①]。

首先涂尔干认为宗教发展的初级阶段由崇拜对象与祭祀仪式组成，强调了宗教之所以能不断地发展是由于仪式。人们对神圣事物的崇拜不是在于个体的发展，而在于个体之外的群体使之不断发展。

其次仪式与信奉它们的人处于一个道德共同体中，把宗教视为社会团结的形式。社会存在决定社会意识，既然强调了社会的重要性，那么宗教与社会之间是相互影响的，使其发挥积极作用，推动社会的发展。

最后强调集体意识，宗教是社会的产物而并非某个人的理论，宗教的发展离不开社会。他认为宗教也是由神话、仪式、仪典、教育组成在一起，形成了宗教的内涵与本质。假使对这些基本要素忽略，很难对宗教作全面的定义，“在我们考察由这些部分构成的宗教体系之前，首先应该努力对构成所有宗教的各种基本现象进行描述”[②]。在欧洲等一些国家，基督教也曾被吸收了许多文化，渲染了基督教的色彩，除了吸纳文化，自身依旧保留了原始的活动，在特定的历史时期，文化在保留其原有特征的基础上，增添了新的血液，或许这些宗教文化现象正在逐步消失或呈现方式出现转型，如果我们的视角变得单一，忽略了造成结果的各方面因素，那我们就不可能更好地理解宗教的全部内容。理解宗教的起源应从社会中的宗教现象中寻找，而对于宗教的态度应是直接面对问题。

（二）理论立场

1. 信仰与仪式

涂尔干认为宗教现象可以分为两个部分，即信仰与仪式，仪式则是一种具体的

① 罗惠翾：《宗教社会学研究领域的一部开创之作》，载《西北民族研究》，2009（3）。

② 爱弥儿·涂尔干：《宗教生活的基本形式》，41页，上海，上海人民出版社，2006。

行为方式。信仰是舆论的状态，是由各种表现构成的，仪式则是明确的行为方式，例如纪念仪式、奉供仪式，它是带有一定的神圣性。[①]信仰不同宗教的具体仪式可能千差万别，例如伊斯兰教节庆大多是在清真寺进行仪式，佛教在寺庙进行仪式，所传承的穿着、跪拜次数及方式也有所不同。在伊斯兰教进行仪式行为时，传承其固有的方式，便可以通过其特殊性与其他宗教仪式行为区分开来，宗教的本质外在表现形式我们称之为宗教现象，宗教是集体性的事物，仪式也是构成信仰的一部分，信仰是多方面的内容构成，信仰是舆论的状态。[②]

2. 神圣世俗与凡俗事物

涂尔干认为，从宗教思想的显著特征来看，整个世界可以分为两大领域：神圣事物与凡俗事物。[③]他列举了岩石、泉水、房子都可以看成为神圣事物，不仅仅只能局限为一个被赋予一个神圣标志的人或物，也对如何对神圣事物与凡俗事物区分作了详尽的解释。涂尔干提出了一个区别神圣事物与凡俗事物的特点，即异质性。在两个世界中发挥的力量绝不能简单地说一方一定比另一方强，它们之间是两种不同的力量。把它们放置于物质世界的不同部分来加以区别即可，神圣事物放在理想与超验的世界中，而凡俗事物放置于整个物质世界中。

涂尔干并不认为两者之间就是无法在同一世界相互转换的，一种转换将会激发两个领域中各自的两重性。他用成人礼这一事实进行论证，在成人典礼中进行一系列的仪式活动，通过仪式，人在最初的凡俗世界中过渡到神圣世界中，原来的他已不复存在，取而代之的是一个人用新的方式再生。这种异质性让人们看到两个世界不仅仅是相互分离的，而且是对立的。既然只有彻底地离开一个世界才能归属于另一个世界，所以宗教规劝人们使自己摆脱凡俗世界，过一种封闭的宗教生活，形成了一个社会存在的方式，即归隐，还有众多人会表现为神秘的苦行生活。涂尔干认为并不能将神圣与凡俗完全摆脱开来，如果将凡俗世界与神圣世界分开来，神圣世

① 爱弥儿·涂尔干：《宗教生活的基本形式》，上海，上海人民出版社，2006。
② 爱弥儿·涂尔干：《宗教生活的基本形式》，42 页，上海，上海人民出版社，2006。
③ 爱弥儿·涂尔干：《宗教生活的基本形式》，上海，上海人民出版社，2006。

界对人们也就毫无益处。

3. 巫术与宗教

巫术同样也是由信仰和仪式构成的，正是因为巫术所追求的是法术和功利等方面的目的，所以它并不把时间浪费在纯粹的思辨方面，舞蹈、祷告、仪式行为等都包含在巫术的内容当中。涂尔干认为宗教与巫术是相互抱有敌意的，涂尔干描述了两者的关系“巫术以亵渎神圣事物作为自己职业上的乐趣，巫术仪式也常常与宗教仪典有着明显相反的举动”[①]。对如何区分巫术与宗教两大领域也划出了一条分界线，真正的宗教信仰是具有集体性的，集体成员归属于宗教，奉行这些信仰中的仪式，信仰者由于共同的价值信仰与信念，成为一个集体。把自己所奉行的价值观念实践在社会生活中，从而形成了教会，而巫术并没有使其追随者结合起来，成为一个群体，巫师也有自己的门徒，但没有教会，他们之间的联系较少。“即使面对他们的同行，巫师也始终保持着个人独立的姿态。”因为有了仪式的存在，他们的情感行为极不同平常的时候，他们自然产生了一种不再属于自己的感觉，是自己变成一个新的境界，集体中有特殊的情感，人们从属于这个集体，必然有了感情的投入，渐渐地开始相信，自己已经进入了一个与现实生活不一样的世界，神圣与世俗好像区别了出来，在这种环境中，集体中重新协调群体内部的结构，就构成了群体生活，这样产生的宗教生活，其本质是社会生活而非个人的理论。

至此，涂尔干认为宗教所具有的两个特征：其一为把事物可分为神圣和世俗的对立，神圣性是社会力量的体现。确定了社会与个人的关系，个体在仪式与信仰中巩固了集体的存在。其二宗教信仰是某个特定集体的共同信仰，对应着一个作为道德共同体的教会，宗教是社会集体生活的产物，人们的宗教仪式与信仰又反过来加强了社会秩序的整合。[②] 宗教与社会有着相互依赖的密切关系。

---

① 爱弥儿·涂尔干：《宗教生活的基本形式》，51 页，上海，上海人民出版社，2006。
② 爱弥儿·涂尔干：《宗教生活的基本形式》，51 页，上海，上海人民出版社，2006。

二、宗教与社会的相互关系

涂尔干对宗教起源问题的讨论是从澳大利亚阿兰达的图腾信仰为基准开始分析，强调了宗教意识的集体性，在宗教仪式的集体性中，起初是部落之间人们机械性地聚在一起，有一种强烈的民族感宗教共同信仰，具有共同信仰的人们结合成一个具有凝聚力的集体，或是社会。分析澳洲原始宗教的特性时，涂尔干注意到了两个周期性聚会，第一个周期为人们从事普通的采集或渔猎生产，工作乏味，缺乏激情，但在另一个周期，即节日期间，人们汇聚一起，欢聚一堂。[①]

宗教是如何嵌入社会场景和信徒的个体需求范畴呢？涂尔干对此做了有力的社会学阐释：宗教是社会生活的一种产物和表达方式。[②] 宗教具有社会性的理由之一是因为宗教具有群体和部落的特征。社会生活和宗教生活在一定范畴内是一个相互联系的关系，要在众多的宗教文化中寻求一个共同点，寻求共同点时离不开客观实在，即社会。社会是独立存在的客观实体，虽然由不同的人组成，但也具有超越个体的性质。在社会中，宗教表达了个体及群体之间的情感，社会又作为情感的载体，使宗教文化得以传承与发展。

（一）社会为宗教提供环境载体

从时间上来看，社会生活是先于宗教的。[③] 在人类发展进程中，宗教作为一种文化现象源远流长，是众多学者关注和研究的对象。宗教融入于人们的生活，体现在社会生活的众多方面，如同历史、艺术、音乐、文学等，属于人类重要及必需的经验活动之一，一直存在于人类社会的政治、经济、文化、生活及精神思想中，朱熹在《礼记》中提出“万物本乎天，人本乎祖”，从原始社会开始，人类对于天地，先辈的崇拜与敬畏就没有间断过，惩恶扬善，祖宗保佑以使后人致福。[④] 古往今来，

① 阎莉、康中和：《涂尔干社会学宗教观解读》，载《南京理工大学学报》，2013（6）。
② 李向平、傅敬民：《宗教社会学经典快读》，83 页，北京，宗教文化出版社，2006。
③ 爱弥儿·涂尔干：《宗教生活的基本形式》，19 页，上海，上海人民出版社，2006。
④ 王文东：《论〈礼记〉的生态伦理思想》，载《古今农业》，2006（3）。

人的本原就是祖，我们要敬天尊祖，世界是完整的，甚至是一个不可分割的整体，“宗教”并非可以以若干个独立的个体而单独给予了解，它是不能与当时的政治文化背景分割开来，而是用对祖先的崇拜，获得生活意义以及人类通过宗教来定义的自我道德规范，通过这样的方式，来影响他们的生活，宗教研究乃是理解经验的重要途径之一。

宗教属于一种关涉个人精神价值和集体崇拜的文化现象，个人在宗教信仰中有着特殊的宗教经验，对神也抱有虔诚的态度，进而产生投入宗教组织的热忱。宗教与其他文化现象的相近之处就是它的社会性，人是有社会性的，宗教信仰者结成一定的组织，与当时的社会背景联系在一起。宗教的历史性及宗教传承阶段的历史过程中，传统、经典、仪式在不断的发展演变中发展为具有规范性的价值系统。人们对于宗教的认识也开始由单一的片面的了解继而发展为全方位、多视角、多层次的深入，当代宗教学家贝克尔说：“宗教是人建立的神圣世界的活动，人作为具有社会性的人，与社会的联系是极其紧密的，要考察社会中的一切活动，必须要了解身处的社会环境，及其自身，实事求是，追求真理，探索社会中的活动。”[①]

人们在探寻宗教和社会的关系中，宗教社会学慢慢兴起，它是社会学与宗教学相结合的交叉学科。宗教作为一种社会现象，以社会学的方法进行分析，离开了人类和社会，便无宗教学可言。与此同时，因为有了社会和具有社会性的人，宗教的产生、发展、消亡便有了合理性，它立足于宗教与社会的关系来研究宗教。

（二）宗教对社会运作的影响

宗教对于人类而言容易产生神秘之情，原因之一就在于人们对未知的状态和态度，人们对之产生多种情绪，例如敬畏之情，或是对未知的恐惧心态。池田先生曾表达了这样的观点：“在人类还未形成完整的社会体制阶段，对死亡和自然力量的敬畏成为宗教情感的主要根源，随着社会体制的形成，以及人类对自然力的逐渐掌

① 池田大作、B. 威尔逊：《社会与宗教》，1 页，成都，四川人民出版社，1991。

握，对国家，群体和君主权力的敬畏逐渐上升为产生宗教情感的主要因素，随着思维水平的不断提高，人类对这些原因进行哲学性的思考，把它们提炼为一个抽象的概念，于是出现了对唯一神或者终极真理的崇拜，这种观点大致可以成立。”[①] 个人与社会要建立一定的联系，个体的宗教信仰和社会之间是有依赖信任的关系，人们根据自己的实际情况选择自己需要的宗教作为自己的精神依赖。能够让选择它的信众有一种归属感，两者之间自然的相互依赖共存。

马克思在《〈黑格尔法哲学批判〉导言》中说，国家、社会产生了宗教，宗教是“这个世界的总的理论，是它的包罗万象的纲领，它的通俗逻辑，它的唯灵论的荣誉问题，它的热情，它的道德上的核准，它的庄严补充，它借以安慰和辩护的普遍依据”[②]。要理解人，就要理解这个世界，要理解这个世界，离不开人与社会的关系，必须将眼界提高至一理论层面，掌握其核心。马克思 · 韦伯也曾说，资本主义之所以在信奉新教的西方国家而不是在信奉其他宗教的国家产生，主要原因是新教伦理促进了资本主义精神的发展。

我们从而也可以看出宗教与社会有着相辅相成的紧密联系。社会是宗教产生的基础，离开了社会，离开了人类，便无宗教可言。宗教孕育着众多的神话故事。随着社会的变化，宗教也经历了原始宗教、民族宗教、世界宗教的发展道路，它曾影响着人们的价值判断的尺度，影响了政治、经济、艺术、法律等且相互影响。它对于信奉者的个人世界观和人生观产生了重要的影响，在现代社会，宗教仍然在不断地改变自身的形式及内容，以适应社会的发展。

三、宗教的社会功能

涂尔干认为，宗教具有社会功能，宗教是集体情感与观念的沟通体系。透过宗教信仰，个人与社会的整合程度又增加了许多。在社会整体性中的宗教功能。功能

① 池田大作、B. 威尔逊 :《社会与宗教》，15 页，成都，四川人民出版社，1991。
② 戴康生 :《宗教社会学》，北京，社会科学文献出版社，2000。

一词与作用一词看似相似，但也有所不同，它们都是指一事物对其他事物的影响力，不同之处在于“功能”总是来源于某一结构或系统，换言之，它依附于某个结构或系统存在，那么宗教到底具有怎样的社会功能呢？它存在哪些有利于社会的存在于运行的积极功能呢？

各个宗教之间都是有共同性与比较性的，既然存在共通的因素，我们便可以在社会中寻求各自的特点，在信仰体系与各个民族不同的祭拜方式中，有着最基本的表现形式，通过不同的方式彰显各自的特点，尽管表现形式不同，却都具有着相同的功能。涂尔干认为宗教是社会性的存在物，《宗教生活的基本形式》一书中，指出研究宗教我们不能从片面的、带有偏见的眼光去看待，我们应该在实际的生活中出发去寻找宗教要素。涂尔干认为宗教实一种与圣物，即被升华和禁用的东西，有关的信仰与仪式的统一体系。[①]

（一）社会整合的功能

涂尔干的研究目的就是要解释宗教的社会功能，进而证明宗教在社会的稳定与变迁中所扮演的社会角色。涂尔干的功能主义观点起了一定的奠基作用，他认为宗教从根本上来说是社会事实，而非个人的事物，宗教作为道德意识的来源和群体团结的支撑，宗教对社会的贡献在本质上是正面的，在最基本的层面，涂尔干理解的宗教“基本上是社会性”的，从社会变迁的角度上，宗教透过其文化的语言和象征符号传递下来，从社会现实的角度，共同仪式活动强化了道德意识和社会的整合，他一直致力于调查宗教对于社会的实际影响。涂尔干认为，宗教是人类历史最永恒的部分，在高度发达的文明中也依然十分活跃。与大多数启蒙时代的学者相同，涂尔干也认为在“超自然”的事实信仰中，根本不存在任何理性的基础，当然，他并非致力于怀疑宗教，怀疑他们的信仰，而是探究在实际的现实生活中宗教的积极影响。

社会整合是指社会存在和社会发展的各要素联系到一起，使它们一体化，主要

① 爱弥儿·涂尔干：《宗教生活的基本形式》，上海，上海人民出版社，2006。

体现在，它既是一种观念性的上层建筑，又是一种体制性的上层建筑，它既可以作为普遍价值法影响社会成员，神圣性对社会成员施加更为深刻的影响，人们必须遵守它，否则会受到某种“神圣力量”的惩罚。这在伊斯兰教里表现得特别明显，伊斯兰教中有很多的教法与戒律，其中包括了财产关系、税收关系、宰牲猎兽、家庭和婚姻关系，它整合起来，对人们具体的日常生活产生了很大的影响。

（二）对于文化的传承功能

宗教仪式是群体的行为方式，一种仪式文化延续下来必有传承性，在进行宗教仪式期间，人们的宗教仪式被加强，在众多民族中，婚礼仪式、节日仪式，或是图腾的传说，都被得以延续且得到人们的认同，成为精神力量凝聚大众的力量。图腾，是一种以动物为艺术的表现形式，新疆世居民族中哈萨克族、柯尔克孜族都是以鹰作为集体道德精神的象征，在这个象征中，因为鹰这个具有代表的图腾，使群体的身份和行为变得有一致性，图腾的鹰被大家以特别的方式来对待，给予群体一种特别的力量，在神圣的仪式体验中，一个群体逐渐地发展出一套象征系统，通过融入于此的故事和共同的象征，群体来寻求为此图腾命名以与这种力量联系在一起，在这些行为中产生出明确的信仰，塑造了部落群体共同的世界观与价值观，仪式一次次被重复，形成了群体成员的社会认同，正如涂尔干所指出的那样：“宗教是一套象征系统，由此社会产生了自我意识。”再如少数民族婚礼时，的确有一套完整的且被大家认可的仪式活动，宗教的功能也在于能团结一个紧密的群体。婚礼仪式中，大家共享集体狂欢的时刻，这种行为被涂尔干称之为“亢奋”，这是一种心理状态，在这欢愉的仪式中，个人与宗派的界限被模糊了，群体宗教世界观的合法性也获得了证实。

亢奋性的仪式活动，通过具有超越意义的全面符号系统地发展。通过社会群体以及在群体的参与，我们认识到自身的存在，也愿意发自内心地参与社会中，服务社会中。于是道德感引导着人们涵养自我牺牲的精神，当个人意识与社会相遇后，超越性的宗教仪式感会使人产生出虔诚的宗教经验。人们在信仰和行为的形态中塑造，进而形成社会认同以及共同维护社会的道德行为。

（三）社会交往功能

不同人对于宗教的理解可能不同，社会是具有互动性的群体，每个人生活在社会中都希望明白他者所要表达的意思，学习未知的理论与需要，社会成员间也需要一种相互理解与尊重的关系，个体都应将自己所想诠释出来，诠释学强调的就是一种对陌生他者的看法，虽然理解与被理解者之间可能处于不同文化、不同的时代，但我们希望他者明白我们说什么，理解也是一种沟通的方法与手段，通过理解，我们尝试与他人、社会、世界、宗教文化建立起一种尊重与理解的桥梁，个人的认知必然很有限，认知的有限在一个世纪以前，美国哲学家和心理学家威廉·詹姆斯研究了宗教经验中的认知，进行广泛的探讨，他认为我们的认知能力是有边界意识的，比如沿着一条路开车或骑车，我们会把注意力集中在路的前方，但是我们也会注意到路的两侧或路边，如果一辆车突然从路中间插进来，我们的眼角就会用余光看见它，并能做出自卫性的反应，“边界”这个意象揭示了人类认知的重要方面，那个永远存在的边界，无论我们的理解力和分析力有多么敏锐，总是存在一个界限或是边缘，我们对此没有清晰的观念，只有模糊不清的了解，在这个界限之外，就是超出我们意识的领域，所以“边界”这个意象表明，我们应该更加关注我们意识的界限，更加重视宗教领域中那种模糊的现象。通过理解，可以让被理解者扩充自己的视野范围，了解自己不明白的事物，还可以通过不明白去扩大或补充自己的见解，利科通过研究了解这些文化创造物是怎么将意义呈现给人类的，不同的人群创造了关于这个世界和人类道德生活的象征符号、神话和故事，当我们阅读这些创造性的叙述时，就可以发现那些关于我们是谁，我们为什么活的东西，在这种创造和发现的复杂性互动中，重要的真理就可以向我们呈现出来。以积极的心态去发现新的事物必将会给社会带来正向功能。

人们通过社会互动，形成人的社会属性，促使人和社会保持一致性，实现人的社会化过程，个人在社会生活中，学习和掌握社会生活的知识技能，熟悉社会的风俗习惯、道德、法律、确立生活目标和道德观念，从而达到和社会认可的地位，成为一个具有“社会资格”的人。宗教是人类社会生活中一种古老的文化现象，它有自身的特殊的体系，也有自己特殊的方式。人在社会中扮演着不同的角色，大多数宗教都会教人宽容、忍让、实际上就是在教育教民要扮演好自己的社会角色，处理好人际关系，教规里出现的不要贪图他人财物，不能偷盗，都是要求教民需要遵守社会的公德和法律，这都有助于促进个体的社会化。

四、小结

涂尔干用社会学的观点来看待宗教，在研究过程中，立足于从社会的角色和立场来进行实证，在《宗教生活的基本形式》一书中，涂尔干论证了宗教是集体生活的产物，通过信仰与仪式的分析，告诉我们仪式的重要性，通过宗教仪式，会加强个体与群体之间的联系，更好地维系社会的存在。在信仰中，个体也会加强自我道德规范的约束，对社会的稳定和发展也是有好处的。涂尔干的理论在当今仍有值得商榷的部分，但对于我们社会的发展已经有十足的推动作用，社会中存在有信仰群体的个人，通过道德的自我规范的提高，反作用于社会，使社会成为一个整合性的社会，有助于提高社会的凝聚力，对社会的建设与发展产生积极的作用。

实践

革命历史档案利用思考

——以海南省民族博物馆馆藏琼崖革命历史档案为例

王强　王扬能*

合理利用革命历史档案，弘扬红色文化，充分发挥其引领社会、教育人民的功能，增强民族凝聚力已成为社会关注的热点。以海南省民族博物馆为例，馆藏文物主要以海南世居少数民族民俗文物和海南土地革命历史时期的遗物以及历史档案为主，海南革命历史也称为琼崖革命历史，其历史档案，如“琼崖苏维埃政府布告第三号”、“琼崖苏维埃政府通令第十二号”、“海南岛全部解放捷报”文告和琼崖革命领导人冯白驹手迹“祝贺全岛解放的伟大胜利”等馆藏，既是琼崖革命斗争史珍贵的历史遗存，也是印证琼崖革命斗争史的历史档案，记载了从琼崖土地革命斗争到夺取解放海南岛的伟大胜利等历史事件。

* 王强：海南热带海洋学院档案馆员。
王扬能：海南省民族博物馆副馆长。

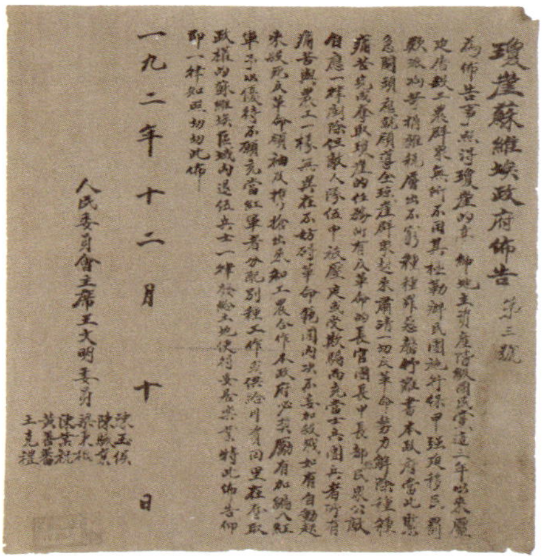

琼崖苏维埃政府布告第三号

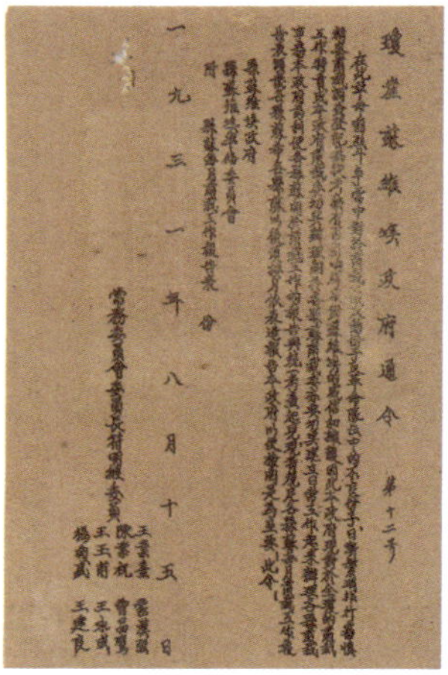

琼崖苏维埃政府通令第十二号

海南岛全部解放捷报

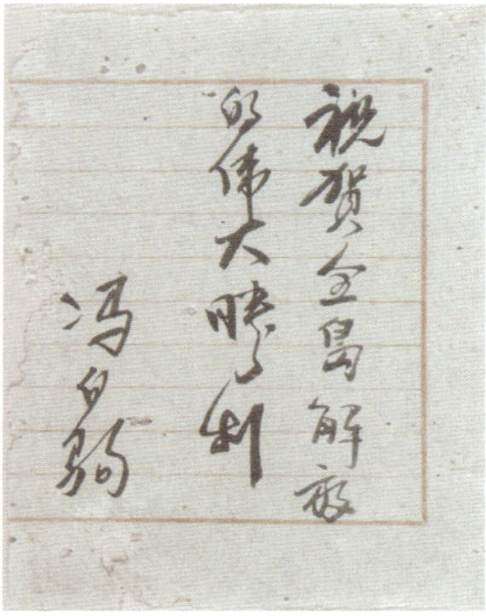

冯白驹手迹“祝贺全岛解放的伟大胜利”

琼崖革命历史既是中国革命斗争史的重要组成部分，也是海南历史文化的重要组成部分，具有独特的鲜明的地域特点。其核心是坚持孤岛奋战，23 年红旗不倒，不畏艰难困苦、不怕流血牺牲、前赴后继、团结战斗的精神。海南省民族博物馆在利用馆藏琼崖革命历史档案宣教方面，只停留在单一的陈列展览方式上，内容仅就海南革命历史的基本问题加以展示解读，展示内容深度和广度不够；没有多举措地展示其价值，显然与观众的信息需求是不相适应的。对此，笔者根据自身的工作实践，就如何进一步加强琼崖革命历史档案的开发利用，谈谈一些思考。

一、琼崖革命历史档案内容特征

琼崖革命历史档案产生于海南土地革命特定的历史时期，它反映了琼崖苏区面临国民党反动派的层层封锁，这种封锁来自海上和陆地，琼崖党组织必须结合琼崖的实际，通过制定正确的斗争策略，领导苏区人民克服困难，才能得到生存和发展。

以馆藏琼崖土地革命时期“琼崖苏维埃政府布告第三号”为例，其布告长 23.5 厘米，宽 22 厘米，纸质。

琼崖苏维埃政府布告第三号

为布告事照得琼崖的豪绅地主资产阶级国民党 这三年来压迫屠杀工农群众无所不用其极勒辩民团施行保甲强迫移民罚款派响苛捐杂税层出不穷种种罪恶罄竹难书本政府当此紧急关头应就领导全琼崖群众起来肃清一切反革命势力解除种种痛苦完成夺取琼崖的任务所有反革命的长官团长甲长都系民众公敌自应一律铲除但敌人队伍中被压迫或欺骗而充当士兵团兵者所有痛苦与农工一样无异在不妨碍革命范围内决不妄加杀戮如有自动起义来杀死反革命领袖及携枪出来和工农合作本政府必奖励有加编入红军予以优待不愿充当红军者分配别种工作或供给月资回里在夺取政权的苏维埃区域内退伍兵士一律发给土地使得安居乐业。特此布即一律知照，切切此布。

一九二□年十二月十日

人民委员会王文明委员陈玉侯 陈骏业 梁秉枢 黄善蕃 陈业祝 王克礼

我们知道布告是政府机关或社会团体，将某一决定、办法或某一案件，以书面形式张贴出来，告之百姓或相关人员的法规文件。旧社会的布告文体有文言、白话、半文半白等三种。仔细阅读这张布告，从形式上看采用半文半白且均没有标点符号，符合当时的书写文本形式，从内容上看，因执笔者所误，时间落款缺具体年代，但以广东人民出版社1986年9月出版，琼崖武装斗争史办公室编写的《琼崖纵队史》记载，第一届琼崖苏维埃政府于1928年8月12日在乐会县（今琼海市）第四区高朗村成立，大会选举产生了第一届琼崖苏维埃政府成员。王文明任主席，陈玉侯、陈骏业、梁秉枢、黄善蕃、王克礼、陈业祝为委员。① 因此，这张布告的日期应该是1928年至1929年间。

布告所写“豪绅地主资产阶级国民党 这三年来压迫屠杀工农群众无所不用其极勒辩民团施行保甲强迫移民罚款派响苛捐杂税层出不穷种种罪恶罄竹难书”指的是1926年至1928年间，土豪劣绅、地主、官僚资产阶级、国民党反动派不仅压迫屠杀工农群众，强迫移民并施行保甲制度和苛捐杂税，用罄竹难书来形容罪行多得写不完，琼崖人民陷入水深火热的悲惨境地。“本政府当此紧急关头应就领导全琼崖群众起来肃清一切反革命势力解除种种痛苦完成夺取琼崖的任务”，在这紧急关头，琼崖苏维埃政府组织发动工农群众团结起来同反动政府作斗争。

其布告内容翔实、笔迹工整，是琼崖苏维埃政府自成立后，认真贯彻执行中共中央的方针、政策与决议、指示，并发布了一系列的布告、通令、训令、条例、规定等行政法规，不仅进行“苏维埃政权分配土地给农民，实行耕者有其田，改变地主剥削劳苦大众的制度”的宣传，而且号召“敌军内的贫苦兄弟们，掉转枪口和苏区人民一道，为保卫工农兵政权而奋斗”②。

“琼崖苏维埃政府布告、通令”真实地记录了琼崖党组织在特定历史时期的重要活动，生动地再现了海南党政军民不畏艰难困苦、不怕流血牺牲、前赴后继、团结战斗的历史画卷，讴歌了以冯白驹同志为代表的琼崖党组织领导集体密切联系群众、坚韧不拔的浩然正气。

① 琼崖武装斗争史办公室编：《琼崖纵队史》，36 ~ 37页，广州，广东人民出版社，1986。
② 琼崖武装斗争史办公室编：《琼崖纵队史》，39 ~ 40页，广州，广东人民出版社，1986。

二、加强琼崖革命历史档案的展览教育功能

由于历史原因，琼崖革命史遗存的历史档案并不多，开发利用琼崖革命历史档案势在必行。要把展览其档案作为展示历史、教育后人的重要方式。早在 1994 年中共中央《爱国主义教育实施纲要》中就明确指出“要进行中华民族优秀传统文化教育。爱国主义教育的素材非常广泛，从历史到现实，从物质文明到精神文明，社会生活的各个领域都蕴藏着极为丰富的进行爱国主义教育的瑰宝。要善于运用国情资料，并注意挖掘和利用各种宝贵的教育资源，不断丰富爱国主义教育的内容”①。对此，我馆要强化现存馆藏琼崖革命历史档案的展览教育功能，在注重展示海南世居少数民族文物的同时，充分利用现存的琼崖革命历史档案和遗物，深入挖掘藏品所饱含的历史信息。

再以琼崖土地革命时期“琼崖苏维埃政府布告第三号”为例，这件档案背后有着感人至深的历史故事，布告中的琼崖苏维埃政府组成人员，如主席王文明同志、委员陈玉侯、黄善蕃、王克礼、陈业祝等同志为了琼崖的革命事业，先后献出了宝贵的生命，他们的壮烈事迹永远为海南人民所传颂②，特别是琼崖苏维埃第一任主席、琼崖革命的重要奠基人王文明，他 1922 年入党，曾在自己的家乡参与创办琼崖第一所农工学校——嘉积农工职业学校（后更名为琼崖仲恺农工学校）。从 1926 年创建琼崖党组织以来，他曾亲自领导琼崖数百万农民群众实行土地革命，肃清国民党军阀豪绅地主、资产阶级等一切反动势力，以“愈困难愈奋斗”的革命精神，与战士同甘共苦，他动员家人积极参加革命，并为之而奋斗，家人先后参加革命的有胞兄王文源、妻子邢慧学、儿子王健、侄儿王荣、王华、侄媳陈春梅、吴胜玉等共 7 人，他们先后为琼崖的革命事业献出了自己的宝贵生命，成为光荣的革命烈士。③

---

① 刘淑云、刘东：《高校档案德育资源开发应用研究》，载《档案》，2007（2）。

② 中共海南省委研究室、海南省民政厅编：《琼崖英烈传》，第一辑，98 页，第二辑，95 页，第三辑，68 页，海口，海南人民出版社，1989。

③ 中共海南省委研究室、海南省民政厅编：《琼崖英烈传》，第一辑，106 页，海口，海南人民出版社，1989。

实现对琼崖革命历史档案内容的解读，举办专题的全面反映海南琼崖革命历史的陈列展览，为广大观众再现一个立体的海南革命斗争的历史原貌，重要的是让公众能够学习革命先辈为海南的解放事业做出的历史贡献、所彰显的崇高风范，从而深刻更认识到习近平总书记关于“要把红色资源利用好、把红色传统发扬好、把红色基因传承好”的重要指示精神。

另外，革命历史档案的展示离不开现代传播手段的支撑，要充分利用数字技术，把珍贵的历史档案藏品形态直观地记录下来，用于对外传播。还要充分利用网络技术以及现代移动通讯技术，面向各种终端，制作一些关于红色文化的影音资料或文字介绍，使其能比较方便地进入人们的文化生活。还要重视非传统媒体、非主流媒体的作用，主动借助“微博”、“微信”以及将来可能出现的新的传播方式，迅捷地进入网民的世界。这样不仅丰富琼崖红色文化的探索与实践，而且从多方面丰富和充实陈列展览宣教内容。

三、制定馆校合作计划，建立长效的社会教育推广机制

红色文化所蕴含的是一种精神、一种信仰、一种担当、一种追求。海南省民族博物馆作为全国民族团结教育基地和省爱国主义教育基地，要围绕琼崖革命“孤岛奋战，二十三年红旗不倒”的红色文化，充分利用琼崖革命斗争史这些特定的历史档案，制定建立长远的爱国主义宣传教育机制，开展专题展览进校园活动，大力开辟思想道德教育的第二课堂，弘扬爱国主义和革命传统教育主旋律，把爱国主义教育和思想道德建设融入陈列展示的宣教模式，这样不仅扩大了红色文化和加强爱国主义教育宣传的覆盖面，丰富了学生思想政治教育内容，而且为更深入地学习社会主义核心价值观提供了新型的载体，引导学生树立正确的世界观、人生观、价值观、道德观，以此来打造海南省民族博物馆的爱国主义教育基地的示范作用。

当代学生，对于久远的革命历史，单纯地对其灌输对革命先辈的崇敬与敬仰之情，会显得有些单调了。对于思想更加开放、思维更加活跃的青少年，我们要采取他们喜闻乐见的方式帮他们打开历史之门，让他们有兴趣、有激情地去了解、解读

革命先辈铸就辉煌的光辉印记。

为此，加强与所属地区的学校签订“共建”协议，制定“共建”计划，特别是以学生为主体开展的各种活动，设置特殊课堂，将琼崖革命教育由表面推向深入，通过展览、互动、文化创意产品、教育读物等多种形式扩展红色教育模式。

同时，举办旨在弘扬琼崖革命历史档案的专题讲座、书画比赛、有奖征文、海南革命历史知识竞猜等活动，条件允许可开展将文物复制品、图片等制作成“文化包”送进共建学校，多举措实现红色教育的探讨与实践。让学生在轻松、活泼的气氛中感受课本外的琼崖红色历史知识，增强学生对琼崖革命文化深刻的了解，加深对琼崖革命史“二十三年红旗不倒”红色文化的理解。

综上所述，革命历史档案的挖掘和利用对当今人们的精神塑造、理想信念的重建，对实现中华民族伟大复兴的中国梦有着重要的现实意义。因此，作为观众接受爱国主义教育重要阵地的博物馆，应当自觉地承载起传承、发展和创新红色历史文化的责任与担当，通过举办形式多样的陈列展览，深入持久地开展爱国主义教育，以此来增强广大人民群众对中国特色社会主义的道路自信、理论自信和制度自信，激励人民群众为实现中华民族伟大复兴的中国梦而努力奋斗。

试论民族服饰的网络虚拟展陈

——以中央民族大学民族博物馆与谷歌文化学院的合作为例

林文[*]

民族服饰传承民族记忆，彰显民族特色，体现民族智慧，是民族文化的重要载体。许多民族的服饰都是穿在身上的民族历史。中央民族大学民族博物馆民族服饰的收藏占馆藏绝大多数，且仍在不断丰富中。然而，在实际展陈中，由于客观条件限制，并未能充分展示出其魅力。单一的展示模式已无法满足观众的参观需求，也使博物馆自身的发展受到限制。

互联网时代，“开放”与“共享”是主旋律。发起于 1971 年的古登堡计划（Project Gutenberg）不仅是世界上第一座数字图书馆，更在几十年间免费为读者提供了数十种语言的数万册电子书；维基百科（Wikipedia）以其开放型的互动模式，已成为全球最大的知识共享平台；旨在让全世界人都能享受世界最高教育水平的 Coursera 同全球最顶尖的大学与研究机构合作，提供任何人都可学习的免费在线课程。越来越多的行业都加入到互联网的开放与共享中来，其中，博物馆与艺术机构

* 林文：中央民族大学民族博物馆数字化博物馆办公室主任。

领域资源开放与共享的领头羊当属谷歌文化学院（Google Cultural Institution）。它的出现使得走进博物馆不再受到时空限制，只需一台终端设备加互联网便可“走访”遍布于世界各地的博物馆。高清拍摄技术的运用使得展品几乎零距离地展现在观众面前，这不仅对观众是件美事，对博物馆和艺术机构也是极好的发展机会。中央民族大学民族博物馆（以下简称“我馆”）与谷歌文化学院的合作使民族文化的传播搭上互联网的快车，线上展览访问者已遍布世界各大洲，迅速提高了民族文化的传播效率和范围。

一、中央民族大学民族博物馆服饰展陈现状

我馆虽有单体建筑，但各展厅面积不大，限制了空间自由。为充分利用有限空间，我馆目前的服饰展陈主要采取玻璃通柜加中央少数独立展柜的方式，基本分为模特展示、支架展示、平铺展示和借助展具的展示（主要运用于头饰类）。这些传统的陈列方式无法立体地为观众呈现展品，具有很大局限性。观众仅能看到展品正面，然而有些民族服饰（例如纳西族妇女的七星羊皮披肩、台湾少数民族的贝珠贯头衣等）其背面的内容远比正面复杂得多，所包含的文化信息也更丰富。另外，少数民族服饰大多具有诸多值得欣赏和研究的精美细节，但隔着玻璃柜只能远观，无法近距离品味；不同展位的相似展品更不能自由放在一起进行对比；一旦撤展或更换展品，观众便再也无法看到。种种局限尤其是对于专业研究人员来说更是不便。我们不止一次接待过正在做论文的学者或学生，希望能与展品有更近距离的接触以便研究，虽然很希望能够帮助他们，但出于对藏品的保护，我们无法一一为他们把藏品从展柜或是库房中取出供其自由查看。

平日漫步展厅，笔者常感动于民族服饰的华美精致与质朴大气，感叹于民族工艺的精美绝伦与匠心独具，感悟于民族宗教的博大精深与哲思悠远。同时，又怅然于馆内空间有限而无法详尽展示，失意于多彩民族文化养在深闺无人知。在暂时改变不了客观条件的情况下，我馆急需一种方式来弥补现有展陈手段的落后与不足。此时，谷歌文化学院的出现，让我们看到了诸多可能。

二、谷歌文化学院与数字博物馆网络

谷歌文化学院于2013年10月正式上线，是谷歌新推出的一个与文化相关的项目。它是一座基于网络技术与平台，关于博物馆和艺术机构的虚拟博物馆。传统的数字博物馆相对封闭，而谷歌文化学院则是面向全球的开放平台。馆方可借助网站提供的布展工具在平台上进行图片、音频、视频、文字的综合编辑，制作出风格各异的线上展览。截至2016年8月，谷歌文化学院在全球已和跨越70个国家的超过1200家机构合作，线上有3000余个展览，2015年的访问量为2亿7千余万次。谷歌文化学院对外宣称："我们创建该网站是为了提供具有丰富视觉效果的互动式在线体验，帮助人们以新的方式讲述文化故事。"需要强调的是，谷歌文化学院虽包含实体博物馆的高清3D巡游，但它绝非实体博物馆的简单复制，而是一个线上的再创作空间。这个虚拟创作空间提供给馆方极大的自由以不同于实体展览的方式重组展品，使展览焕发新的生机。

通过谷歌文化学院的平台，馆方可以上传海量数字资源，将展品全貌尽可能多地展示给观众。同时，观众也可利用图片放大功能，随意查看展品细节。视频与音频的插入功能使馆方能通过影片和声音的方式配合图片，更加全方位立体地展示展品本身及其背后的文化内涵。观众还能通过网站工具，将同一民族不同地区的服饰、同一地区不同民族服饰甚至是不同博物馆之间的服饰进行对比，或将服饰与器物的纹饰同时放在同一终端屏幕进行对比、欣赏与研究。谷歌文化学院的平台不仅为观众创建新的看展体验，为馆方提供新的展陈空间，更为展品的妥善保护与利用率的提高找到了平衡点。诸多优势使得线上展览成为了当今实体博物馆的必要补充。

三、民族服饰线上展览的优势与必要性

传统的博物馆陈列是在一定的展陈空间进行陈列设计和展示，多数为单一静态的展示物品。通常设置形式拥有固定展柜、展板、灯光等，往往将藏品以静态放置的形式来展现。大多数受到布展专业工作人员数量和展厅固定陈列单元的限制。另外，陈列经费和当前布展的理念和技术的介入也成为博物馆展示的制约条件。博物

馆设置受特定空间、地域、时间、经费等因素的影响，公众的参与面相对变窄，因此博物馆的教育、传播和展示作用的发挥也相对受到影响。[①] 针对这些问题，线上服饰展览则相对具有诸多优势，不但可以减少对藏品的损耗，同时还能提高藏品数字化成果的利用率与曝光率，满足观众的参观要求，延展博物馆有限的物理空间，并提高信息传播效率。具体阐释如下：

（一）降低藏品损耗

服饰类展品多为纺织品，极易受到光照、湿度与温度的影响。在布展时既要考虑到灯光亮度不能太亮以减少对织物的损害，但又不能太暗导致观众看不清楚。虽然目前我馆已完成展厅 LED 冷光源改造，然而，只能说是减少了光线的损害，并未彻底杜绝。即便展厅配有冷暖中央空调及抽湿机，也难以真正做到常年恒温恒湿。因此，展品的色彩和牢固度不可避免地仍会受到影响。更严重的是，展厅还会因气候等原因偶尔出现虫害，有些虫子肉眼很难辨认，而它们的啃噬对织物造成的损害更是不可逆转，无疑是对展品的极大破坏。相比之下，线上展览可以最大程度保护藏品，只需将照片一次性拍摄下来，即可在线上展厅无限次使用，虚拟的形式不会对藏品本身造成任何物理伤害。

（二）提高馆藏数字化成果的使用率

数字化博物馆的建设是近年来博物馆行业发展的趋势。为此，我馆先后投资了数百万元资金用于藏品数字化信息采集工作。然而，大量高清图片拍摄完毕后除了主要的存档功能，并无其他渠道进行高效利用，无形中造成了人力物力的极大浪费。如今，因为有了谷歌文化学院虚拟博物馆的展示平台，这些在硬盘里封存已久的藏品图片得以以线上展览的模式逐步展现在全球观众面前，一套成果，多次使用，充分发挥了数字化的优越性，切实提高了馆藏数字化成果的利用率。

① 张强：《“互联网 +”时代背景下博物馆陈列的新思考》，载《艺术科技》，2016（6）。

（三）提高藏品曝光率

出于保护目的，大部分藏品因需定期归库保养，一年当中只有短暂的时间和观众见面，绝大多数时间都静静地躺在库房的恒温恒湿柜中等待下次露面。还有许多更为珍贵的馆藏由于展出条件达不到要求，甚至无法与观众见面。博物馆通常都重视收藏，但在藏品利用方面往往差强人意。比如故宫博物院院长单霁翔曾表示："故宫馆藏约 186 万余件，然而展出的藏品仅有 1 万 5 千件左右，还不到馆藏 1%。"① 这也是绝大多数博物馆共同的问题。每件藏品的维护都会花费一定的经费和资源，如果能够提高其公众曝光率，更好地服务大众，实际上也等于降低了维护成本。通过谷歌文化学院的线上展览，所有上线藏品图片不但可被反复查看，面对的更是全球观众，极大提高了藏品的曝光率。

（四）满足观众欣赏需求

如今，随着科技的发展与观众审美能力的提升，许多观众已不满足于隔着玻璃展柜看看服饰的大概颜色与款式的静态观赏，而是希望更多地了解其制作工艺、纹饰含义、当地的自然与人文环境等服饰背后的信息，但我馆现有的传统展示手段根本无法满足。与此相比，我馆在谷歌文化学院的线上展览则在这些方面具有极大优势。以苗族服饰为例，观众不但可以通过网页看到我馆馆藏精美的苗族服饰高清图片，还可在我馆线上的"苗族非物质文化遗产"系列展览中，欣赏到大量记录与阐释苗族刺绣、蜡染、织锦、银饰等服饰相关传统工艺及其文化内涵的视频、音频和照片，生动地了解苗族服饰制作的主要步骤、种类、技法、以及传统图案的深刻含义。再以藏族服饰为例，我馆的"西藏民居"线上展览为观众展示了西藏各地的自然风貌与建筑特色，都能对服饰的欣赏起到辅助作用。这些无疑都使得观众们的参观体验变得立体、丰富起来，加深对民族服饰的认知与理解。

此外，我馆大厅里悬挂着一幅《中华民族》真丝手工栽绒挂毯，原作为我校美

① 引自 2017 年 3 月 11 日央视一套《朗读者》节目。

术学院刘秉江教授所作油画。丝毯长 8 米、高 2.8 米，描绘了 56 个民族的 61 个人物。共选用单色丝线 130 余种，并相互混合而成 1000 多种复色丝线，使其色彩格外艳丽丰富，织作技工手工打结达 650 万个，该丝毯在工艺难度、人物数量、用色丝个数等方面在数十年来实属罕见，每位到馆观众都会对这幅丝毯印象深刻。为了保护丝毯，观众只能站在护栏外探身观看，无法尽兴欣赏。然而，谷歌的“十亿像素”（Gigapixel）拍摄技术能清晰地展现艺术作品的每个微小细节，这是实地欣赏所无法实现的。同市面上比较普遍的千万级像素的数码相机相比，十亿像素技术能够捕捉的信息是前者百倍，以油画作品为例，该项技术可让观众不仅轻松看到画作的每个笔触，甚至连笔触上颜料的细微裂纹都清晰可见。而且，这项新技术还拥有超强的云处理能力，能够在线提供即时照片加载。正是该项技术的运用，使得观众可以通过放大功能，在线逐渐看清丝毯上每位人物的服饰细节、面部表情，绚丽色彩之间的过渡，甚至看清每一支栽绒的纤维，无疑大大提升了观赏体验。

更为重要的是，借助谷歌文化学院平台，所有展览均能做到“永不落幕”，而不是定期撤换。观众因此可跨越时间、空间的距离，随时随地、随心所欲地观看展览。

（五）无限扩大展陈空间

我馆现有展厅面积十分有限，专门的服饰展厅仅有两个，共计 400 平方米。目前基本只能做到一个民族展示一套服饰，完全不足以展示少数民族服饰的多样性。事实上，许多民族内部支系众多，且支系间服饰差别巨大，随着时间的流逝，民族服饰本身也会发生相应变化，并且，在不同场合与礼俗中，服饰也不尽相同。因此，一套服装并不能代表整个民族的服饰文化，难免以偏概全。然而有了线上展览，我馆的展陈空间被无限放大，可将同民族不同支系或不同场合穿着的服饰一并展出，便于观众对比、欣赏、研究，而这以我馆现有物理空间是根本无法实现的。

（六）提升信息传播广度与效率

在移动互联网普及的今天，无论国内国外，社交媒体的力量不容小觑，其传播速度与力度往往比博物馆自身网站快得多，涉及受众群体也广泛得多。在谷歌文化学院的平台上，有时下最受欢迎的社交媒体——脸书（Facebook）、谷歌+（Google Plus）、拼趣（Pinterest）与邮件（Email）等即时分享功能，便于观众在欣赏展览时随时利用个人社交媒体与朋友们分享。从后台数据分析来看，我馆线上展览的访问量中，超过一半是由社交媒体分享导入的。世界各地的网民自动变成了我们的宣传员，一传十，十传百，无形中为展览做了最好的口碑推广。借助全球网民的力量，我馆实现了不费吹灰之力便将独特的民族文化传播到世界各个角落。除此之外，网站所提供的"用户珍藏集"功能，还能让观众们将自己喜欢的展品保存在"用户珍藏集"中，建立个性化的展览再通过社交媒体或邮件与他人分享，观众们甚至可以自己为展品写注解，发送给朋友，并展开相关讨论。这些功能都大大提高了观众看展的参与感与获得感，有利于展览与文化的传播。

综上所述，线上展览的优势与必要性对于作为保存、研究和传播文化的博物馆而言已十分明确。因此，在互联网时代，博物馆应当积极调整姿态，尽快融入，将互联网技术为我所用，更好地发挥自身社会价值。

四、互联网时代的博物馆角色再思考

谷歌文化学院的创始人 Amit Sood 在他最近的一次 TED 演讲当中提到："世界充满了奇妙的事物与丰厚的文化遗产，当我们有机会接触到它们时，我们会受其震撼，为其倾心。然而世界绝大多数人都无法真正接触到艺术与文化作品。如果我们可以探索文化遗产、美丽的风景和艺术作品会产生什么样的化学反应？"① 文化艺术无疑能提升人的修养，滋养社会环境，而展示文化与艺术的博物馆却时常给人高冷的感觉。事实上，艺术不该只被精英拥有，还应被大众分享。博物馆当如公园和图书馆

① "The world is filled with incredible objects and rich cultural heritage, and when you get access to them we are blown away, we fall in love. But most of the time, the world's population is living without access to arts and culture. What might the connections be when we start exploring our heritage, beautiful locations and the art in this world?"—Amit Sood

一般，将文化与艺术带给普通人，充实和滋养社会。我馆与谷歌文化学院的合作不仅仅只是想把展览放到网上，我们真正希望做到的是给全球观众提供体验与享受博物馆的新方式，以及学习与教学的新方式（在海外许多大中小学的课堂上，老师可以直接通过登录谷歌文化学院随时向学生直接展示相应的艺术品或是历史遗址等）。

以往，博物馆的展陈以展品为中心，这样的格局不利于让藏品活起来，走近大众。在互联网时代，博物馆的关注中心要从“展品”转为“人”，从被动等待参观转变为主动接近和吸引公众，更好地搭建展品与观众之间的桥梁。我馆的服饰藏品与展览出现在谷歌文化学院的页面上，然而它们并不属于谷歌，也不属于我馆，而是属于人类文明。在这样一个关于博物馆的虚拟博物馆里，谷歌文化学院提供的仅仅是平台，真正的主角是每件服饰所代表的民族及其所承载的文化与历史，博物馆与谷歌的合作仅仅是为这些真正文明的主角找到一个合适的展示与传播方式，从而让更多的人了解认知。

诚然，对藏品的收藏与研究是博物馆的立馆之本，纵观全球各大知名博物馆，它们所以成为优秀的博物馆，不仅因其丰富的藏品和深入的研究，更重要的是能够将藏品所饱含却无法自我言说的文化信息以各种方式传播给大众。国际大馆有许多国内高校博物馆无法企及的实际资源优势，然而，在几乎人人拥有智能终端和互联网接入途径的时代，网络无疑是最高效也是最经济的手段。“互联网络作为一个新的媒体，具有开放性、全球性的特点。它向全世界的网络用户开放，方便用户交流查询信息。博物馆是非赢利的公共机构，担负着向公众宣传教育的职能。博物馆借助互联网络的优势，可以将文博信息更广泛地传向世界各地。”[①] 同时，互联网打破了世界原有的思维生态系统，解构中心文化的同时促进了多元化文化发展。而这样的趋势正符合少数民族文化传播的需求，“由于互联网博物馆的诞生扩大了文化研究的范围，提高了文化研究的水平和文化传播的速度及完整性，使得各种文化扩大了生存和发展的空间，特别是对一些即将消亡的文化来说，互联网博物馆的重要性更

① 石晓霆、武玮、陈迪、郭亮：《互联网博物馆概况及其对文化的影响》，载《中原文物》，2002（3）。

是不言而喻。文化生存空间的扩大必将促进文化多元化的发展。”① 我校已故名誉校长、著名人类学家费孝通先生在阐释中华民族多元一体格局理念时提出“各美其美，美人之美，美美与共，天下大同”，意为不同民族之间不仅要欣赏自身的文化，还要相互尊重，欣赏和赞美对方的文化。如此，各族人民和而不同，在保持自身特色的同时实现和谐统一。 放眼世界，也是同样道理，多元文化不但赋予我们宽广的胸襟，更给予我们开阔的视野与无尽的灵感。不同文化的共存，才使世界如此精彩。

三流博物馆仅关注藏品，二流博物馆是一场与观众的开放对话，而一流博物馆则将魅力的触角伸向四面八方。虚拟博物馆在以人为中心的同时，无尽地延伸了文化与艺术的触角，作为实体博物馆的补充体验，将是博物馆行业今后不可或缺的板块。线上虚拟博物馆虽为实体博物馆参观经验的补充，却同样承担着与实体博物馆一致的藏品保存、研究与信息传播的功能，在依附于实体博物馆的同时，也是相对独立的发展个体。观众在线上与线下看展习惯与关注点的不同，要求我们的线上策展思路也要随之调整。相比线下实体展览，线上虚拟展览需充分利用互联网便利技术，在细节上下功夫，在动态上做文章，打造不同于实体博物馆参观的体验，提升观众参观获得感。起到连接文化与促进共享的作用，为观众自我创造价值提供空间。

中央民族大学民族博物馆作为一所高校博物馆，不能只满足于服务于本校师生，更应该面向社会，心怀世界。如不能积极走出去，将是对资源的极大浪费。建筑的物理空间不应是博物馆与外界的界限，相反，博物馆应当超越这个空间，主动把馆藏带到大众面前。在未来与谷歌文化学院的合作中，相信谷歌会不断用新技术提供给合作馆方新的策展工具，然而我馆也不能陷于单纯追求互联网技术的窠臼，再先进的技术也应为我所用，用展览讲好民族文化的故事，同时继续根据后台大数据分析寻找更加符合观众需求的线上展览内容与方式，让更多观众超越时空了解民族服饰，感受多彩中华民族文化。

① 宋向光：《互联网思维与当代公共博物馆发展》，载《中国博物馆》，2015（2）。

专题性博物馆发展之我见

——以青海柳湾彩陶博物馆为例

李积英*

随着社会的多元化发展，博物馆在总量激增的同时呈现出发展的多样性趋势，最显著的变化就是众多类型各异且分工性较强的专题性博物馆应运而生。

专题性博物馆，顾名思义，就是具有专题特点的博物馆，从微观的角度来讲就是对某一特定主题下的藏品进行收集、整理、陈列、研究的一种文化机构。与百科全书式的传统综合性博物馆相比，专题性博物馆主题鲜明，展示的内容具体而深入，具有一定专题特性和资料特性，并且对专题的讲述较为细致具体。在博物馆的陈列布局上，挖掘的是此专题的知识内涵，公众可以通过展览构造对整个陈列内容的来龙去脉有一个整体的把握和认识。

在博物馆事业的发展中，专题性博物馆以突出的专题、明晰的领域以及相对较齐全的展品资料，在博物馆事业中占据着重要地位，也显示了传统博物馆认识观念的进一步拓展。本文以青海柳湾彩陶博物馆的展览特色为例，尝试探讨专题性博物

* 李积英：青海省博物馆馆员。

馆应如何突出主题特色。

一、青海柳湾彩陶博物馆发展现状

目前我国博物馆事业的牵头力量是由文化和文物部门主办的社会历史类博物馆，这部分所占比重大约在 70%[①]，如陕西历史博物馆、南京博物院、河南博物院等，无论在资金投入、建筑设备还是人才力量、展示手段上都有着很大的发展优势，但是相对于小型的专题性来说，因所在区域、规模、人员、经费、科研、展示的不同，现状和发展截然不同，尤其是在经济欠发达地区，博物馆虽有场地、陈列，但由于观念陈旧，再加上资金的不足，陈列内容较为单一冗沉，造成博物馆“门庭冷落”的尴尬局面。

全国重点文物保护单位的柳湾彩陶博物馆坐落于青海省乐都县河湟谷地的一个小村庄，南濒湟水，北依山岗，距乐都县 17 公里，距柳湾氏族公共墓地 2 公里，环境优美，气候宜人，柳树成荫。这里收藏着柳湾原始社会晚期新石器时代氏族社会的公共墓地出土的文物近 4 万件，其中彩陶文物近 2 万件，是彩陶艺术宝库中的瑰宝。柳湾彩陶博物馆是我国第一个以展示彩陶系列文物为主体的专题性博物馆，也是西北地区一处重要的史前文明宝库，彩陶数量之多在全国首屈一指。

1979 年，基于柳湾墓区大规模的发掘成果，青海省文物考古队在柳湾建立了“青海省柳湾考古工作站”并开始筹建馆舍，1983 年开始对外开展学术交流活动，1985 年改名为“青海省彩陶研究中心”，1986 年，柳湾墓地陈列完成，柳湾墓地珍贵文物与观众见面，2001 年 7 月随着彩陶博物馆的建立，易名为“中国青海柳湾彩陶博物馆”，2004 年对外开放。

青海因滞后的经济形态和落后的文化观念，大量彩陶堆积在低矮破旧的房子中。日本友人小岛镣次郎先生被柳湾彩陶绝妙的艺术和众多的数量所震撼，在“文物不分国界，每个人都有义务去保护”的心境下，捐资 3000 万日元，有了现今具有相

① 王玉楼：《关于加强专题性博物馆建设的思考》，载《文物春秋》，2011（4）。

当规模的彩陶博物馆。

现如今，青海柳湾彩陶博物馆有着很大的发展空间和优越的资源优势。博物馆总占地面积为5845平方米，可供展览面积为1500平方米，其建筑特色和外观造型突出了国家一级文物舞蹈彩陶盆特点，主体为三层，两侧配以扇形裙楼，体现了现代艺术和史前艺术的结合。博物馆主要馆藏柳湾1730多座古墓所出土的近4万多件文物，其中彩陶文物达2万件，裸体人像彩陶壶、彩陶靴、人头像壶、提梁罐、鸮面罐等为馆藏之精品，柳湾彩陶以其多样的造型、繁缛的纹饰、精美的构图、多样的艺术风格令人叹为观止，更是举世瞩目的珍品，充分展示了我国彩陶文化鼎盛时期的风貌。

有了丰富文化内涵和悠久历史的文化遗物，就有了给予文物展示的空间。彩陶文物的收藏、研究、展览是柳湾彩陶博物馆的主要职能，墓地的复原陈列及彩陶精品展览是博物馆的最大特色。“柳湾彩陶流成了河”就是对其最恰当的描述。彩陶博物馆的展陈内容本身具有很强的吸引力和文化内涵：新石器时代先民们进行生产生活、礼乐祭祀等内容的实物500多件，涉及了马家窑文化的半山类型和马厂类型、齐家文化、辛店文化的展览主题鲜明，展线脉络清晰流畅，表现出了柳湾彩陶神秘、辉煌的一面，序列烘托气氛，墓葬复原展厅独辟蹊径将典型的墓葬集中复原，返古逼真，半地穴式的设计以人为本，使柳湾深厚的文化内涵得以实现大众化普及和展示。虽然柳湾彩陶博物馆很小，但它却让古先民四千年前的生活画面活灵活现地展现在世人面前，给人至深的感触和震撼。博物馆陈列展览以精巧的布局、流畅的展线、典型的展品，向人类展示出了古先民们丰富的物质生活和充实的精神世界，展示了绚丽多彩的彩陶艺术，成为国内外游客了解青海的一个窗口，也成为集彩陶研究、参观、文物旅游于一体的现代文化旅游中心。

而今，柳湾彩陶博物馆已成为彩陶荟萃的宝库，置身于这座史前艺术的殿堂，让人感到一件件彩陶就是一朵朵绽放的艺术之花，它们折射着柳湾先民的聪明与智慧，回放着柳湾昔日的灿烂与辉煌。

二、柳湾彩陶博物馆的精品陈列，体现专题的文化优势

在急速发展的国际化环境中，博物馆以传统闭门守家的方式已难以应对日异月新的文化面貌，尤其是专题性博物馆，必须塑造出独具特色的文化形象，才能立于不败之地。而打造自己的精品展览，则是专题博物馆的生存之道。

柳湾彩陶博物馆属于考古文化博物馆，有着独特的考古基础和文化特征，虽然其涉足的社会文化和自然科学领域有一定的局限性，但是收藏、研究、整理、陈列等博物馆的基本职能一样不缺。博物馆陈列中，以“精”取胜，根据本馆“彩陶”资源特点和优势来确定展示规划和展览主题，这是柳湾彩陶博物馆的一大特色。墓葬复原展厅半地穴的设计遵循了以人为本的理念，展线从半山类型开始到辛店文化结束，以时代的延续性揭示了不同时期古人类的丧葬习俗、阶级分化、农业生产等一系列问题，使柳湾深厚的文化内涵得以普及。第二展厅为生活遗址和生活用具主题。彩陶的出现和使用使人类开始煮制食物，它极大地改善了人类生活质量和生活条件，而这一时期各类生产工具，如石刀、石斧、骨针、纺轮和粮食的出现真实地反映了当时的社会生产状况和河湟地区农耕文明的程度；陶埙、石磬则表明这一时期生活在这片土地上的人们有了礼乐、祭祀和文化娱乐活动，这与青海省出土的舞蹈彩盆上原始先民们踏歌起舞是相互呼应的；玉器、绿松石、石珠项链的出现，证明了远古先民独特的爱美、审美情趣。第三展厅集中展示了四种不同文化类型最具代表性的彩陶，尤其是“裸体人像彩陶壶”，以其特殊的浮雕人物给后人留下了很大的悬念，至今学术界对此人物性别争论不休。

馆藏的两万多件彩陶具有很高的艺术价值，如裸体人像彩陶壶、彩陶靴、人头像壶、提梁罐、鸮面罐等，是我国远古彩陶艺术中不可多得的珍品。这些彩陶器物以多样的造型、繁缛的纹饰、精美的构图、多样的艺术风格令人叹为观之。古人以泥土色彩的搭配，用原始古朴而绚丽繁复的花纹、线形流畅优美而多样的造型捏造烧制出了辉煌的彩陶器具，从泥土的原始利用到工艺设计、彩绘、烧制等方面的发展中获取着艺术的真谛，构成了柳湾奇异的工艺文化。这是柳湾彩陶博物馆展览的精华，把半山类型如湟水河般的波澜翻滚的磅礴气势表现得淋漓尽致，而马厂类

型陶器粗犷和奔放的装饰风格则展示了彩陶艺术的巅峰。如果没有突出的展示设计和展示特点，就无法显现出这些彩陶的特性。柳湾彩陶博物馆的展示预先设定了观众所需的“博”和“物”，为他们的需求量身定做，系统、直观、生动地反映出柳湾墓地出土文物的历史价值，体现出专题性博物馆展览很强的针对性和专业性。前来参观的游客在相对较小的展示空间和较为专业的展示主题下，对展品的认知程度会比综合类博物馆丰富多样的展品走马观花式的参观要高得多。柳湾彩陶博物馆从建筑风格到藏品陈列，从文物资源到展览设计，都集中反映了彩陶文化的主题，充分体现了专题性博物馆的社会效应。

三、通过让彩陶活起来，提高公众对博物馆的认知度

“专题性博物馆要立足于行业特点和区域文化特色改变发展理念，建立和提高博物馆以质量为导向的管理制度和工作体制，强化博物馆的功能和职能发挥。”[①] 柳湾彩陶博物馆自建馆以来，充分发挥其文物收藏、科学研究、宣传教育的功能，在做好保护工作的基础上，密切与新闻媒体合作，有关柳湾彩陶的信息频频上报、上电视、上电台，大力宣传的同时，发掘出了柳湾深层次的文化内涵和价值底蕴，提升了柳湾的知名度和声誉度，扩大了博物馆的影响力，中外游客争睹柳湾彩陶风貌，前来参观的游人、考察的学者络绎不绝，达到了博物馆社会效益和经济效益相结合的目的。

柳湾彩陶博物馆有着明显的地方特色：规模小，建馆时间短，有着丰富的文物资源。拥有资源是一种优势，但发挥不了作用又是一种浪费。大量的彩陶文物沉睡于库房内，无缘与观众见面，对博物馆宣传教育的职能发挥有很大程度的限制。文物藏品的价值不限于“藏”，而在于通过展览展示释放其历史文化内涵。如果总是搁置于库房，那么考古发掘的意义只是让文物在空间和位置上发生了改变，从地下转移至地上，其存在的意义和价值没有发生实质性的转变，也丧失了其根本的社会

① 王运良：《浅谈我国中小型博物馆资源现状与对策》，载《文物春秋》，2012（2）。

价值。对此，柳湾彩陶博物馆积极拓展思路，结合博物馆得天独厚的优势，拿出精品文物在全国各地巡回展出。自 2004 年首创馆际交流展览开始，先后在上海师大博物馆、江苏南京博物院、广东东莞蚝岗遗址博物馆、上海闵行区博物馆、陕西历史博物院、西安半坡博物馆、杭州跨湖桥遗址博物馆、上海鲁迅纪念馆、福建昙石山遗址博物馆等举办以新石器时代原始社会晚期氏族公共墓葬出土的精品彩陶文物兼带其他史前文物为主题的展览活动近 10 余次，全方位展示了江河源头的史前文化灿烂篇章，引领人们走进新石器时代神秘的彩陶王国，把柳湾先民的物质生活、精神世界等展示于异地外乡，发掘出了柳湾深层次的文化内涵和价值底蕴，提升了柳湾的知名度和声誉度，扩大了博物馆的影响力，达到了博物馆社会效益和经济效益相结合的双重目的。

四、专题性博物馆发展的几点建议

“社会文化生活的多元化发展，促进了博物馆面貌的不断更新和博物馆数量的不断增加，而专题性博物馆以它独有的个性魅力脱颖而出，显示了快速发展的蓬勃生机。”① 但专题性博物馆自身存在的先天性的发展劣势，决定了它的发展之路绝不可能一帆风顺，如何克服这些劣势，充分发挥其独特性、开放性的个性魅力，利用有限的资源破茧成蝶，是长期在专题性博物馆岗位的文博工作者经常思考的问题。

第一，抓精品陈列，突出主题，彰显个性魅力。在当前社会急速发展的国际化环境中，博物馆以传统闭门守家的方式已难以应对日新月异的文化面貌，博物馆的发展已呈现新的发展态势，由封闭化向相互激励，由口传身授向信息化、数字化迈进，尤其是专题性博物馆，必须塑造出独具特色的文化形象，才能立于不败之地。“专题性博物馆对外展示主题、展示内容的独特性，也就是它所展示出的个性化魅力，是它最大的优势所在，也是其存在的根本、发展的源泉和力求达到的目标。”②

① 单霁翔：《构建多元、开放、包容的博物馆体系》，载《中国博物馆》，2014（2）。
② 黎森：《生态博物馆理论及其在中国的发展应用研究》，载《科技信息》，2012（18）。

在专题性博物馆的建设中要明确主题，围绕主题做规划；在陈展手法上要突出主题，放大其专题的特色和优势，不能一味地追求声光电等高科技手段，过分地吸引观众的注意力而淡化了展品本身的魅力。在柳湾彩陶博物馆原有展陈提升方案的制订中，我们要求方案必须紧紧围绕、突出本体，即墓葬复原中的木椁葬具，随葬品展示、灯光照明等都要服务于主体，不能喧宾夺主。因此，专题性博物馆要得到公众的认知，必须要有自己的文化优势——精品展览，用特色的展览来增强博物馆的生命力。

第二，加大宣传力度，提高博物馆知名度。专题性博物馆无论从社会影响力，还是受众面的广度，均不及大中型综合性博物馆，好酒也怕巷子深，坐等观众上门的做法毫不可取。因此，必须加强对外的宣传营销，积极向社会民众推介自己。从柳湾彩陶博物馆十多年的发展历程来看，接待人数、门票收入大幅度的增加，社会影响力的不断提高，固然与社会经济的快速发展、民众对文化生活的极大需求以及旅游市场的高度繁荣紧密相关，但对外宣传的作用也不可小视。

第三，加强对外合作，合理利用馆外资源。专题性博物馆展示内容单一、人员力量薄弱的特性，决定了它想要获得更大的发展，达到更高的发展平台和更广阔的发展空间，就必须借助馆外的资源。与馆外资源的合作和利用体现在两个方面：一是文博单位之间的交流协作。特别是同类型的专题馆之间的交流开展交流和协作，可以使自身在进一步突出个性化的同时，在深度和广度上得到更大的提升，与同综合性博物馆的交流相比，其目的性更明确，针对性更强，专业性更深入，也更具吸引力（亮点）。二是与社会资源的合作利用，这是解决专题性博物馆发展先天不足劣势的有效途径。2014 年 11 月，由柳湾彩陶博物馆博物馆牵头，组织召开了柳湾墓地发掘 40 周年研讨会，全国近二十个相关联的博物馆（ 纪念馆）、学术机构的专家学者参会，共同探讨交流彩陶文化及专题馆的发展现状、发展方向以及在发展过程中取得的经验，这一活动在系统内获得了很大的反响，提高了博物馆的社会知名度和影响力。

第四，强化服务，努力提升服务水平。博物馆存在的目的，或者说博物馆开办的最高宗旨，就是服务民众，向民众提供高品质的文化产品服务。作为窗口单位，服务至上的理念，应该成为每一位博物馆人遵循的专业准则。体量较小的小型专题性博物馆，要吸引观众，就必须克服困难，尽可能地为观众提供方便、周到的服务。其实，方便、周到的服务要求并不高，比如免费发放的宣传册页，干净整洁的休息座椅，醒目雅致的指示牌，完善的无障碍设施，生动的讲解，热情的笑脸，贴心的问候等都会给观众留下美好的印象。无论博物馆是大是小，是综合性的还是专题性的，服务上是没有任何区别的，只有这样才能真正实现博物馆自身的良性发展，使其超越固有的收藏、展示等功能，成为公众交往和社会活动的场所。博物馆承载着文化，也是历史实物证据保存与展示、诠释的重要场所，它的作用和价值大小的定位不在于藏品的多少和规模的大小，关键在于从藏品中提炼出的历史价值和研究价值。

总之，在社会主义市场经济条件下，专题性博物馆只有拓宽思路，抢抓机遇，大胆创新，努力发挥自身优势，才能充分实现其宣传、教育职能，才能获得良好的社会效益和经济效益，博物馆事业也才能获得健康、稳定、全面可持续发展。

让历史文化渗透到讲解中

杨丽华 *

文化是人类生存过程中发现、创造、积累的各种思想、精神与物质财富，文化可以转化为人类思考的灵魂，而灵魂正是指引人类用大脑指挥行动的电波，因此人类的所有抉择与行动皆来源于文化。而博物馆正是一处人类用来收集、整理、研究文化的殿堂，博物馆对遗址、对历史遗物、对各类标本进行研究的过程，最终目的应该是将优秀的研究成果普及传播，用于促进人类与社会发展，为人们指引正确的前进方向。在2016年的国际博物馆高级别论坛上，刘延东副总理说："博物馆是人类文明之花，是代表一个国家，一个民族历史与文化精粹的殿堂，中国政府高度重视文化遗产的保护和利用，已经将博物馆事业上升为国家战略。当前，中国博物馆事业正处于前所未有的高速发展期，博物馆已经不仅仅是一般意义的收藏、保护、研究和展示文化遗产的机构，还是服务于人的全面发展和面向未来的公共文化服务和社会教育机构。"① 这段话深刻揭示了博物馆的实质，也为我们博物馆人指明了方向。现在，我从一个讲解员角度来阐述，如何让历史文化渗透在讲解中，与同行们沟通交流。

---

* 杨丽华：云南省迪庆州博物馆宣传部主任、馆员。

① 转引自《深圳商报》，2016年11月11日。

一、高度重视讲解在博物馆工作中的重要作用

博物馆是知识的宝库，讲解是博物馆与观众实现思想交流、感情连接的桥梁，是将博物馆知识传递给观众的一种手段。在博物馆讲解过程中，讲解员拥有高超的讲解技巧，是博物馆扩大影响力、提升观众满意度的重要依托。实践证明，丰富的展品必须借助讲解员的介绍，才能为观众所理解和接受。

作为一名博物馆讲解员，担负着传播人类文明、宣传爱国理念、普及研究成果的重任。通过讲解传播的历史文化与思想，随着人们的交流，像流水一样融入社会，会间接影响人们的世界观、人生观与价值观。正因为讲解在博物馆里占据着举足轻重的地位，所以每一名讲解员都必须重视讲解工作，充分结合本馆展示内容，尊重史实，结合当前社会发展趋势，深入研究该如何量身打造适合自己的讲解语言与方式，为公众完美诠释展览，让博物馆从讲解开始，踏上博物馆保护与利用、服务与教育之路。

二、与时俱进，深入挖掘讲解内容

在熟练掌握本馆文物知识的前提下，与时俱进，深入学习中国发展史与世界发展史，平日里自觉学习时政要闻，了解国家重点发展方针、策略与趋势，了解本国与周边国家外交关系，积累与世界各国的经济贸易发展现状与未来趋势分析等方面的知识。有了这些基本功，才能在讲解中结合古今中外，讲述与延伸展品背后的故事，结合当下讲述博物馆文化的时代内涵与意义，让历史从古时走到现在，用语言让展品在人们心里慢慢地“活过来”，讲述属于它自己的“人生”。

（一）要带着疑问去掌握展览内容

博物馆讲解往往需要花费大量的时间与精力来寻找、整理与回答问题。在学习中不断完善与进步。博物馆讲解，是需要聚集知识能量的工作。讲述的是史实，是正确地学习研究成果与正能量，用语言来表现博物馆保护与传承、服务与教育功能的途径之一，所以讲述之前自己必须通过学习完成从学生到老师的身份转换，这就

需要解决无数个为什么。如展览的设计理念是什么？展线是如何布置的？各单元各部分之间有没有连贯性？整个展览有没有各种文化关联？整个展览的最终目的是什么？展览主题想要表达的是什么？展览中有那些生字、生词、多音字？整个展览到底能为观众诉说些什么？讲解可以根据展览内容增加自己所掌握的一些什么内容？可以穿插些什么历史典故？是否可以借古论今？当下，可以带入些什么社会热点进来，结合展览与观众一起讨论热议？如何吸引观众听讲解？基于展览内容我缺乏些什么知识，该去补充寻找与学习哪些知识？针对不同观众，我该选择哪几个重点来讲？最后我该怎样组织好针对不同观众的最精炼连贯的讲解词？

以上列举的只是一些讲解员学习的常见问题，博物馆是一个无尽的知识海洋，需要我们自觉结合自身工作环境，尽全力将讲解做好。而更广泛地去学习探索与研究问题，通过讲解分享给公众，就是最佳的尽力方式。

（二）抓住并掌握展览的侧重点

博物馆的展览不该老生常谈，只叙说历史故事，而应该是同样的展览在不同的历史时期与时代特征下，其展览的侧重点也有所不同。

《资治通鉴》与古言“博古论今”所讲的便是借鉴之意，其重点讲的都是借鉴古人治国、治家、营生之道。借鉴之道也适用于博物馆讲解，博物馆里丰富的文化遗存很多讲述的便是人类社会、政治、经济文化等方方面面文明发展的“范本”。这些“范本”也正是人类发明创造的成果。顺应历史与时代发展的潮流，讲解的侧重点也应该置于普及传播对遗址、文物及各类标本等的研究成果之上，博物馆里丰富的文化遗存正是人类社会、政治、经济文化与人类方方面面文明发展的“范本”。而“范本”正是人类思想发明创造的结晶。所以，讲解工作的侧重点就应该放在为公众分享人类文明与研究成果，为人们打开思路，鉴古人之道，行今日之事。

三、传承发展，让历史文化渗透到讲解中

历史是好的老师，博物馆讲解的侧重点是总结历史，寻找历史发展中值得借鉴

的模式与思路，指引人们效仿历史勤国理政、治国、治家及各种历史经济发展策论的“范本”，结合时代发展特征与需求，加以完善修整，成为己用。

讲解举例：以目前迪庆州博物馆历史文物厅之茶马古道文化为例，讲述如何用讲解，做到博物馆保护与利用、服务与教育。

观众：针对普通观众。

首先清理思路、撰写讲解大纲。

讲解主题：迪庆州博物馆历史文物厅之茶马古道文化与精神。

讲解目的：以茶马古道文化为切入点，带出丝绸之路经济带，寻找两条古道共同点，结合当前国家“一带一路”建设主题。鉴古论今，讲述历史文明与当代发展结合的典范。指引人们从更多新角度来重新审视中华历史文明，从中发现历史文化永续的闪光点，人人去保护与利用它，传承它。

学习掌握：“茶马古道”相关知识。

学习并引用历史知识：“丝绸之路”相关知识。

学习我国“一带一路”建设相关知识：如中央重要领导“一带一路”建设重要讲话与新闻；云南重要领导根据云南实际情况，发表的关于“一带一路”建设重要讲话与新闻；最后结合以上知识，思考分析迪庆未来发展趋势。

讲解实例：

各位：现在您已步入迪庆州博物馆历史文物展厅，我将用我的语言与方式和您一起回望迪庆的历史文明，在这里，你我将一起见证人类利用与改造大自然的一项伟大壮举，虽然如今它已成为了文化遗址，但却永久地成为交通、经济与人类交流的典范，为后人指引着发展的方向，请看，这就是茶马古道（情景再现）。

茶马古道是存在于我国西南地区的一条以马帮为主要交通运输工具的民间商贸通道，起源于6世纪唐朝的“茶马互市”，盛于明清，主要分为南北滇藏和川藏两条主线，香格里拉位于滇藏线古道进入西藏前在云南的最后一段。它曾经是迪庆先民们与周边地区交流往来唯一的交通要道，是藏区通往内地的唯一通道。清代（1688 年），中甸（今香格里拉）开始开设市场，进行商品买卖（当时称互市），当时骡马成为了主要的交通工具，这里展现的就是一匹负重行走在茶马古道上的马匹。当时，我们现在所处的城镇——迪庆州府所在地（建塘），就是茶马古道的重要集散地，持续的人口与商品往来及文化交流，使建塘一直成为了迪庆最繁华的地方，如今也一样是香格里拉发展最好的城市。

茶马古道的意义并不止于简单的茶马互换，它与丝绸之路有很多的共同点：一、都是古老的商贸通道，它们连接了一地与多地、一族与多民族、一国与多国间经济、文化、政治、宗教等多方面的交流。二、它们不仅是一条通商易货之道，更是一条民族文化交流之路、知识交流之路，各国和平友好发展之路。所以，茶马古道迪庆段才能被列入国家级文物保护单位。保护它的意义就在于用它代言历史、研究历史、学以致用，结合当下灵活运用，治理国家。

茶马古道历史上是汉、藏两大文明发生交流融合的一个重要渠道，是促成汉、藏及茶马古道周边区域多民族进行沟通联系，彼此交流繁荣发展的主要桥梁。丝绸之路更是古代中国与多国开展早期国际贸易，文化与经济交流的典范，是实现一国与多国间人与物的交流，实行互学、互鉴、互帮、互助，共同合理支配保护与利用地球资源，分享各国人类文明成果与智慧结晶的范本。

历史是一本教科书，古人利用交通与道路繁荣经济，提高人民生活质量，实现人类交流达成共识并且共同进步的模式，正契合了时下新闻与人们正在热议的话题“一带一路”建设。“一带一路”的建设来源于丝路文明的精髓。历史是一面明镜，照见着历史指引着未来。云南是我国面向南亚东南亚的辐射中心，与越南、老挝接壤；迪庆位于云南省西北部，隶属云南，是云南省唯一的藏族自治州。与西藏接壤，西藏是祖国的边陲，有长达1800多公里的边境线，与印度、尼泊尔、不丹多国接壤；迪庆特殊的地理区位，与云南、西藏、四川接壤，随着中国一带一路建设的推进，不久的将来，各种交通道路将逐渐覆盖我州全域，连接四面八方，向多国延伸，那时迪庆定能与内地并肩发展繁荣，共享先进文化、民族特色文化与科技成果。茶马古道记载了迪庆早期繁荣发展之路，也指引着迪庆人民狠抓交通建设，目前连接我州三县最短距离的二级公路正在夜以继日的建造之中，铁路的建造也处于不停歇的推进之中，迪庆一样有着美好的未来发展趋势，我们期待一带一路建设的推进，期待着迪庆在中国共产党的领导下，更加繁荣昌盛。

茶马古道藏区段是世界上自然条件最为恶劣，开凿难度最大，地势最为险要的一段古代交通枢纽，它展现了藏区及迪庆人民自古以来，在高原气候环境下创建家园的艰苦作风与优良品质。如今在中国共产党的坚强领导下、在民族区域自治的政策下，迪庆人民继续发扬艰苦奋斗作风，建设团结、稳定、和谐、发展的家园，谱写迪庆新篇章。

茶马古道文化讲解结束，感谢您和我一起分享茶马古道遗址文化，从古至今见证社会的发展与变迁，感谢参观！

习近平同志关于保护文物一系列重要论述，其第四个特点是强调要把文物背后的故事告诉人民群众，它揭示了研究宣传文物要见物见人，以物识史，以文育人；让文物走近百姓、走向世界；让文物告诉你中国的前天、昨天和今天。

让文物“活起来”，就是要充分发挥文物的作用。文物中蕴含着大量历史、艺术、科学等文化信息，要把它们揭示出来，用科学的、现代的方式告诉人民群众，提高人民群众的科学文化素养。要做到这一点，首先要对文物进行深入研究，以历史唯物主义和辩证唯物主义揭示文物的价值和文化内涵，用群众喜闻乐见的方式，用现代传媒方式，把历史知识告诉人民群众，以研究揭示文物内涵，向人民群众讲述文物背后的故事。

让躺在博物馆里的文物“活起来”这一重任就落在讲解员身上，上述讲解就一个很好的例子。该讲解实例思路清晰，语句朴实易懂，抛砖引玉，环环相扣，切合本馆实际展示内容，结合时代热点，衔接上观众感兴趣的话题娓娓道来，既讲述了历史，又引领了观众鉴古论鉴的新思路、新思想，最后传播古道祖辈精神，传播热爱祖国、热爱家乡的爱国理念，达到了让博物馆发挥社会教育与服务功能的目的。

总之，博物馆是研究历史的重要机构，而讲解员是传播研究成果的掌舵人，应以传播中华民族传统文化为己任，不断提升自身的潜能，让更多的人了解中华文化，发现历史的价值所在，养成人人主动来学习与研究古今之事，传承弘扬中华文明，进而实现博物馆的社会教育与服务功能。

专题研究

“茶马古道”器物文化研究报告①

舒瑜*

一、茶马古道形成的基质——从考古文化看青藏高原与横断山区域远古文明交往

地处青藏高原东南缘的横断山，是四川、云南两省西部和西藏自治区东部一系列南北向山脉的总称。它是川滇茶马古道进入卫藏腹地的核心区域，也是东亚与南亚、东南亚跨文化交往的重要枢纽和远距离贸易的组成部分。茶马古道正是通过横断山区域实现青藏高原与四川、云南茶叶产地的联结。

横断山作为我国第一级阶梯与第二级阶梯的天然分界线，同时也是亚热带季风气候区与青藏高寒气候、青藏高原与四川盆地及云贵高原、西藏自治区与川滇两省行政区划的分界线。从自然地理看，青藏高原与横断山区域有着天然联系，横断山脉的形成与喜马拉雅造山运动有关。在印度板块、太平洋板块与亚欧大陆板块相互冲击碰撞致使青藏高原隆起、喜马拉雅山被抬升为“世界屋脊”的过程中，东面扬子板块的阻挡使得青藏高原东缘的地壳被强烈挤压，形成巨大的褶皱，东西向横亘隆起的大山在这里被迫扭曲成南北纵列的横断山脉。可以说，青藏高原与横断山完

* 舒瑜：中国社会科学院民族学与人类学研究所副研究员。

① 本文是中国民族博物馆委托科研项目“‘茶马古道’器物文化研究”成果。

全是喜马拉雅造山运动的共同产物。

除地理上的天然联系外，将青藏高原与横断山连接在一起的，还有物品交换和民族交往的需求，茶马古道就孕育于这一特定的地理条件和历史环境下。呈南北走向的逶迤群山和奔流大河塑造了横断山区域最基本的地理特点，山川南北纵贯，东西骈列，自东而西有邛崃山、大渡河、大雪山、雅砻江、沙鲁里山、金沙江、芒康山（宁静山）、澜沧江、怒山、怒江和高黎贡山等，形成山川并列、河床深切、高山峡谷相间的地貌形态。南北走向的深沟峡谷形成一条条天然通道，这一区域从久远的时代开始就成为古代部落民族迁徙流动的重要孔道，如今仍有藏族、门巴族、珞巴族、纳西族、普米族、彝族、白族、回族、羌族、怒族、独龙族、傈僳族、傣族、阿昌族、布朗族、布依族、德昂族、哈尼族、基诺族、景颇族、拉祜族、佤族等 20 多个少数民族繁衍生息于此。

早在史前时代，这条起自卫藏，经林芝、昌都并以昌都为枢纽，穿越横断山区域，分别通往今川、滇地区的道路就已经存在，它不仅是卫藏与今川滇地区之间古代先民迁移流动的重要通道，同时也是今川、滇、藏三地间古代文明传播和交流的孔道。

从考古文化遗迹看，昌都出土的“卡若文化”属于新石器时代晚期遗址，两次发掘共获房屋遗址 28 座，石工具 7968 件（其中包括打制石器、细石器和磨制石器三种），骨工具 366 件，陶片 2 万余片，装饰品 50 件，以及粟米、动物骨骼等。从卡若文化出土物品中可见黄河上游马家窑、半山、马厂等原始文化的明显影响，也可以看到川西、滇西北地区原始文化的某些因素与特点，同时亦能发现其自身的特色，说明卡若文化具有浓厚的“复合文化”特点，它并不是一个孤立发展的原始文化，而是与周邻地区诸原始文化之间存在广泛的联系和交流。[①] 其复合性特征表现为：大量用砾石打片制成的石器，多半是单面加工，其基本器形如切割器、砍斫器、

① 石硕：《昌都茶马古道上的枢纽及其古代文化——兼论茶马古道的早期历史面貌》，载《西藏大学学报》，2003（12）。

图 1　西藏昌都“卡若文化”出土文物

刮削器等均属于在中国南方及东南亚地区有着广泛分布的中石器时代文化的传统；另一方面，它又与黄河上游新石器文化有密切联系，而其细石器的较多出现，则明显带有北方草原民族的风格。[1] 卡若文化遗迹表明，早在新石器时期川滇地区通过西藏东部与黄河流域之间就已经存在一条民族迁徙和文化传播的通道，后来茶马古道的形成正是奠基于此远古文明交流的孔道。因此，茶马古道形成的基质至少可上溯到距今约 4000 ~ 5000 年前的新石器时代晚期或更早。

① 童恩正、冷健：《西藏昌都卡若新石器时代遗址的发掘及其相关问题》，载《民族研究》，1983（1）。

进入青铜时代，横断山地区最具代表性的考古文化遗迹是石棺葬，其特点是用石板或石块垒砌成墓室，以一次葬、单人葬为主。这些石棺墓的年代为商周一直到两汉晚期，其分布从总体来看是以横断山区中心向四面展开，向四周辐射到滇、藏、川、青均有石棺葬。四川、云南境内的石棺葬主要集中岷江上游地区、大渡河—青衣江流域、金沙江—雅砻江流域和滇西北地区。[①] 川、滇西部地区是石棺葬最流行、最集中和发现数量最多的地区（有云南忙怀、元谋大墩子、宾川白羊村、永仁菜园子、丹巴中路、雅安狮子山国、汶川龙溪沟阿尔寨、理县箭山寨、汶川姜维城等遗址），虽存在某些地方性差异，但其主要特征和文化面貌在总体上趋于一致。而西藏所发现的石棺葬绝大多数集中分布在由川滇西部高原进入西藏的主要通道的沿线范围，如藏东昌都的芒康、贡觉及雅鲁藏布江中、下游的林芝、乃东、拉萨、朗县、加查等县，共计 20 多处，2000 余座墓葬。昌都贡觉香贝遗址清理的 5 座石棺墓，共出随葬器物 13 件，其中陶器 11 件、铜器两件（均为铜刀），时间大约在战国秦汉时期。从香贝石棺葬所出陶器的整体风格看，与川滇西部石棺葬的陶器完全一致，反而与卫藏地区其他石棺葬在文化特征上存在较大差异。[②] 如双耳陶罐、陶簋与云南纳古石棺所出一致，与甘孜吉里龙石棺所出略有小别，铜短剑极接近巴塘札金顶所出短剑；从石棺形制看，与川滇西部高原石棺形制也大同小异，葬法亦为一次葬、单人葬。可见，香贝石棺与川滇西部高原石棺属同一文化系统。[③] 自昌都往西，在林芝、山南地区、日喀则等地区以及藏北的安多、比如、索县、那曲四县境内也有石棺墓发现。综合起来看，除拉萨曲贡和藏北石棺葬以外，西藏的石棺葬主要集中在昌都—林芝—山南—日喀则一线，即东起金沙江，西至雅鲁藏布江中游的这一狭长地带。从石棺墓出土器物看，卫藏地区与藏东昌都、林芝存在明显的差异；从石棺墓形制上看，昌都—林芝—山南的墓多兼有以石板拼砌墓室和以石块筑墓两种形

① 童恩正：《试论我国从东北到西南的边地半月形文化传播带》，见《文物与考古论集》，北京，文物出版社，1987。

② 西藏文管会文物普查队：《西藏贡觉县香贝石棺墓清理简报》，载《考古与文物》，1989（6）。

③ 罗开玉：《川滇西部及藏东石棺墓研究》，载《考古学报》，1992（4）。

制，而日喀则的石棺墓则多趋不规则，往往是用石块筑墓。而以石板拼砌墓室是横断山区石棺葬最主要和最常见的形制，因此，从石棺墓的形制看，越往西变形越大，而越靠东则越与横断山区石棺葬相接近。[①] 这一现象说明昌都—林芝—山南—日喀则一线的石棺葬与横断山区石棺葬之间存在某种关联性。这是古往今来由川滇西部高原进入西藏的一个主要通道，也是最便捷、最易行走和最重要的路线，今滇藏公路和川藏公路的南线（川藏线的主线）均是沿着这一通道行进。可见，这条路线很早就成为横断山区与西藏腹心地区两地原始居民进行沟通往来的主要通道。

从 20 世纪 80 年代以来，在滇西北地区发现了大量的“属同一风格、同一文化”的古代岩画，被定名为“金沙江岩画”。在长约 100 公里、宽约 60 公里的范围内，集中分布有岩画 51 处，位于香格里拉、丽江、宁蒗等县的金沙江两岸，大多绘画于岩洞或岩厦的石壁上。岩画的技法主要有彩绘和凿刻两种，彩绘岩画颜料以赤铁矿为多，有一部分可能使用了动物血。彩绘岩画 95% 以上的图像都是野生动物，出现频率最高的是野牛，其次是鹿、野羊、猴、虎、人物及一些抽象的图案和符号，其中人物形象很少。西藏地区从 20 世纪 80 年代发现岩画以来，迄今共发现古代岩画地点近六十处，已发现的西藏岩画绝大部分分布在藏北地区，零星分布在藏南河谷地带和藏东。西藏岩画 90% 以上的图像都是动物，在所有动物中，出现数量最多的是牦牛，其次是鹿、羊、马、鹰、狗。西藏岩画的制作手法分为凿刻类岩画和涂绘类岩画两种，最早的岩画出现在公元前 1000 年前后，为青藏高原早期金属时期的文化遗存。金沙江岩画和西藏岩画所反映的题材都是猎牧文化，而且西藏岩画在描绘内容、表现手法等方面与金沙江岩画都有着诸多的相似性。[②] 金沙江岩画与西藏岩画遗迹的发现，为证明滇藏远古文明的交流提供了丰富的信息。

以横断山区域链接起来的滇、川、藏大三角地区，是诸部落民族沿着自新石器时代以来业已形成的古道“北下”、“南上”，“东进”、“西出”的枢纽地带，在这里

① 石硕：《藏族族源与藏东古文明》，270 ~ 272 页，成都，四川人民出版社，2001。
② 李钢：《从考古资料看滇藏茶马古道的历史渊源》，载《中华文化论坛》，2010（4）。

图 2　上排两图为西藏那曲、阿里地区发现的岩画，下排两图为云南丽江发现的金沙江岩画

各民族的迁徙和交往异常活跃，来来往往的人群与当地土著先民汇聚、融合后更加频繁地移动。公元 7 世纪中叶随着吐蕃势力的南下，汉藏交往的日益紧密，茶马古道的兴起便水到渠成了。

二、茶马古道的定义、路线及历史分期

（一）“茶马古道”的定义

“茶马古道”的提出始于 20 世纪 90 年代，随着这一概念在学界产生巨大影响以及研究的逐步深入，此概念不断被重新界定和扩充。目前主要有以下几种定义：

“茶马古道以马帮运茶为主要特征……茶马古道上的马帮把汉地的茶和吐蕃的马、骡、羊毛、羊牛皮、麝香、药材等互换，运输方式是人赶着马在高山峡谷中跋涉，这就形成了茶马古道的重要特征。”①

“茶马古道是以滇藏川大三角地带为中心，跨越世界屋脊带喜马拉雅山脉、帕米尔山系、横断山脉和青藏高原的远征古道，也是沟通欧亚大陆的重要古道网络。茶马古道是以马驮（包括牛、骡、驴、骆驼等驮运）、人背为主要运输方式，以运茶为主要目的，并伴随酒、盐、马、骡、皮毛、药材等物质商品交换和佛教等精神交流的文化传播纽带。”②

“茶马古道是这样一条道路：它主要兴盛于汉藏之间源远流长的茶马互市；它是连接横断山脉与喜马拉雅山脉两大民族文化带的走廊；它主要呈东西走向，并与南北走向的人们所谓的南方陆上丝绸之路（西南丝路）形成交汇并部分重合，同时与费孝通先生反复强调的藏彝走廊形成部分交汇和重合；它以背夫、马帮和牦牛驼队作为运输交通载体；它主要是一条历史之路：萌芽于唐，形成于宋元明，在清代达到商贸互动的鼎盛时期，到民国逐渐衰败，在抗日战争时期一段畸形高峰之后，它的使命和运作在20世纪50年代已基本结束。”③

“‘茶马古道’是一个有着特定含义的历史概念，它是指唐宋以来至民国时期汉、藏之间以进行茶马交换而形成的一条交通要道。”④

“茶马古道就是历史因‘茶马互市’而开辟、随汉藏贸易发展而形成的商道。”⑤

① 木霁弘：《茶马古道上的民族文化》，26页，昆明，云南民族出版社，2004。

② 陈保亚：《超越极限：茶马古道大环绕——茶马古道首次徒步行走和命名20周年纪念考察》，载《科学中国人》，2011（10）。

③ 李旭：《茶马古道：横断山脉、喜马拉雅文化带民族走廊研究》，49页，北京，中国社会科学出版社，2012。

④ 石硕：《茶马古道及其历史文化价值》，载《西藏研究》，2002（4）。

⑤ 任新建：《茶马古道与茶马古道文化》，见雅安市人民政府、四川省文物管理局编：《边茶藏马：茶马古道文化遗产保护（雅安）研讨会论文集》，47页。

“狭义的‘茶马古道’，是指从中古以后的相当长一段时间内，这条道路都是中国古代中央政府与西部边区游牧族群进行以茶换马贸易的通道。……只有当茶和马都成为经由这些道路贩运和交易的主要商品时，这些道路才能成为名副其实的‘茶马古道’。而当茶马古道以茶换马的功能丧失以后，只成为贩运茶和其他货物的道路，这时的‘茶马古道’尽管还是原先以茶换马时所使用的道路，但这种道路已经不是严格意义的茶马古道，广义的茶马古道应该指这样的道路。”①

这些定义大概可分为两类，一类是用特殊的运输方式即马帮运茶来界定；另一类是用茶马互市来界定。这两类定义的分歧在于马是作为运输工具还是本身就是这条古道上交易的物品。就马在茶马古道上的作用而言，它在历史上曾经作为与茶进行交换的物品，这就是茶马互市时期，茶马互市在清代中期以后转型成“茶土贸易”（茶叶与土特产的交换）之后，马不再用来与茶叶进行交换，但马帮驮茶的运输形态在滇藏线上一直保留下来。

在我看来，茶马古道的界定不必纠结于此。木霁弘等人首次提出这个概念时，其初衷并不局限于这条古道作为运输载体的作用，而是将其视为“文明文化传播古道”，强调它的文化价值和在文明传播中的作用。他们首先是关注到滇川藏三角地带（以香格里拉、昌都、康定为三个顶点）独特的文化现象：

“在‘大三角’地区至今居住着二十几个民族，其语言、文化非常独特，何以如此？这片广袤的地域，受到过众多民族集团文化的冲击，最突出的如印度文化、中原文化以及西北氐羌、东南沿海的百越文化、中南地区的百濮文化等多种文化的撞击，因其而成为民族文化的‘聚宝箱’。……

① 孙华：《茶马古道文化线路的几个问题》，载《边茶藏马：茶马古道文化遗产保护（雅安）研讨会论文集》，16 ~ 17 页。

印度的佛教文化、艺术文化、糖文化向东渗入中华文化区，中华文化中的稻作、丝绸、茶叶、瓷器、纸文化等向西也渗透到了印度文化之中。在这相互渗透的过程中，'大三角'的茶马古道起到至关重要的作用，是'媒介'，是'纽带'，现'大三角'区仍蕴含着两种文化粘合的'遗存'。我们也可以从种种文化积淀中探寻到'大三角'区是中华文明加印度文明构成东方文明的'粘合'区的线索。"①

之后，木霁弘对茶马古道的文化进行了专题性的研究，他进而指出：

茶马古道以茶文化为其独特的个性在亚洲文明的传播中起到不可低估的作用。它扎根在亚洲板块最险峻的横断山脉；它维系着两个内聚力最强的文化集团：藏文化集团和汉文化集团；它分布在民族种类最多、最复杂的滇、川、藏及东南亚和印度文化圈上；它具有顽强的生命力，至今发挥着它的活力。它是在亚洲板块上和北方丝绸之路、北方唐蕃古道并列的一条古代文化传播要道。……探索'茶马古道'的目标就是要建筑一个新的'人文生态'系统，为'脆弱'文化类型提供一个新的生存模式。"②

木霁弘将茶马古道的文化特征概括为血亲性、多元性与融合性、特异性和拓展性。由此可知，"茶马古道"作为一个学术概念的提出，其初衷是要透过"茶马古道"探寻文明传播、民族文化交往互动的独特模式。

基于此，我们这样描述茶马古道：茶马古道是指历史上从云南、四川等茶叶产地以马驮（包括骡、牛、牦牛等）、人背为主要运输方式将茶叶运往青藏高原，把汉地的茶、日用品等与藏区的马、骡、皮毛、药材等物品进行互换，并伴随着佛教

① 木霁弘等：《滇藏川大三角文化探秘》，7 ~ 8 页，昆明，云南大学出版社，2003。
② 木霁弘：《茶马古道上的民族文化》，27 页，昆明，云南民族出版社，2004。

传播等精神文化交流的古道网络和文化传播纽带。它萌芽于唐，兴于汉藏之间的“茶马互市”，繁盛于明清，直到近代以来随着公路的修通才逐渐退出历史舞台；它以滇藏川三角地带为中心，连接横断山脉与世界屋脊喜马拉雅山脉两大民族文化带，维系着汉、藏两个内聚力最强的文化集团；它向北可深入新疆、青海、甘肃与北方丝绸之路会合，向东可延伸到广西、贵州、湖南等省区，向西可抵达印度、巴基斯坦、尼泊尔、锡金、不丹，向南和东南可延伸到东南亚的缅甸、泰国、越南等国家和地区。独特的自然地理环境，复杂多样的民族文化背景及其至今犹存的运输形态，使茶马古道以其强大的渗透力和顽强的生命力成为世界文明古道和文化传播的独特遗产。

在茶马古道兴起以前，有两条重要的远征线路开始把欧亚大陆连接起来，一条是西汉时张骞出使西域行经的西域道，后来德国地理学家李希霍芬（Richthofen, Ferdinand von，1833 ~ 1905 年）把这条道路命名为“丝绸之路”。另一条是张骞提到的“蜀身毒道”，后人认为这是从蜀、滇、缅甸、印度到阿富汗的通道，称之为“南方丝绸之路”。这两条道路一北一南，绕过了世界屋脊带的核心区域。世界屋脊带不仅地势险峻，其周边区域语言文化异常复杂，民族冲突此起彼伏，经常导致北方丝绸之路和南方蜀身毒道的受阻或隔断，从而在世界屋脊带周围形成陇蜀道、蜀道、灵关道、博南道、五尺道、步头道等局域性的古道。唐代开始，由于嗜茶行为在世界屋脊带的兴起，茶马古道将原有的局域古道连通成网，最终征服了世界屋脊带最艰险的横断山腹地。

茶马古道的形成有三个必要条件：一是嗜茶民族的出现。由于藏族对茶叶的全民依赖，已经到了“一日无茶则滞，三日无茶则病”的程度，茶叶成为藏民的生活必需品。需求成为古道形成的第一推动力。二是恃茶民族远离产茶区。茶不是世界屋脊带上的产物，必须远征方能获取，远征古道孕育而生。三是连接茶产地和消费地之间的路途极为险峻，现代化的交通方式在此难以施展，只能依赖马驮人背的独特运输方式，且不容易被马车道所替代。这一点构成滇藏川横断山深处马帮古道的一个区别特征。[①]

从有关史籍记载看，茶马古道的历史可追溯到唐朝与吐蕃交往时期。茶叶正是在这一时期由内地传入吐蕃。据《汉藏史集》记载，在赞普赤都松赞（676 ~ 704年）在位时吐蕃已出现茶叶和茶碗。唐德宗时监察御史常鲁出使吐蕃，亲眼见到赞普所珍藏的来自汉地的各式茶叶。唐代饮茶风气的形成与佛教禅宗的流行密切相关，因禅僧坐禅，“务于不寐，又多不夕食，皆许其饮茶，人自怀挟，到处煮饮。从此辗转相仿效，遂成风俗”[②]。而汉地佛教对吐蕃影响最大者正是禅宗，茶之最初传入吐蕃很可能与禅宗向吐蕃的传播有关，禅僧们到吐蕃传法的同时也将饮茶习俗作为一种“坐禅不寐”的技巧传到了吐蕃僧众之中。[③]《汉藏史集》所载“对于饮茶最为精通的是汉地的和尚”[④]最能说明这一点；从“高贵的大德尊者全都饮用”[⑤]的记载看，吐蕃时期茶还是一种奢侈品，其饮用者主要为佛教高僧和贵族上层。然而，汉、藏之间茶马贸易与茶马古道的大规模开通与兴起应是在宋代亦即吐蕃王朝崩溃以后的分裂时期。此时饮茶习俗在藏区已逐渐从上层普及到民间，茶开始成为整个高原藏区人民日常生活中不可或缺的饮用品，由此造成了藏区对茶叶需求量的骤增。这也导致了由宋朝中央政府直接介入的汉、藏之间大规模茶马互市的兴起。

（二）茶马古道的历史分期

1. 茶马古道的萌芽

在古代社会，马匹具有特殊的功能，它既是农耕生产中的重要畜力，也是狩猎、交通、骑射、战争中不可替代的工具，往往与国势盛衰联系在一起。历代中原王朝都非常重视马政，将拥有数量充足的马匹看成富国强兵的重要标志之一。从区域生

① 参见陈保亚：《超越极限：茶马古道大环绕——茶马古道首次徒步行走和命名20周年纪念考察》，载《科学中国人》，2011（10）。
② （唐）封演：《封氏闻见录》。
③ 石硕：《茶马古道及其历史文化价值》，载《西藏研究》，2002（4）。
④ 达仓宗巴·班觉桑布著，陈庆英译：《汉藏史集》，145页，拉萨，西藏人民出版社，1986。
⑤ 达仓宗巴·班觉桑布著，陈庆英译：《汉藏史集》，143页，拉萨，西藏人民出版社，1986。

产的特点和分工来看，中原农耕区一般缺少足够的马匹，而边疆游牧地区则以畜牧业为主，牧养着数量可观的马匹。与此同时，游牧民族缺少的是中原农耕民族所生产的布帛、金属工具等日用品。在茶马互市出现之前，贡赐贸易与绢马贸易是中原王朝换取马匹及其畜产品、西北少数民族获得绢帛的主要途径，它是中原汉族与周边各少数民族经济往来的主要形式；唐代茶马互市的出现，开始与贡赐贸易和绢马贸易并存，并成为汉藏贸易的新形态。①

中国是茶叶的故乡，是世界上最早发现和种植茶树的国家。茶树原产于云南山区，后传入四川，随着饮茶风习的兴起和日渐普及，茶树的栽培种植，又从四川地区越过秦岭、三峡，向北向东广为流传，到中唐后，已遍布大江南北。西汉王褒《僮约》中令家奴“武阳买茶”的记载表明西汉时期茶叶在四川成都一带不仅已成为部分士大夫的日常饮品，而且在产茶集中和交通便利的城镇，已有公开的茶叶买卖，茶叶已作为一种商品出现在人们的社会生活中。魏晋南北朝时期饮茶风俗开始流行于南方各地，那时的人们还多饮用野生茶。到了唐代饮茶之风已经十分盛行，中原地区的茶叶种植与生产已成为社会经济中的一个巨大产业，唐德宗时开始征收茶税。唐代人工栽培的茶树已遍及今江苏、浙江、福建、江西、湖南、湖北、安徽、河南、陕西、四川、广东、广西、云南、贵州等14个省区，同现代的茶产地大体相当。②而且，唐代茶叶已出现以地域为标志的名优品牌。李肇《国史补》卷下有这样的记载：“风俗贵茶，茶之名品益众。剑南有蒙顶石花，或小方，或散牙，号为第一。湖州有顾渚之紫笋，东川有神泉小团、昌明、兽目，峡州有碧涧明月、芳芷、茱萸蔡，福州有方山之露牙，夔州有香山，江陵有楠木，湖南有衡山，岳州有浥湖之含膏，常州有义兴之紫笋，婺州有东白，睦州有鸡坑，洪州有西山之白露，寿州有霍山之黄芽，蕲州有蕲门团黄……”随着中原农耕地区茶叶生产的发展与饮茶之风的盛行，饮茶风俗也逐渐传入草原畜牧业地区。茶叶具有助消化、解油

① 魏明孔：《西北民族贸易述论——以茶马互市为中心》，载《中国经济史研究》，2001（4）。
② 王赛时：《略论唐代茶叶产地与制作》，载《古今农业》，2000（1）。

腻、驱寒湿、提精神的特殊功能，在以肉类、奶酪为主食的草原牧民中颇受欢迎。以茶在生活中的重要地位而论，则以藏族为最。藏族谚语有“汉家饭饱腹，藏家茶饱肚”、“一日无茶则病”之说，足见茶在藏区日常生活中的重要性。藏族人对茶的依赖，源于特殊的地理、气候和饮食条件。青藏高原平均海拔3500米以上，高寒、缺氧、干燥；其膳食以糌粑、牛羊肉为主，缺少蔬菜。而茶叶中富含维生素、微量元素及单宁酸、茶碱等成分，具有清热、润燥、解毒、利尿等功能，可弥补其膳食结构的不足，正所谓“其腥肉之食，非茶不消；青稞之热，非茶不解”[①]。但高寒的藏区素不产茶，所需之茶全部依靠内地供给。

藏区需要内地的茶叶，内地农区需缺高原的马匹，一种互为补充、彼此相济的交换方式成为时代要求。青藏高原古国与中央王朝间与马有关互市的最早记载见于盛唐时期。唐玄宗开元十六年（728年），“吐蕃又请交马于赤岭，互市于甘松岭。宰相裴光庭曰：‘甘松中国阻，不如许赤岭。’乃听以赤岭为界，表以大碑，刻约其上”[②]。吐蕃政权主动要求与唐朝划界互市，提出在赤岭（今青海湖东岸日月山）交马，互市于甘松岭（今四川松潘县境内）。唐朝最终批准交马和互市的地点均在赤岭。尽管当时主要是用马来交换丝绸之类的物品，茶叶还不是大宗的交换商品，然而正是这两种互补的经济文化体之间固定市场的确定，以及相对固定的贸易路线的形成，开启了“茶马古道”汉藏贸易往来的先河。

2. 茶马古道的兴盛

五代十国时期，茶马互市在唐代的基础上进一步发展。北宋时期，茶马之法较唐代为完备，茶马互市迅速发展起来，这时的“茶马互市”形成制度，历代相沿。

宋代汉藏茶马互市的主要目的是保证军事上对战马的需要。北宋王朝建立后，由于长城沿线草原被辽和西夏占据，失去养马的草场，军队缺乏战马，遂致力于向西部高原诸部族买马的策略。北宋前期主要用绢帛和铜钱支付马价，甚至主要用绢

① （明）谈修：《滴露漫录》。
② 《新唐书》卷二一六上《吐蕃上》。

支付马价，并非完全意义的茶马贸易。从宋朝方面的利益考虑，用铜钱买马平均马价约 30 贯，以每年购买 3 万匹计，需费铜钱 90 万贯，几乎相当于宋朝每年的铸钱量，这是它根本无力支持的。而且铜钱外流，铸为兵器，威胁边境安宁，于军事上极为不利。在宋太宗时期就基本禁止用铜钱买马。而用绢买马，约 30 匹绢才能购买一匹战马，每年买马 3 万匹就需 90 万匹绢，真宗、太宗时期每年两税收入的绢抽不足 200 万匹，这也是它无力支持的。但宋朝年产茶叶约 5000 万斤，是过剩物资，以茶易马，舍其有余，换其不足。从吐蕃考虑，茶叶是一日不可缺乏之物，以马易茶，亦是以其所有换其所需，乐而为之。所以对于宋朝和吐蕃而言，完善茶马贸易对双方都有利。因而，熙宁七年（1074 年）宋朝在成都设置都大提举成都府路茶场，在秦州设置都大提举熙河路买马司，主管川秦茶马之政，运茶至熙河，置场买马，使茶马贸易从过去绢帛、金银、钱币、茶叶相兼的商品交换，发展到官营专用茶叶易马的新时期，正式建立汉藏茶马贸易制度。

《宋史》卷一八四《食货志下六》载："宋初，经理蜀茶，置互市于原、渭、德顺三郡，以市蕃夷之马；熙宁间，又置于熙河。南渡以来，文、黎、珍、叙、南平、长宁、阶、和凡八场，其间卢甘蕃马岁一至焉，洮州蕃马或一月或两月一至焉，叠州蕃马或半年或三月一至焉，皆良马也。"宋神宗熙宁七年（1074 年），宋王朝为防止安多地区落入敌手，主动发起出击，夺得安多吐蕃故地（今甘南及青海地区），在新获土地上设置了熙、和、洮、岷、叠、宕六州。鉴于西南诸族所产的"羁縻马"体态短小，不堪战阵，安多地区所产的"青唐马"强壮高大，可作战马，故宋代战马的来源地主要集中在今甘青地区，西南高原诸族的马匹作为补充。宋朝在新建的熙和路设立了 6 个面对安多吐蕃部的买马场，废掉先前受到西夏和辽钳制的陕北等地区的买马场，集中购买安多的青唐马。同时，为了换取西部高原诸族的马匹，宋王朝开始在四川实行茶叶专卖政策即榷法，官方垄断茶叶贸易，在"雅州名山县、蜀州永康县、邛州在城等处置场买茶，般往秦凤路、熙河路出卖博马"[①]。稍后的元

①《宋会要辑稿》卷八四，北京，中华书局，1957。

丰四年（1081 年），宋廷并茶、马二事为一司，雅州名山茶为买马专用茶，从而促进了宋王朝与安多吐蕃地区茶马交易的发展。

宋代汉藏茶马贸易是官府所垄断和直接经营的。为了保证用茶易马，茶马司的具体职责就是四川榷茶，在熙秦和四川买马。四川产茶州县设置买茶场，全部垄断蜀茶的产销。这些买茶场把茶园所产茶叶尽数收买，或由官府或由茶商凭引运至熙河地区的卖茶场、买马场易马，或留在四川易马，严禁商人贩茶至陕西、熙秦和在四川少数民族境内出售私茶，违者许人告捕，茶货没收，甚至按军法论处，以保证官府完全垄断对吐蕃的茶叶供应。

宋廷南渡后，关中地区和安多地区均被金人占据，宋王朝马的来源地进一步缩小，只有利州路的阶州、文州、西和等地可买到来自安多吐蕃部的安多马，马的数量大大减少。绍兴七年（1137 年），原川、秦二茶马司合并为一个都大提举茶马司，南宋马匹的主要来源开始南移，在四川与川西高原诸部族相邻诸军州设立了一些新的买马场，这就是“文、黎、珍、叙、南平、长宁、阶、和凡八场”。绍兴二十四年（1154 年），又“复黎州、雅州、碉门、灵西寨易马场”[①]。这些卖马场除广西邕州横山寨（今广西田东县）是与大理国（今云南一带）发生边境贸易外，茶马贸易的主要地区已经转移到四川西部和北部，距离四川产茶区越来越近，运茶的路程也随之缩短。

宋王朝灭亡后，崛起于蒙古高原的元王朝不存在缺少战马的问题，故元代仅收茶叶课税，并不用茶易马，元代官方的茶马互市也不复存在。只是由于青藏高原上的民众早已离不开茶，茶叶继续从四川等地沿着先前的通道源源不绝输入藏区，自宋代兴起的汉藏茶马互市通过民间的渠道一直延续下来。

明王朝建立后，北方蒙古残余势力的存在，需要保持强大的骑兵力量，而明王朝北方疆土延伸到草原的地区狭小，明军也存在着比较严重的马匹不足问题。为此，明王朝继续宋王朝垄断茶叶和以茶换马的政策，主要用茶叶向西部高原牧区的民族

①《宋史》卷一八四《食货志下》。

交换马匹。明朝把茶法、马政视为军国要政，形成了比宋代更为完整的茶法和庞大的榷茶官僚机构。明朝茶法区分为商茶和官茶。榷茶征课曰商茶，贮边易马曰官茶。商茶行于江南，官茶行于陕西汉中和四川地区。商茶允许商人买引贩卖，官茶则必须保证买马课额。

明朝推行严格的茶马官方专营的政策，明洪武初年，根据户部建议，在“诸产茶地设茶课司，定税额，陕西二万六千斤有奇，四川一百万斤。设茶马司于秦、洮、河、雅诸州，自碉门、黎、雅抵朵甘、乌思藏，行茶之地五千余里。山后归德诸州，西方诸部落，无不以马售者”①。为保证专供藏区的茶叶来源，明太祖“又诏天全六番司民，免其徭役，专令蒸乌茶易马”，在四川成都、重庆、保宁（今四川阆中市）、播州（今贵州遵义市）等地设立储存茶叶的茶仓。为防止私茶出境，明太祖还“檄秦、蜀二府，发都司官军于松潘、碉门、黎、雅、河州、临洮及入西番关口外，巡禁私茶之出境者”。另一方面，为保障优良马匹来源，明太祖还制作了金牌信符41块，分发给洮州、河州、西宁（即今甘南和青海一带）牧区的部族首领。明洪武十七年，“是岁四川碉门（天全）茶马司以茶易马，骡五百九十”；“洪武二十年（1387年）六月壬午，四川雅州碉门茶马司以茶一十六万三千六百斤，易驼、马、骡、驹百七十余匹”；“洪武二十七年（1394年）十二月，是岁雅州碉门及秦、河二州茶马司市马，得二百四十余匹”，从这些数字可以看出当时茶马互市的兴旺景象。明初茶禁甚严，携带私茶出境为大罪，以后，明政府又不断调整茶马政策，总的说来，茶马贸易实行的仍是茶马司给商人引票卖茶的“茶引制”；茶叶来源地从四川、陕南扩展到湖南，川茶为主而湖茶为辅。由于甘青安多地区的马匹优良，明军马匹来源主要依赖安多马也就是宋代的“青唐马”，永乐以后马匹来源地集中在甘青，以至于出现了“永乐以后，番马悉由陕西道，川茶多浥烂”的现象。正由于这个缘故，明代四川北部的保宁和陕西南部的汉中，成为明政府官方征收茶叶和发放茶引的中心。明代茶马互市重心仍然在川北、陕南和甘青，是当时“茶马古道”的主线。

①《明史》卷八十《食货志四·茶法》。

3. 茶马古道的蜕变

清代早期曾一度沿用明朝旧制，在“陕西设巡视茶马御史五”，在“四川设盐茶道”[①]以主管茶马贸易。顺治十八年（1661年），又在云南“北胜州互市茶马，令人往普洱及川、湘产茶处所采运交易”[②]。但清王朝控制着蒙古高原、青藏高原和云南高原牧区，战马来源已不是问题，无须再推行茶马互市的政策。尽管茶马互市在康熙以后逐渐停止，但藏族对内地茶叶的需求有增无减，同时对其他产品如丝绸、布料、铁器以及生产和生活资料等商品的需求增加；而内地对藏区的马需求明显减少，对藏区皮革、黄金以及虫草、贝母等珍贵药材的需求大幅增加，汉藏之间的贸易范围更加广泛，进入“茶马古道”沿线的商品种类更为丰富。在这种情况下，“茶马互市”作为一项重要制度逐渐从历史上消失，取而代之的是“边茶贸易”制度。清朝把“榷茶”制改为“引岸”制，将四川茶叶定为三种专岸：“南路边茶”以雅安、天全、荥经、名山、邛崃五县所产之茶，专销康（康巴指今甘孜藏族自治州）藏（今西藏藏族自治区和青海玉树一部分）；“西路边茶”以灌县、大邑等地所产之茶，行销松潘、理县一带；行销内地的茶称为“腹茶”。清代的“引岸制”对边茶采取进一步放宽的政策，有助于茶叶生产发展，有利于茶土交流。

为加强与藏区的政治和经济联系，保持西藏社会生活的平稳，清政府仍需维持内地农区对藏区茶叶的供应，不断维修和增修原先的道路，尤其是川藏之间的道路成为汉藏之间的主路以后，清政府在沿途建立驿站塘汛，过去以茶马互市作为主体的贸易通道，其商品的种类逐渐多样化，茶马互市之道已成为马帮驮运各种商品的通道。汉藏之间的“茶土交流”取代“以茶易马”。由此，宋代中期到清代早期的茶马交易古道，在清代中期以后逐渐蜕变为以茶叶为主的多种商品的贸易运输之道，“茶马古道”翻开了新的一页。抗日战争中后期，茶马古道成为通往同盟国的唯一路上出路。这条道路上的茶叶山货以及英印产物资的贸易陡然间兴盛起来，达到一

①《清史稿》卷一二四《食货志五·茶法》

②《清史稿》卷一二四《食货志五·茶法》：“(顺治)十八年，从达赖喇嘛及根都台吉请，于云南北胜州以马易茶。康熙四年，遂裁陕西苑马各监，开茶马市于北胜州。”

个短暂的高峰。

（三）茶马古道的路线

尽管不同时期，汉藏之间交易的物品有所不同，但茶叶作为运输、贸易和消费的主体地位决定了这条古道的核心特点[①]，连接茶叶产地、运输中转区域与茶叶消费地之间的道路构成茶马古道的基本走向。不同的茶叶产地构成茶马古道的多个起点，经过如梳的道路网络抵达藏区。

茶马古道并没有一条固定的单一线路，而是一个庞杂的陆上交通网络。它也不是一成不变的，在不同的历史时期、不同的朝代，甚至在同一朝代的不同阶段，它都有着不同的路径，并延伸到不同的地区。从历史覆盖区域来看，茶马古道地跨川、滇、青、藏四区，辐射到陕西、甘肃、贵州、湖南等周边省份，外延可达南亚、西亚、东南亚等地区。历史上形成了川藏、滇藏和青藏等主干路线。我们今天所说较为成熟和定型的“茶马古道”，基本是特指明清时期确定和延续下来的川藏道和滇藏道。

1. 唐宋时期

由于隋唐时期与中央王朝进行互市的青藏高原古国，其马的来源基本在青海一带，故当时唐蕃贸易道路的主要地段是在甘、青境内。唐蕃古道是唐代汉藏之间最主要的通道。这条道路从长安（西安）出发，经过陕西的咸阳、宝鸡、甘肃天水、襄武，然后或由临洮、临夏到西宁，或是从兰州到西宁，从西宁再西行南下，翻过日月山、倒淌河、通天河，到达青海玉树，之后分两路，一条大致沿今青藏公路，从查午拉山口翻越唐古拉山，南下经安多、那曲、当雄、林周到达拉萨；另一条则由玉树，经过今四川甘孜藏族自治州的石渠、德格等地，南下西藏昌都地区，再进入卫藏。

到了宋代，吐蕃分崩离析，宋王朝也内敛孱弱，尤其是南宋时期，整个政治经

① 木霁弘、陈保亚、李旭、徐涌涛、王晓松、李林：《滇藏川大三角文化探秘》，251 ~ 252 页。

济文化中心南移，西北青海的通道基本放弃，只余川甘路、川陕路的连通，并在该地区实施对宋朝来说相当重要的茶马互市。

北宋茶马互市的产销区域和运输路线前后无大的变化，其基本方式大都一样，互市之茶主要来自四川（包括今陕西南部），互市换马场却主要在陕西（包括今陕甘宁青诸省）。除传统的四川产茶区外，陕南也是重要的茶叶产区之一，加上西北地区是茶叶的主销区，由此形成了由四川、陕南的茶叶运销甘肃等地的茶马古道。这条古道的大体方向是经成都、绵阳、广元、宁强、汉中、天水至兰州。由于各地所产茶叶种类的差异和民众对茶叶不同的偏好，川陕（甘）道上的茶叶运输方向相对比较明确：如四川邓来、灌县、大邑所产的绿茶，经成都，转宁强、汉中，再转天水，也运抵兰州；紫阳茶由南紫阳、西乡、洋县、汉阴运至汉中，经双石铺、两当、徽县，到天水，再分销甘谷、秦安、清水及陇南各县，巴山绿茶由四川西北部的安县、北川、江油、平武运抵文县碧口镇，再经武都分运经天水达兰州。

在四川与甘陕地区道路形成的同时，连接四川盆地与川西地区的道路也开始形成，这就形成四川境内的三条干道：其一是连接四川与甘青之间的道路，由灌县（都江堰）溯岷江而上，经过汶川到松潘，出松潘后分两路，一路经若尔盖抵达临夏、临洮，另一路走迭部至临潭、岷县；其二是沿雅安循青衣江往西北，过芦山、宝兴，翻夹金山，穿丹巴，到达松城（今康定北）；其三是由雅安经过天全，翻越二郎山，经过岚安、烹坝过大渡河到松城。以碉门（今四川天全）为关口的入藏道路也就是后来的川藏道。

在云南境内，滇藏间的道路和贸易在唐代已见诸史载。吐蕃王朝强势之时其势力进入到滇西北一带，这条道路以及道路之上的贸易交往一直存在。唐代樊绰所著《蛮书》就曾提到由滇入吐蕃之道：“大雪山在永昌西北。从腾冲过宝山城，又过金宝城以北，周回百余里……三面皆是大雪山，其高处造天。往往有吐蕃至赕货易，云此山有路，去赞牙帐不远。”“永昌城，古哀牢地，在玷苍山西六日程。西北去广荡城六十日程。广荡城接吐蕃界。”

2. 明清时期

明代的茶马互市基本上沿袭着宋代以来形成的格局，“设茶马司于秦、洮、河、雅诸州”，“更置西宁茶马司”。明代茶马互市的茶叶来源更加广泛，重庆府和播州府（今贵州遵义）一带的茶叶也被纳入了茶马互市的范围。明代川茶和陕茶（即陕南汉中一带的茶）运往互市场所的道路大都与宋代相同，即主要通过两条道路运到甘青安多地区和川西康巴地区。

清中期茶马互市终止后的茶土贸易之道，由于不再买马，贸易重心从甘青地区转移到了四川。这一时期茶土贸易路线基本上沿袭先前的路线，但清政府为了加强与藏区的联系，大力整修先前的道路，新建驿站塘汛，无论从四川入藏的川藏线，还是从青海入藏的青藏线和滇藏线，其道路都比原先好走了许多。在清代内地与藏地间的三条交通线中，川藏线是最主要的一条，驻藏大臣入西藏和达赖、班禅进京觐见清帝，都走的这条道路。四川是保障藏区茶叶供应的主要茶叶生产和加工区域。四川边茶的行销区域又被细划为三路：“其行销打箭炉者，曰南路边引；行销松潘厅者，曰西路边引；行销邛州者，曰邛州边引。”邛州边茶涉及的范围较小，故这一时期的“茶马古道”主要有南路和西路之分。南路从雅州（今雅安）起就分为大南路和小北路两条线，两路在四川打箭炉（今康定）会合，出打箭炉后，该路又分为南、北两路，两路后来又会合于察木多（今西藏昌都），从察木多到拉萨的道路也有南、北两道，在拉萨会合后再延伸到日喀则。这条南路边茶之道，无论是在哪一个分岔地段，南面的都是正道，沿途驿站数量较多，往来官员僧侣商贩一般都愿意走这条道路。后来的川藏公路也基本上沿着这条道路修筑。西路出成都西门，过灌县（今都江堰）逆岷江而上，经汶川、茂州、叠溪、平蕃诸州县，直达松州（今松潘）。松州是川西北重镇，从这里北上，东北行可以到南坪县，出柴门关至甘肃文州（文县）等地；西北出黄胜关，可以至若尔盖和甘南草原。明清时期在灌县以北设置有专门检验贩茶引票的关口。

云南“茶马古道”是南诏、大理以来通西藏的旧道。该道以大理为中心，可南下思茅（近改名为普洱），北上中甸和西藏的察木多（昌都）。根据清人记载，由滇入藏的道路有两条："自中甸进藏有两路：由天竺寨、察木多一路，道宽而远，多夹巴、高山、大川，为滇蜀会兵孔道；由卜自立、阿敦子、擦瓦、崩达、洛笼宗一路，高坡峻岭，鸟道羊肠，几非人迹所到，然颇近……"[①]至于清代早期以后从甘青入藏的道路，严格地说已不属于"茶马古道"，因为那时进入藏区销售的茶叶已经很少通过这条道路。

川滇"茶马古道"在明清时期已基本定型，我们今天所说的"茶马古道"也主要是指这两条古道：

（1）川藏线

川藏线是茶马古道的主线之一。川藏茶马古道，起始于成都平原西缘的产茶山区，出邛崃、名山、雅安、天全、荥经、汉源等地，翻大相岭、飞越岭和二郎山，经泸定到达康定，再由康定西去雅江、理塘、巴塘、察雅到昌都；或经泸定、康定，再经道孚、炉霍、甘孜、德格，由竹巴笼过金沙江到岗拖，再经江达、妥坝到昌都，后经恩达、或至洛隆宗、边坝，嘉黎、工布江达、墨竹工卡、达孜到拉萨；或北上类乌齐、丁青、巴青、索县和藏北重镇那曲，再南下当雄、林周到拉萨。

（2）滇藏线

滇藏茶马古道，即以云南产茶区西双版纳和传统普洱茶集散地普洱为中心的路线。走向大致是由云南南部通向西北部，即由西双版纳、普洱、临沧等普洱茶产地和集散中心，经大理、怒江、丽江、迪庆等地到西藏，再经碧土、邦达、昌都、类乌齐、边坝、工布江达、墨竹工卡等地，最后到达拉萨，从拉萨出境后再进入尼泊尔、不丹、印度、阿富汗等国家和地区。主线为：大理——洱源——剑川——丽江——石鼓，在这里分为两线，一线过小中甸、香格里拉，一线过巨甸——塔城——拖顶——奔子栏。两条线路最后在德钦汇合，过盐井，到芒康。从芒康开始的路线再次分为几条路线，一条是北线：经芒康——察雅——昌都，与川藏茶马古道汇合后过类乌齐——马利——洛隆——边坝——尼木——嘉黎到工布江达，过金达、如

① 杜昌丁：《藏行纪程》，见吴沛丰编辑：《川藏游踪汇编》，第一册，中央民族学院图书馆油印本，1981。

多，到墨竹工卡，经达孜进入拉萨；另一条为南线：芒康——登巴——左贡——八宿——然乌——波密——林芝——工布江达，与北线汇合后，沿着金达、如多，到墨竹工卡，经达孜进入拉萨。

三、茶马古道上的“物”

（一）茶叶的社会生命

茶叶是茶马古道上最重要的输出物品之一。茶的输送和茶文化的传播是茶马古道的核心，从茶叶产地到消费地之间远隔千山万水，茶的流动穿越了不同的地理圈和文化圈，其“生命”历程也被沿途不同的社会、文化所形塑。以“茶”为视角，可以看到不同民族如何因“茶”聚会，以“茶”为纽带不断地接触、互动、交流与共生。围绕着茶叶的生产、运输、交换和消费，我们看到一个充满“物”的世界，以及通过茶及其他物品所展开的西南各族交互共生的社会生活和意义生成的文化图景。

1. 不同形制的“茶”

为满足远距离高海拔运输的需要，茶叶的形态要经历一系列的变化与转化。不同的茶叶形态背后都有一套特殊的制作工艺相匹配，不同产地的茶叶形制各具特色。茶马古道上流动的茶叶具有多种形态，呈现出明显的地域和民族特色。

川藏茶马古道的起点是以雅安为中心的产茶区（名山、雅安、天全、荥经、邛崃等五县）。雅安地处四川盆地边缘，境内多山，属邛崃山脉的延续，雨水丰富，空气湿润，古来就有“漏天”、“雨城”之称。雅安名山县境内的蒙顶山以出产蒙顶茶著称，唐代被列为贡茶。杨晔所著《膳夫经手录》称：“蜀茶犹可以首冠诸茶。别处之茶，春时，所在吃之皆好，及将至他处，水土不同，或滋味殊于出处。唯蜀茶南走百越，北临五湖，皆自固其芳香，滋味不变，由此尤可重之。自谷雨以后，岁取数百万斤，散落东下……”蜀茶用采收季节较晚的成熟茶叶制成，在长途运输后仍能保持芳香，远销吐蕃，深受欢迎。火蕃饼，是唐代蜀茶销往吐蕃地区的茶叶形态，因要用火烘制加工，压成饼状，且专销吐蕃之地，故得此名。五代时期，蜀人毛文锡所著《茶谱》就有记载：“临邛出火蕃饼，每饼重四十两。销往吐蕃、党项。”明代中期，蜀茶区分了销往内地的“腹茶”和销往藏区的“边茶”。边茶，民间又称“乌茶”、“马茶”。销往西藏的边茶有粗细两种：细茶为毛尖、芽子、芽砖（芽细）；粗茶分金玉、金仓和康砖。藏民饮用的边茶以粗茶为主，细茶为辅。由于散茶运输颇为不便，明代四川开始生产黑茶，并逐步扩大到湖南产区，当时生产黑茶是将立夏后采收的茶叶用锅热炒杀青，然后蒸煮，加上糯米粉汤制成饼状的团饼茶，团饼茶在运输、存放、饮用上较散茶有巨大改进。

清代四川边茶的制作又有过一次突破性的改进和提高。《天全州志》记载：“散茶造至清朝，天全乃设架口制造包，每包四甑，用甑蒸熟，以木架筑成方块。每甑六斤四两。恐包同易混，各编番地鸟兽人物形制，上书番字，以为票号。故有大帕、小帕、锅焙、黑仓、皮茶等名。锅焙为上，大、小帕、黑仓次之，皮茶又次之。”“荥、雅、邛三邑，闻天全造包之法，颇为便运。三邑自颁引后，每茶百斤装以篾篼运炉。于是邛州主宋，向天全借跐手（造包工匠）至邛州教习造包，即以小帕为式样。雅州亦向天全借跐手教习，造以大帕为式样，荥邑亦照样造包。各编夷号，一同发售。”天全将茶叶打包的加工技艺，而后在雅安、邛崃、荥经等地得到推广。蒸压成块的砖茶不仅压缩了体积，方便长期储存和远距离运输，也便于藏区实行无度量衡的交易，深受藏区的欢迎。清代四川境内各路边茶的制作、包装、品种都有各自的定式，并承袭下来。雅安、天全、荥经等地所产的“南路边茶”，成茶曾分为毛尖、芽细、康砖、金尖、金玉、金仓六个花色。金尖为上品，以二三月采摘的嫩叶为原料，蒸至半熟后加少许面粉压制而成，形如砖，故称砖茶，每砖一斤，十八斤为一包；金玉居中，为后采的二道茶焙制，形如甑，故称甑茶，每甑四斤半，四甑一包。灌县、北川一带生产的“西路边茶”，与南路边茶有很大差异，灌县所产的“方包茶”，形同桌子，又称“桌茶”；北川所产的为“圆包茶”。西路边茶的原料比南路边茶更为粗老，大都实行粗细并采制，一般在春天采摘一次细茶之后，再采摘边茶，加工工艺比较简单，一般杀青后晒干，蒸压后装入篾包即可。

滇藏茶马古道的起点是位于云南省南部西双版纳境内古称“六大茶山”的产茶区。西双版纳气候炎热，雨量充沛，植物种类繁多，生长迅速。清人檀萃所著《滇海虞衡志》载 :“普茶名重于天下，此滇之所以为产而资利赖也，出普洱所属六茶山，一曰悠乐、二曰革登、三曰倚邦、四曰莽枝、五曰蛮砖、六曰曼撒，周八百里，入山作茶者数十万人。茶客收买运于各处。”今西双版纳的茶山地区有茶王树，已生长数百年甚至上千年。“茶王树”多为野生，也有一部分是人工种植。当地居民长年采摘古茶树的茶叶，主要以供佐食或充药物，作为饮品的时间稍晚。唐代，云南出现采茶供饮的记载，但尚未形成大规模的产业。《蛮书》卷七《云南管内物产》载 :“茶出银生城界诸山，散收无采造法。蒙舍蛮以椒姜桂和烹而饮之。”滇南茶叶的大规模种植始于清代，清廷在普洱府设立专门机构统一管理茶叶的加工制作和贸易，普洱成为茶叶精制和贸易的集散地，“普洱茶”因此得名，乾隆年间被列为贡茶，于是“普洱茶名遍天下，味最酽，京师尤重之”①。在北胜州与中甸等地获准进行云南与西藏之间的茶马互市后，滇南的大叶种茶因价廉耐泡，被选为输出成茶的主要原料。滇南所产之茶，遂得以大量生产并销往藏区。

普洱茶的制作以“六大茶山”所产的大叶种茶为原料，经杀青、捻揉、晒干等工序加工而成的晒青毛茶，再由晒青毛茶压制成各种规格的紧压茶。这种茶含水量一般较多，在运往集散地前，为防止茶叶在装筐时被挤碎，常常又要喷些清水，这样经过十天左右达到目的地时，茶叶已完成初步的冷发酵。在集散地的茶庄，经过精挑细选，通过马帮千里迢迢运往藏区，这个过程又要花几个月的时间，于是茶叶又经过一个缓慢的冷发酵过程，最终形成有云南特色的普洱茶。经过漫长发酵的普洱茶具有独特的陈香，去掉了生茶的苦涩味，茶汤柔绵醇厚，深受藏民喜爱。普洱茶具有散茶、饼茶、沱茶和砖茶等多种形制。圆形茶饼又称圆茶，也叫七子茶、筒茶，每饼形似圆盘，重约400克，直径半尺左右，七饼茶为一筒，包上笋壳，再用竹篾捆扎结实，印上茶号字样。24筒为一担，约合现在的120斤，分装成两箩，便于马驮。老茶带梗剁细蒸软，压成茶砖，只用于销往藏区，这种茶砖无法冲泡饮用，却是打酥油茶的上好之选。沱茶的形制如锅底中空的半圆块形状，五个用笋壳包成

① 阮福 :《普洱茶记》。

一包，再以树皮绳或竹篾捆扎，便于长途运输，也易于透气陈化、防止霉坏。销往藏区的沱茶又叫“藏庄茶”，茶汤颜色格外浓，味道苦涩，更有助于消化，并且热量高、营养丰富，正是打酥油茶的上好茶。沱茶在藏区占有稳定的市场，在藏民中拥有良好口碑。

2. 茶叶的运输

从西双版纳的热带雨林到青藏高原，从四川盆地西缘山区到雪域圣城，茶叶产地生产出来的带有浓厚地域特点的多种形制的茶，需要经过千里迢迢的长途跋涉才能最终抵达藏区。茶马古道堪称世界上海拔最高的文明古道，其通行难度之大在古道中也是首屈一指的。它所穿越的青藏高原东缘横断山脉地区是世界上地形最复杂和最独特的高山峡谷地区，其崎岖险峻和通行之艰难亦为世所罕见。沿途皆高峰耸云、大河排空、崇山峻岭、河流湍急。正如任乃强先生在《康藏史地大纲》中所言：“康藏高原，兀立亚洲中部，宛如砥石在地，四围悬绝。除正西之印度河流域，东北之黄河流域倾斜较缓外，其余六方，皆作峻壁陡落之状。尤以与四川盆地及云贵高原相结之部，峻坂之外，复以邃流绝峡窜乱其间，随处皆成断崖促壁，鸟道湍流。各项新式交通工具，在此概难展施。”清人对茶马古道之险峻崎岖亦有生动的描述，杜昌丁等的《藏行纪程》记录滇藏茶路说：“十二阑干为中甸要道，路止尺许，连折十二层而上，两骑相遇，则于山腰脊先避，俟过方行。高插天，俯视山，深沟万丈……绝险为生平未历。”除地形条件恶劣外，茶马古道沿途气候也很严酷，所谓“一日有四季”即一天之中可同时经历大雪、冰雹、烈日和大风等，气温变化幅度极大。一年中气候变化则更为剧烈，民谚曰：“正二三，雪封山；四五六，淋得哭；七八九，稍好走；十冬腊，学狗爬。”其行路之艰难可想而知。正是在如此艰险的条件下，特殊的运输方式应运而生。滇藏线主要依靠马帮驮运；川藏线从雅安到康定主要依靠背夫运输，从康定改为牦牛驮运入藏。

川茶又被称为“大茶”（藏语叫“龙布斯卡”），乃是因为其特殊的包装方式：用竹篾编成一米多长的容器，将砖茶装入其中，成长长的条状。这跟云南的沱茶、饼茶形成显著的区别。由于四川缺乏善走山地高原的骡马，而且人力比畜力成本更为低廉，背夫，俗称“茶背子”，就成为川藏线上独特的运输群体。从雅安、荥经、天全等茶产地出发，翻越大相岭、飞越岭、二郎山，过泸定桥达到康定，背夫走一趟需要 20 天左右。体力最强健者能背 20 个茶包，一般体力的背 10 包左右，妇女孩童只能背三四包到五六包。每个茶包重约 16 斤。一人一次约背 200 斤重，几乎是两匹骡马的负重量。在艰险的山路上风雪无阻地负重前行，其艰辛程度可想而知。背夫们为了负重驮运发明出一套背运工具，如胸前系着的圆形竹篾圈，专门用来刮汗水；脚上套着防滑的竹圈或铁环“雪抓子”；歇息时起支撑作用的楞子，今天古道沿途仍留着许多清晰可见的杵拐子的痕迹。

背夫将茶叶背运到康定就交货。康定作为汉藏茶马互市的重要商埠，又是人文与生态的分界和过渡地带。以康定为界，关内和关外不仅是汉人和藏人聚集区的分界，同时也是农耕与游牧、高原与盆地的分界。翻过折多山，即进入雪域高原，习惯上把翻山西去称为“出关”。茶叶运抵康定之后，为了适应关外长距离高海拔运输，原先竹篾包装的茶叶要在此用牛皮进行改装，这就是在康定孕育出来的特殊行业“缝茶包”，专门从事此业的藏族工人被称为“甲朱娃”，意思就是缝茶工。受气候、地理的因素和物资条件之限制，牛皮便成为包装材料的首选之物。牛皮先用水泡软，用专门割牛皮的小刀割成宽约一公分的皮线，缝针长约 15 公分，就可以开始缝茶包。缝茶包的工具很简单，但却需要娴熟的技艺。改装的茶包有两种：一种叫“花包”，用于运输旅途较短的茶叶。做法是先把牛皮按照需要的尺寸切割成块，再将每块割一些交错的条缝，把整包的三包茶重叠起来，用割了缝的牛皮把茶包裹起来，再用针线把两块牛皮之间的缝口缝起来，两头也用大小合适的两块皮缝起来。接缝的地方要用猪血涂抹，以防雨水浸湿。这样缝好的茶包就叫一只，两只为一驮，供一头牛或一匹马驮运；另外一种叫“满包”，即运输距离较远的茶包，花包在这里已不管用，只有把整块牛皮用上。做法是半包茶为一层，重叠至六层，总共也是三包之数，用整张牛皮缝包起来成方形，用刀子在上面刻上藏文的收货信息，再将刀痕涂红，缝口也涂红，一大块为一只，两只为一驮，和花包一样。

关外严酷的高原气候使得人力背运无法胜任，甚至连马匹也很难适应。牦牛是藏区人民的“神牛”，被赋予了神圣的力量，同时也是藏民重要的运输和交通的工具，被称为“高原之舟”。牦牛能在高寒缺氧的雪域高原长途跋涉，成为将茶叶从康定运抵卫藏的主力，牦牛帮从康定出发，藏民还有一套出行前的仪式：“牛群的前头一般有带头牛领路，颈项挂着活佛念过经的珠子，以资辟邪，祈求神明保佑。也有披搭红毯子，以示牛的勇敢和功劳大。牛群出发前，藏民先默祷念经，有的取下头上的绸线打疙瘩默数，如果打的死疙瘩解不开，表明不吉利，当天就不出发，要择好日子再走。路过每一处地方，赶牛人都要照旧念经，求山神菩萨保佑。”[①]

与川藏线不同，滇藏线上的运输主力是马帮。云南的马帮以骡马为主，骡马走山路灵活、通过性比马强，负载能力和行走耐力也都远远超过马匹。云南的马帮拥有一套独具特色的物质文化。头骡、二骡是马帮里的领头，一队马帮在路上能不能安全、顺畅，与头骡、二骡的带头作用密切相关。一般选用母骡作头骡二骡，因为母骡比较灵敏、懂事、警觉，能知道哪里有危险，不像公骡那样莽撞。它们不仅是马帮里最好的骡子，装饰也非常特别，上路要戴花笼头，上有护脑镜、缨须，眉毛处有红布红绸做的“红彩”，鼻子上有鼻缨，鞍子上有碰子，尾椎则用牦牛尾巴做成。头骡脖颈上挂着响亮的大铜铃，二骡则挂小一点的“二钗”，头骡二骡往往要一个毛色，“头裸奔，二骡跟”，将马帮带成一条直线，便于在狭窄崎岖的山路上行进。头骡身上还要插上马帮的“帮旗”，写着马帮的名字，让人一目了然。头骡二骡一威风，整个马帮就有了气势，赶马人也有了精神。在马帮队伍的最后，还要有一匹十分得力的尾骡，也叫追骡。它既要能跟紧大队，又要压得住阵脚，使浩浩荡荡的马帮形成一个整体。

常见的马帮用具有马鞍、驮架、驮包、马笼头、马项套、马袋头、马铃、马衔、马镫、缰绳、马鞭、马尾扣、马尾珠、马蹄铁、栓马钉以及钉马掌工具、手术用具、洗马刮等。另外，赶马人风餐露宿的生活方式，构成一套独具特色的物质文化。如餐饮器具：锣锅、木碗、刀鞘筷子、茶盒、茶壶、奶壶、酥油盒、酥油茶桶、酥油

① 佚名：《牦牛是高原运输的“宝畜”》，载康定县志办编印：《炉城风物》(14)，1985年10月。

茶碗、糌粑盒；生活用品：火镰、暖炉、烟斗、水烟筒、烟膏盒、烟刀、鼻烟壶、煤油灯、剃须刀、革囊酒水壶、竹节水桶；计量工具：戥子、算盘、马帮权衡、量斗、杆秤；防身工具：弩、佩刀、匕首、火药筒、火药枪、铜锣；行路工具：铁锤、铁抓子、斧子、挑担；乐器：短笛、双排短笛、三弦琴；宗教用品：护身佛盒、金刚杵、转经筒；服饰配件：皮挎包、腰带、皮行囊、小银包、麂皮褂子等。

长期以来，马帮形成一种特定的组织，也有一套约定俗成的行规和习俗。马帮的组织一般有三种形式：一种是家族式的，就以自家姓氏和商号名称命名；第二种是逗凑帮，一般是同一个村或邻近村的人，每家出上几匹骡马，结队而行。选一个德高望重、经验丰富的人担任“马锅头”（马帮的领头人），由其出面联系生意；第三种可称为散帮，没有固定组织，只是因为同路担心匪患而临时集结在一起，达到目的地即解散。一般较大的马帮组织都很专业化。赶马人，俗称“马脚子”在马帮里听从马锅头的指挥，各司其职、训练有素。作为赶马人，他们要具备基本的本事和能耐，如要会看天气，要会选路，同时还要通各民族的语言，善于和各色人等打交道；其次，还要了解骡马的性情；最后，要会马帮生活的各种技巧，诸如支帐做饭、上驮下驮，钉掌修掌，找草喂料，乃至医人医畜。走西藏的马帮一般雇用滇藏、川藏边沿的藏族男性青壮年做马脚子，这样就不存在语言和习俗的障碍，也能适应严酷的高原环境。马帮运茶叶进藏，来往一趟需耗时四五个月甚至半年多，这漫长而艰险的旅途以及沿途接人待物的历练，造就了赶马人坚毅、合作、诚信的精神特质。川流不息的马帮，犹如鲜活流动的血脉，让茶马古道生生不息。

3. 茶叶的交换

茶马古道与丝绸之路不同，后者运送的商品由起点到终点，途中一般没有消耗；而茶马古道运输的主要是茶叶，串联在古道上的村寨和牧场都需要茶叶，所以马帮驮运的茶叶不总是如量到达终点，而是沿途消耗。随着茶马古道的通行，以及茶叶与其他物品的交换，沿途的集市、城镇孕育而生。滇藏线上的易武、普洱、巍山、丽江、香格里拉、德钦、昌都，川藏线上的雅安、荥经、天全、泸定、康定、理塘、巴塘、甘孜等等都是伴随着茶马古道的通行而逐渐商贾云集、人烟辐辏、店铺林立，形成市镇并兴盛起来。它们共同的特点是围绕茶马古道衍生出多种多样的服务行业（如旅店、皮具店、缝制店、马料店等），通过茶叶与其他物品的交换形成百货流通的市集。我们以康定和丽江为例简要描述一下。

康定，旧称“打箭炉”，地处川藏交通之咽喉，是汉藏商贾往来之要地和各种商品集散地。据任乃强考证：“其地本非市场，自宋元以来，随茶马交易，日趋繁盛；由架设帐幕之临时市场，而为建筑碉房之锅庄交易。”[①] 康熙末年，已是番汉咸集、交相贸易的闹市；光绪之时，炉城人烟辐辏，市亦繁华。“由内地输入炉城之货物主要有茶叶、棉纱、布匹、帛、米、铁器等；藏地运至炉城货物则以其土特产为主，有羊绒、藏香、羊皮毛、动物皮张、虫草、贝母、鹿茸等。市有藏茧、羊、绒、氆氇、藏香、藏布及食物，如葡萄、核桃等物。藏番男妇皆卖，但不设阛阓，惟席地货之。”[②] 康定遂有“山海各货咸集，交易之盛，冠于西陲”之称。城中商号林立，茶帮、金香帮（经营黄金、麝香）、药材帮、杂货帮、邛布帮（专营四种土布、哈达、旗布等）、制瓷帮、皮革帮（用土法制红牛皮）遍及炉城。茶叶与其他商品贸易并行，但茶叶仍是川藏贸易之主打产品。康定及藏区并不产茶，但其居民却“嗜茶如命，无论贫富贵贱、僧侣、食必熬茶”[③]。清代乾隆时期，打箭炉已有茶庄 80 余家，当时的茶商主要集中在茶店街和茶店后街两条街道，康定城就主要依茶店街展开。“惟茶商聚于西炉，番众往来交易，以是成为通衢。”[④] 据统计，康熙年间泸定桥建成之后，运输更为方便，康定茶市更加繁荣，最多时年销售茶叶达 15 万引，合 1230 万斤。[⑤]

康定因茶马互市而起，其他各业皆因茶而兴，锅庄业、缝茶业、皮房业成为康

① 任乃强：《西康图经》，71 页，拉萨，西藏古籍出版社，2000。
② （清）黄沛翘：《西藏图考》卷 6，《物产类》，198 页，拉萨，西藏人民出版社，1982。
③ 任乃强：《西康图经》，248 页，拉萨，西藏古籍出版社，2000。
④ 王师我：《炉藏总记》。
⑤ 李旭：《茶马古道：横断山脉、喜马拉雅文化带民族走廊研究》，86 页，北京，中国社会科学出版社，2012。

定独具特色的三大产业。历史上锅庄的功能有过沿革①，后逐渐演变成由藏人开办的一种集旅店、堆栈、经纪交易场所于一身的经济组织形式。锅庄主利用自身精通汉藏两门语言的优势，为汉藏商人牵线搭桥，成交之后按货价收取一定数额的费用。藏商一般都落脚在自己固定的锅庄，与锅庄主结成稳固的主顾关系，不会随意更换。锅庄主不仅为他们提供住宿、草料，还负责收付货款、交纳税金、包装、交运货物等。大一点的锅庄，都会有固定的“甲朱娃”，人数在20人左右，专门为锅庄缝制茶包。清代康定锅庄的数量与日俱增，由清初的4家到嘉庆年间发展至48家，可见贸易之繁盛。任乃强在《西康图经·境域篇》中所言“(炉城) 四时幡凑，骡马络绎，珍宝荟萃，凡其大臣所居，即为驮商集息之所，称为锅庄，共有四十八家，最大有八家，称八大锅庄。有瓦斯碉者，锅庄之巨擘也，碉在水会流处，建筑之丽积蓄之富，并推炉城第一。”②锅庄为汉藏民族间的贸易发展和文化交流产生了积极的作用，锅庄业的兴衰也见证了康定城的兴衰。

与康定一样，丽江也是因茶马古道而兴盛的城镇。它地处滇、川、藏的交接点上，“居全滇之上游，通巴蜀之要塞”，“外控蕃藏，内敝滇西”③。丽江坝子气候温和，海拔介于西藏高原与内地之间，玉龙雪山的融水滋润着整个坝子，用水十分方便，古城周围有大片开阔地便于放养骡马，为马帮滞留和露营的最佳场所。丽江城市格局的形成与茶马古道有密切的关系，以四方街为中心，街道呈蛛网状衍生出去。“日中为市，名曰坐街，午聚酉散，无日不集，四方男妇偕来，商贾小贩、中甸者必业于此，以便雇脚转运。”④每天四方街上摊贩云集，货物五光十色。来往于茶马古道上的茶叶、山货、铜器以及各式民族用品在这里集散。丽江自古有“花马国”

① 锅庄一词是汉语，藏语有“古草”“古曹”“姑萨”“独吉”等叫法。锅庄原本是指明正土司下属土百户（古草）或贵族（古曹）驻打箭炉“听差伺贡”的办事机构。随着茶马贸易的兴盛，变成各路“充本”（为寺庙或土司做生意的商官）最佳栈扎之所。参见龚伯勋：《锅庄旧事》，79页，成都，四川民族出版社，2011。

② 任乃强：《西康图经》，72 ~ 74页，拉萨，西藏古籍出版社，2000。

③《乾隆丽江府志》，丽江县县志编纂委员会办公室，1991年印。

④《乾隆丽江府志》，丽江县县志编纂委员会办公室，1991年印。

的美称，丽江马远近闻名，因其背上有白色龟背花纹而与其他马形成显著的辨识特征。丽江马体型小而精悍，能负重，耐力好，善于爬山越岭，不怕寒热，适应性强。每年7月在丽江举行的“骡马大会”就是大型牲口的交易大会，同时也是一场规模浩大的物资交流盛会，来自四面八方的客商和数万头牲口云集在这里，藏、白、彝、汉等各族民众来此选购丽江马，交易物品。“丽江市集以骡马会最著，每年三月、七月初间行之，盖丽地天候温和，山脉绵延，水源清洁，百草郁茂，所产骡马为西南巨擘，每次赴会公骡母骡不下千头，儿马、骟马不下数百头，购运出境者十之八九。”①

早在唐宋时期，丽江与吐蕃、大理国的交往就很频繁。“有吐蕃到赕贸易”，“大羊多从西羌、铁桥接吐蕃界，三千二千口将来博易”。②元明时期，丽江已形成较大规模的市场。从清初开始，纳西族地区与邻近藏区的物资贸易就十分兴盛，那时丽江就有人赶着骡马进入西藏做生意。清乾隆、嘉庆年间，纳西族中的“藏客”崛起，开始大规模地前往藏区经商，以专销内地茶叶、丝绸、铜器皿为主，不仅遍布西藏各地，还进入到印度、尼泊尔、缅甸等国家和地区。到清末民初，较大的商号有“裕春和”、“仁和昌”、“永兴号”、“永聚兴”等。与此同时，藏商及各地商家也纷纷到丽江设店开号。大批西藏马帮将丽江作为进入内地进行贸易的中转站。各地来丽江的马帮，常常以籍贯所属，习惯性地聚集在一起，如城北的双善村，就是藏族马帮最喜欢落脚的地方，大理来的行商多集中在“建洛阁”。丽江每天来往的马帮络绎不绝，常驻足的牲口在二百头以上。“在极盛时期，来往于丽江、拉萨之间的马帮由四五千匹牲口增加到一万多匹，双程运输量达一千多吨。”③随着马帮运输业的兴盛，丽江的手工业也发达起来。丽江的铜器历来深受藏族和其他民族欢迎，如锅、勺、盆、壶、火锅以及著名的“丽锁”（丽江铜锁）等，古城的金鑫街就是著名的铜匠街，专门制作各式铜器。另外，还有专门为马帮服务的行业：卖马料、

① 《新纂云南通志·商业考》，912页，昆明，云南民族出版社，1997。
② （唐）樊绰：《云南志》。
③ 张相时：《云南恒盛公商号史略》，载《云南文史资料选辑》第18辑。

打制马掌、马钉，缝制马垫、马绋，做皮条等，以及为藏民服务的糌粑店，酥油店。丽江的旅马店与康定锅庄性质相同，也是“房东制”贸易。纳西话称这种与之有固定生意往来的藏族商人叫“扣巴”，与古城居民用来称呼常来常往有生意关系或朋友关系的主顾一样。仅双善村专门接待藏族马帮的就有17家旅马店，另外，古城大研镇的旅马店还有数十家，甚至还有藏族商人开设的马店。茶马古道为丽江带来了前所未有的兴盛，也为这一区域民族经济的繁荣起到积极作用。

除了康定、丽江这样的大型市镇，茶马古道上的马帮还要经过数不胜数的村落和小城镇，有的尽管规模较小也形成了繁荣的集市。盐，是茶马古道上流动的重要物品之一。大理沙溪寺登街，被称为“茶马古道上唯一幸存的集市”，沙溪作为离滇西四个盐井最近的集市，一跃成为茶马古道上最重要的食盐集散地。明清时期，沙溪逐渐形成以盐为主辐射四周的古道网络。这个因盐而生的集市兴盛一时，曾出现过繁华的“夜市”。历史常有藏族马帮、回族马帮、纳西族马帮、傈僳族马帮、白族马帮往来于此。藏族马帮主要是长途运输，运来皮革、药材等交换茶叶、布匹、盐等。其他马帮多为短途运输，多以运盐为主。各大盐井的食盐通过短途马帮先汇集到沙溪，再从沙溪转运到更远的地方。西藏昌都芒康县的盐井，也是茶马古道上重要的盐产地，传说这里就是格萨尔史诗中《姜岭之战》姜岭两国为争夺食盐而战的地方。这里出产的盐，随着马帮的运输被销售到西藏的左贡、芒康、察隅，以及云南的德钦、丽江，四川的巴塘、理塘等地。盐井所产的“红盐”（夹杂着红土的三道盐），深受牲畜喜爱。马帮也经常使用这种盐来喂牲口。围绕着盐的交换，盐井也成为茶马古道上的商品集散地，藏区来的皮张、山货、药材、氆氇，内地来的茶、糖、粉丝、布匹等在这里交汇。

茶马古道串联起沿途的城镇、村落，犹如一条彩线串起散落的珠子，使它们之间互通有无，彼此相济。来自各地的物产汇聚在一起，这不仅仅是一个色彩斑斓的“物”的世界，通过“物”的汇聚，背后更深层的是各民族间的交往与交融，正如这首歌谣唱到：

“茶叶没有脚，茶叶没有脚。
经过马帮驮，来到了船边。
西藏的酥油，一包捆五饼，
经过马帮驮，来到了船边。
茶叶和酥油，来到丽江城，
两族两颗心，相会在一起。”[①]

值得一提的是，在茶马古道沿线，茶叶不单是用来交换的物品，在藏区某些地方甚至被当做货币来流通，充当了一般等价物的功能。在康巴地区，随着汉藏贸易的发展和商品经济的活跃，边茶在很大程度上取代了原有的粮食、牲畜、酥油、盐等实物等价物，成为最普遍、最重要的“准货币”。交换以茶、借贷以茶、工价以茶、纳税以茶、布施以茶。茶成为康巴地区上下通行的“准货币”和财富的象征。[②]边茶具有制作特殊、包装定量、分拆容易、便于运输、耐于保存等特点使得它能够担当货币的基本职能。首先，边茶具有价值尺度的货币职能。在康巴地区，用茶计价已成为广大商民的习惯，一包茶能值多少粮食、牲畜和其他商品，在普通商民心里清清楚楚，不必见到茶的实物，就能以茶论价。在交换中，一般以“包”论价，相当于内地货币的“元”“两”，即主币单位。“包”以下为“甑”（四甑为一包），“甑”以下为“砖”（即斤），四斤或四斤半为一甑，每包共计在十六到十八斤之间。十包为一支。其次，边茶具有货币的交换功能。茶为众人所需要，价值稳定，可长期保存。它成为康巴地区信誉很高的“硬通货”，就有“有茶走遍康巴”的说法。《打箭炉志略》载：“市中交易以茶为货，其零星小物则以青稞为准算。”第三，边茶具有货币的储藏功能。边茶包装牢固，存放多年也不会变质，富裕之家都要储存很多茶叶，有的牧民甚至把边茶码成一道墙，作为帐篷之内的隔断。在康巴地区，

① 王明达、张锡禄：《马帮文化》，202 页，昆明，云南人民出版社，1995。
② 张策刚：《中国康巴地区货币史》，133 ~ 136 页，成都，巴蜀书社，2013。

茶是储藏财富的最好物资。最后，边茶具有优良的支付职能。在康巴地区以茶放债是货币支付功能的典型表现，一种是放出茶叶，到期以茶叶归还本息；一种是预付、赊销。比较普遍的做法是，开春放出茶叶，秋后用农、牧、土特产品折茶归还本息。也有先发其他商货，以后用茶叶定期支付货款的做法。

4. 茶叶的饮用方式

茶马古道沿线民族都有饮茶习俗，而就茶叶在生活中的重要地位而论，则以藏族为最。藏族谚语有“汉家饭饱腹，藏家茶饱肚”、“一日无茶则病”之说，足见茶在藏区日常生活中的重要性。藏族人对茶的依赖，源于特殊的地理、气候和饮食条件。青藏高原平均海拔 3500 米以上，高寒、缺氧、干燥；其膳食以糌粑、牛羊肉为主，缺少蔬菜。而茶叶中富含维生素、微量元素及单宁酸、茶碱等成分，具有清热、润燥、解毒、利尿等功能，可弥补其膳食结构的不足，正所谓“其腥肉之食，非茶不消；青稞之热，非茶不解”①。藏族的民间歌谣形象地唱出了茶叶从种植、采摘、运输到熬制、饮用的整个“生命”历程：

茶叶最先出在哪里？茶叶最先出在南方。
三个汉族子孙种的茶，三个汉族姑娘采的茶。
雪山的铜锅烘出的茶，商人洛布桑布买来的茶。
汉白大洋换来的茶，驮夫道桑翁姆驮来的茶。
渡过了大江小河的茶，翻过了高山峻岭的茶。
用黄金白银换来的茶，种在家乡土地上的茶。
将茶放在锅里熬，好像空中黑鹫飞。
茶在锅中开三遍，好像大海波涛翻。
黄金酥油放其中，好像黄鸭湖中游。
白盐放入茶水中，好像草原降冰雹。

①（明）谈修：《滴露漫录》。

将茶倒入茶桶里，恰如喇嘛戴黄帽。

头道茶香敬贵宾，二道茶香敬朋友。

最后共饮如意茶。

饮茶是藏民日常生活的重要组成部分。与汉族饮茶用沸水冲泡不同，藏族饮茶需要熬煮。按照烹饮方式，有酥油茶、奶茶、甜茶和清茶之分。制作酥油茶需要一套专门的工具。其中，最重要的打茶工具叫浆桶，系用直径约半尺、高一米左右的原木挖空，以几道拇指粗细的树条箍紧，再配上个桶底而成。除了桶身，还需要一个“浆砣”才能打茶。浆砣用约一寸厚的木板，圆成桶空大小，中间紧紧楔上一根比桶长过尺许的握杆。所谓打茶，就是将茶水和酥油放入浆桶后，不断抽拉桶中的浆砣，使之水乳交融。打茶非常有讲究，一桶茶打得好不好，手艺全在浆砣上。制作酥油茶的工具还有熬茶的铜锅、茶瓢、茶壶、砂盔子（碎茶器具）等。盛酥油茶的茶具，多为银质，藏族饮茶的茶碗，制作精细，非常讲究。以木碗为多，木碗常用桦树、桃树、枣树等木材，经过水泡、日晒、毛坯、成型、磨光、上色、镶银等工序制作，轻便结实，不烫嘴，不怕摔；木碗盛茶，茶味更浓。有的木碗甚至用黄金、翡翠镶嵌，这些华丽而又昂贵的茶具，常被看做是传家宝，也是身份地位的显现。

藏民饮茶，不管是酥油茶还是清茶，都必须放盐。藏族谚语说：“相亲相爱，犹如茶和盐”，“茶无盐，水一样”。藏族民间流传着一个茶与盐的故事：“相传一对藏族男女文登巴和麦美措相爱，但遭到族人的反对。相爱的情侣决心以死殉情。他们死后，灵魂相约。文登巴的灵魂飞到羌塘地方，变成了盐湖中的盐；麦美措的灵魂飞到雅州地方，变成茶树长出茶叶。佛见他们有缘，便让他们在茶碗中相会。藏商到雅州买来茶叶，到羌塘买来盐巴。在煮好的茶水里放入盐，味道特别好。这是因为相爱的两个人又相会了。茶和盐融合在一起，就是缘分。”

藏族饮茶的历史可追溯到吐蕃时期。传说松赞干布之曾孙都松莽布杰得了一场重病，一日偶然尝到小鸟衔来的树叶，顿时倍感清爽，便命大臣去寻找这种树叶。大臣不远千里四处寻找，终于在汉地找到，带回西藏后，赞普加水煮沸日日饮用，身体逐渐康复，于是将其作为上好的保健饮品，这就是茶。这个略带神话色彩的故事与中原神农尝百草遇毒得茶而解有类似之处，表明藏人最初结识茶叶是因其药用价值。茶在唐代传入吐蕃也可以从语言学上得到证明。“茶”在藏文中读dza，是一个浊声母词。“茶”在《广韵》中也是浊声母，《广韵》反映的是唐及唐以前的中原汉语读音，当时“茶”的声母还没有清化。自宋及宋以后，在各种韵书中，“茶”字便开始清化了。唐代输入藏区的茶叶，种类已经很丰富，如李肇《唐国史补》记载：“常鲁公使西蕃，烹茶帐中。赞普问曰：‘此为何物？’鲁公曰：‘涤烦疗渴，所谓茶也。’赞普曰：‘我此亦有。’遂命出之，以指曰：“此寿州者，此舒州者，此顾渚者，此蕲门者，此昌明者，此浥湖者。’”常鲁公于唐德宗建中二年奉使入吐蕃，当时赞普已拥有汉区各地名茶，安徽寿州的小围茶、六安茶；浙江顾渚的紫笋茶；湖北蕲门的黄芽茶；湖南浥湖的银毫茶，四川雅州的昌明茶。受当时社会经济条件的制约，饮茶最初只是在王公贵族中流行。

成书于1434年的《汉藏史集》对当时藏区存在的各种茶及饮茶方法很有研究，按照茶叶所生长的地理环境、施肥种类和烘制方法等多方面的差异，将茶分成16种，详细介绍了每种茶叶的形状、颜色、味道及药物功能，并一一命名。其细致程度令人叹为观止：

天界享用的甘露，偶然滴落到人间，国王宫中烹茶叶，众生亦能获吉祥。此茶叶可以分为十六种，现将各种茶叶分述如下：

生长在山谷深处的茶树，叶小，枝干粗圆，颜色灰白，气味如当归，味涩，烧煮后饮用，能治疗涎分之病，这种茶称为扎耶普达茶。

生长在山谷谷口处的茶树，叶片大而柔软，树干粗圆，颜色深黑，汁味大苦，适作饮料，对风病有大疗效，被称为乌苏南达茶。

生长在旱地的茶树，叶片大，枝干粗，颜色红黑，气味难闻，汁黑色，味涩，适烧煮，去胆热，若加封藏，其汁红黄，被称为郭乌玛底茶。

生长在水浇地之茶树，被称为阿米巴罗茶，叶片厚而光滑，颜色青绿，多次浸泡汁色不变，气味甜。味柔和，适研细浸泡，平寒热。

……[1]

该书还记载了茶碗的起源和分类。制作茶碗的材料分为上、中、下三等，上等是珍宝，中等是石疖，下等是白色陶土。上等碗的颜色为黄色，中等碗为白色，下等碗为青色。从图案上看，上等碗绘小鸟口衔树枝，中等碗绘鱼儿在水中游，下等碗绘鹿在草山之上。按照碗的形状和图案来区分，具体又可以分为八组十六种，即巴若达罗和夏底迦，巴陵达迦和穆鲁底，本都迦和巴梨底，迦梨迦达和迦郎迦，玛底古达罗和古那萨，森古达若和迦若迦，布格达和毕顶格，巴若哈斯和查达玛格。

巴若达罗碗颜色纯黄，犹如睡莲花，绘有许多大鹏和枝叶繁茂的树木，什么地方有这种碗，该地就能吉祥平安。

夏底迦碗颜色白黄，碗上有许多斑迹，但大鹏图案很少，有许多水纹，状如白香花花朵，拥有这种碗能增加受用。

巴陵达迦碗颜色白而碗壁薄，有大鹏图案和水纹，犹如瞻波伽花，拥有这种碗能增长智慧和保持禅定。

穆鲁底碗颜色杏黄，碗壁内外都没有图案，犹如呼杜伽花，持有此碗的人食物充足。

……[2]

再具体到碗的造型上，又可分为六类：“夏布则的碗口宽阔，碗底低，颜色白而发青，碗壁薄，绘有云彩、树木、水纹、虫、龙等图案，因而具有功德；拉布则碗下部鼓出，样子不好看，碗壁薄而明亮，碗口宽，与琉璃颜色相同，绘有飞禽走

① 达仓宗巴·班觉桑布：《汉藏史集》，143 ～ 145 页。
② 达仓宗巴·班觉桑布：《汉藏史集》，146 页。

兽的图案作为装饰；襄则碗样子好看，颜色青蓝，具有光泽，碗底高，有斜棂花格和树木等图案作为装饰，使人十分喜爱；特则碗颜色青蓝，碗底粗圆，碗大而深，容积大，碗口小碗肚大显得不大协调，有树木图案装饰，庄重而朴素。多布则碗质料低劣颜色不好看，各部分大小不协调，图案阴晦，既无功德亦无妨害。”[①] 从该书对茶碗如此细致的分类和描述来看，可见明代藏民对茶叶的认识已经非常深入。

藏族在选择、吸收汉地茶文化的过程中，依据自身的客观条件和生活习惯，融和本民族的思想精神，赋予茶文化一种新的文化特质和形态，因此形成独具特色的藏族茶文化。汉地的饮茶习俗也适应了高原的自然地理环境，久而久之，饮茶逐渐成为藏族大众化的、全民族的生活习惯。

藏族英雄史诗《格萨尔》中就有很多关于茶叶以及饮茶礼俗的描绘，将藏族的茶文化表现得淋漓尽致。茶是礼敬的表示，友谊的象征。来人待客，公众聚会、英雄出征都离不开茶，总是以茶表敬意。公众场合讲究尊卑、长幼有序，敬酒献茶也要严格按这个次序进行。茶也是清洁、吉祥的象征，敬茶之礼与宗教信仰、祭祀活动紧密地联系在一起。每当有重大事情和部落之间发生战争前都要用茶供奉天、念、龙三界的神，以求神灵的保佑和庇护。有时茶也作为贵重的物品用来供奉神佛。史诗中就有专门的献茶之歌：

银壶中的这奶茶，汉地毛尖茶煮成。
牦牛奶子提颜色，酥油精华作养分，
姜地白盐把味提，六种妙药调其中，
温和香甜且滋润，色味俱全可养身。
具八功德甘露精，头份新茶献天神，
愿三宝地位比天尊！二份新茶献念神，
愿幸福广得普天闻！三份茶供下界龙，

① 达仓宗巴·班觉桑布：《汉藏史集》，147 ~ 148 页。

愿畜运能像雨降临！茶献部落大头领，

四方之敌用威镇。

茶更是人与人之间交往的中介，作为珍贵的馈赠品而倍受青睐。适逢探亲访友时，礼物中不可缺茶。藏族婚丧嫁娶都必用茶。聘礼中要拿上砖茶和哈达；订婚时嫁妆中也得有茶，在婚礼的各个礼节中酥油茶自然更不可少。藏民认为，汉地的茶叶和藏地的乳汁在茶壶中相聚，乃是世界上最圆满的结合，是姻缘会聚的佳果，用以敬人会带来吉祥幸福，用以敬神会带来神佛保佑。丧葬仪礼中也贯穿着敬茶、敬酒的习俗。在整个丧葬过程中茶是重要的饮品之一，招待客人、请喇嘛念经都要用茶来款待，在念经做法期间茶更是不能间断。茶是亲密、友爱的象征，具有很强的亲和力。当人与人之间出现矛盾时，一碗热茶可以化解旧恨新仇而和好如初。茶已渗透到藏民生活的各个层面、各个角落，体现着人们彼此间的包容、尊敬、礼让和节制。

茶在西藏社会的广泛流行，与佛教的修行方式有关。茶具有提神醒脑的功效，是僧人在禅修中重要的食物补给。藏族普遍信仰藏传佛教，每座寺院都安置有特大的铜锅，专为熬茶之用。寺院是茶叶消费的大户，尤其是每当法会期间，茶叶的需要量更是大得惊人。大昭寺保留着世界上最大的熬茶铜锅，可以想见当年法会时熬茶的盛况。寺院里熬茶，先熬浓茶汁，头道茶煮沸，二道茶熬浓，二者合一，以瓢舀之，入茶桶打匀。第三道茶渣，太阳晒干，又作头道茶的茶垫再熬。掺兑比例、茶水浓淡并无定制，各寺有别，以致各寺茶味皆具特色。中原王朝的统治者深知，茶叶是给西藏宗教领袖最好的赏赐品。清朝特地规定雅安每年都要提供一定数量的礼茶，专供朝廷赏赐西藏喇嘛活佛所用，称之为“赏需茶”。雍正二年（1724年），清廷决定每年赏赐达赖5000斤，班禅2500斤茶叶，由打箭炉拨运。《雅安县志》记载：“赏需茶单年300包，双年200包，由道署领价，商人承办。其中赏给达赖喇嘛茶75包，每包重50斤。”每当清廷举行各项大典及西藏上层朝贡时，茶叶常常是最重要的赏赐品。凡清帝驾崩，西藏各大寺庙都要大做法事，清廷则赐以大量茶叶作为奖赏。如雍正驾崩时，朝廷颁赏三大寺煎茶银3000两，大小哈达各300根，茶800甑。如今在一些大喇嘛寺里，还能看到明清时期皇帝赐的茶叶仍被当作吉祥的神灵供奉在寺庙里。

饮茶成为藏族人民长期以来形成的一种文化，已经渗透到藏区僧俗民众盛大的宗教仪式和日常生活中，不可或缺、不可分离。在藏民看来，茶叶随着文成公主来到西藏，文成公主与松赞干布的婚姻，茶叶与酥油结合而成的酥油茶，茶与盐的完美结合，都被认为是一种前世和来生的缘分，其意义远远超过了一般的商品。

茶叶本来具有实用功能，但这种实用功能逐步转化，它同各个不同民族的性格、情感，及审美情趣相结合，并融于众多民族的历史文化、宗教和习俗之中，茶的魅力不仅因为它是一种单纯的饮品，而在于它已经成为一种文化的符号，不断地在茶马古道上流动。在今云南迪庆香格里拉就有“茶会”，茶会是流行于大、小中甸男女青年中的一种集体社交活动，颇受藏族男女青年的欢迎。茶会由男方或女方邀请其他村寨的客人到本村赴会，邀约时首先要抢一件对方的信物，如果能赴约就把信物留下到茶会上取回，如不同意就把不能赴约的理由阐述清楚拿回信物。失信者的信物会被剁碎，表示从此一刀两断，今后不再往来。茶会的时间，在双方约定的当天傍晚开始，直到第二天黎明结束。茶会由主客双方组成，主方称“扎里”，意思是备菜，客方称“扎汤”意为吃茶，茶会的主方要备好酥油茶，对客人表示热烈的欢迎。茶会的主题是唱歌、对歌，可通宵达旦。如果一个村里的男青年邀请了两个村子的女青年，那歌会的场面就会更加激烈，在茶会中青年男女可以寻求情侣知己、建立友谊。第一次茶会上认识的，不到三年的为新交朋友；三年后成为老朋友。在彼此的交往中，骑马相遇要下马相让，互相问候。茶会上主要由客方唱歌，主方只在段落间隙回敬唱一两首。如果是新交朋友的茶会，歌声通宵达旦、放歌抒怀，如果是旧友相会，就用较长的时间说话叙旧，直接表达自己的心意，互换纪念品。茶调有颂茶调、欢聚调、情谊调、鸡鸣调、分别调、伤心调等，有的欢快，有的哀愁，有的激昂，有的深沉。类似此种“茶会”的习俗，在云南的许多少数民族中都有，茶把不同民族联结在一起，通过饮茶结成群体性的社会活动，使人们彼此交融。

（二）茶马古道上的其他物品

茶叶是茶马古道上最核心的物，而与茶叶构成交换关系的物品却随着不同时代不断地发生变化。从茶马互市到茶土贸易，汉藏之间经济的二元性，决定了双边交换物品的互补性。从汉地输入藏区最重要的物品就是茶叶、丝绸、布匹、纸张、金属制品、玻璃制品、玉石、香料、佛教用品等。藏区向汉地输出的物品以畜产品和土特产为主，如马、绵羊、牦牛尾、天然矿物、盐、硼砂、沙金、银、各种药材、宝石以及金银器、毛纺织品等。以下是古籍中记载的云南特色物产，这些物品应该曾经活跃在茶马古道上。

1. 纺织品类

桐华布：东汉时期的永昌郡（今云南保山）不仅出产棉布，而且还能生产许多种类的纺织品。不仅有内地普遍的绢、彩帛、纹绣、绫锦等丝织品，还有独具特色的桐华布和兰干细布。“有梧桐木，其华柔如丝，民绩以为布，幅广五尺以还，洁白不受污，俗名桐华布。以覆亡人，然后服之及卖与人。有兰干细布——兰干，獠言纻也，织成文如绫锦。”①

娑罗笼段：唐代史籍将南诏境内的木棉树称为“娑罗树”。“南诏诸蛮不蚕，惟收娑罗木子中白絮纫为丝，织为幅，名娑罗笼段”；“自银生城、柘南城、寻传、祁鲜以西，蕃蛮种并不养蚕，唯收娑罗树子破其壳，中白如柳絮，组织为方幅，裁之笼头，男女妇女通服之”。②

白氎布：南诏制作的白氎布质量上乘，“吉贝木如低小桑，枝萼类芙蓉，花之心叶皆细茸，絮长半寸许，宛如柳棉，有黑子数十。南人取其茸絮，以铁筋碾去其子，即以手握茸就纺，不烦缉绩。以之为布，最为坚善。……南诏所织尤为精好。白色者，朝霞也；国王服白氎，王妻服朝霞；唐史所谓白氎吉贝，朝霞吉贝是也。”③

毡：“西南蛮地产绵羊，固宜多毡毳。自蛮王而下至小蛮，无一不披毡者，但

①《华阳国志》卷四《南中志·永昌郡》。
②（宋）周去非：《岭外代答》卷六服用门。
③（宋）周去非：《岭外代答》卷六服用门。

蛮王中锦衫披毡，小蛮袒裼披　尔。北毡厚而坚，南毡之长，至三丈余，其阔亦一丈六七尺，摺其阔而夹缝之，犹阔八九尺许。以一长毡带贯其摺处，乃披毡而系带于腰，婆娑然也。昼则披，夜则卧，雨晴寒暑，未始离身。其上有核桃纹，长大而轻者为妙，大理国所产者，佳者缘以皂。”①

2. 金属制品

生金：“麸金出丽水，盛沙淘汰取之。”“生金，出金山及长傍诸山、腾冲北金保山……有得片块，大者重一斤，或至二斤，小者三两五两，价贵于麸金数倍。”②

云南刀：“云南刀，即大理所作，铁青黑沉沉不錔，南人最贵之”；“蛮刀以褐皮为鞘，金银丝饰靶，朱皮为带。今世所谓吹毛透风，乃大理刀之类，盖大理国有丽水，故能制良刀云。”③

甲胄：“大理国之制，前后掩心以大片象皮如龟壳，其披膊以中片皮相次为之，其护项以全片皮捲圈成之，其他则小片如中国之马甲叶。皆坚与铁等而厚几半寸，苟试之以弓矢，将不可彻，铁甲殆不及也。”④

另有青铜制作的佛像、法器等。

3. 珍宝品

玉石、翡翠、琥珀、珊瑚、砗磲、光珠、水晶、琉璃、蚌珠、紫贝、犀角、象牙。

4. 畜产品

马：“吐蕃又请交马于赤岭，互市于甘松岭”；“马，出越赕川东面一带，岗西向，地势渐平，乍起伏如畦畛者，有泉地美草，宜马。初生如羊羔，一年后，纽莎为拢头縻系之。三年内饲以米清粥汁，四五年稍大，六七年房成就。尾高，尤善驰骋，日行数千里。本种多骢，故代称越赕骢，近年以白为良。腾充及申赕亦出马，

①（宋）周去非：《岭外代答》卷六服用门。
②（唐）樊绰：《云南志》卷六物产。
③（宋）周去非：《岭外代答》卷六服用门。
④（宋）周去非：《岭外代答》卷六器用门。

次赕、滇池尤佳，东爨乌蛮中亦有马，比于越赕皆少。一切野放，不置槽枥。唯羊苴咩及大厘、邓川各有槽枥，喂马数百匹。”[1]

羊：“大雪山，在永昌西北……往往有吐蕃至赕贸易，云此山有路，去赞普牙帐不远”；“大羊多从西羌、铁桥接吐蕃界，三千、二千口将来博易。”

此外还有羊毛、皮张。

5. 药材、山货类

麝香：“麝与麞相类，亦无角，牡之下腹，具有一囊，分泌腺质，能放芳香，取制入药，即有名麝香也。滇中真品，称为西香，入药有力，故至今仍珍视之。”[2]麝香是西藏向外输出的最知名的产品，不仅质量上乘，且产量高，闻名遐迩，深受喜爱。

此外还有虫草、贝母、黄连、牛黄、熊胆、鹿茸、虎骨、香菌、茯苓、藏红花、黄蜡、生漆等。

6. 香料

沉香、蓬莱香、鹧鸪斑香、橄榄香、　香、钦香、龙涎。

7. 生活用品

纸张、陶器、铜器皿、木碗、铁三角、铁制农具、工具。

四、茶马古道上的文化

茶马古道贯穿的横断山区域，其因自然形成的生态格局，孕育了各民族及其文化，而茶马古道的网状贯通，使得这种种文化相互渗透、相互影响、相互交融，形成“你中有我，我中有你”的文化格局。

云南迪庆藏族自治州的奔子栏是茶马古道由滇西北入藏和进入四川藏区的咽喉之地，因地处金沙江西岸的沙坝而得名。“奔子栏”藏语的意思就是美丽的沙坝。

①（唐）樊绰：《云南志》卷七物产。
②《新纂云南通志》五八。

这里是马帮驻足停靠的大码头，从这里往西北行进即进入西藏，逆江北上即是四川的德荣、巴塘；沿江而下可到维西、大理；往东南行则是香格里拉、丽江。历史上的奔子栏以出最能干的“马脚子”（赶马人）而闻名于茶马古道，每个家庭的男人都有赶马帮走西藏的经历。而且当地藏民善于制作藏式木碗、糌粑盒等，远近闻名。由于历史上南来北往的商客云集，使得奔子栏成为多种民族文化交汇地。尽管该镇全为藏族，全都信仰藏传佛教，但由于地处河谷，多为农耕，其建筑为平顶碉楼式，近似四川巴塘的藏式住房。其语言接近西藏与中甸之间的语言。奔子栏妇女的服饰更体现出多民族文化融合的特点——普米族式的大包头、蒙古式的夹袄、彝族式的百褶裙，与其他藏区的服饰大异其趣又独具特色。奔子栏虽是藏族聚居的村落，但并不像其他藏族地区一样盛行过藏历年，而是隆重地欢度农历的春节，这一节庆活动热闹非凡，其中包含了多民族的文化习俗——年三十合家团聚，喜过年关，初一访亲拜年，给压岁钱，初二到喇嘛寺拜佛，初三、初四上坟祭祖（奔子栏藏族的丧葬习俗除天葬、水葬外，还兴土葬，只是葬式与汉族不同，棺材为正方形，人死后使其保持屈身状，正好能放入方形棺内，呈婴儿在子宫中状，然后入土），初五初六朝拜山神（庆山神、敬山神，与神同乐的活动将春节气氛推向高潮）。奔子栏的春节将汉族、藏族、纳西族等民族文化中的佛教、东巴教、自然崇拜、祖先崇拜以及许多民间信仰都融合在一起。

历史上藏族与纳西族之间的交往非常频繁，茶马古道进一步促成两个民族之间深度的交往和融合。例如云南迪庆藏族自治州小中甸吉孜宗村、西藏芒康县的盐井纳西族民族乡以及四川德荣的白松乡，他们都是历史上从滇西迁到藏区的纳西族移民，为当地藏民带去农耕文化，同时也入乡随俗，与当地藏族共同生产生活，相互之间形成了水乳交融、血肉相连的文化交流与融合。他们仍保留了纳西族的文化特征，如部分语言词汇和祭天仪式等，而在日常生活，如饮食起居、服饰，甚至婚丧嫁娶等方面则与藏族没有太大区别，成为融合在藏区的纳西族。在吉孜宗村，现在村民都自称是藏族，都信仰藏传佛教，每个年初和年末都要去喇嘛寺朝拜喇嘛。富有的家庭家中设有专门的经堂，其中建有佛龛，供奉菩萨。他们的服饰、饮食、房屋建筑乃至婚俗都与藏区无异。奇特的是，年轻人都讲藏语，老年人依然讲纳西话。数十年前这里还有纳西族的东巴。村里还实行跟藏族天葬、水葬不同的土葬。更为重要的是他们依旧保留有一年一度的祭天仪式。祭天仪式长期以来被认为是纳西族区别于周边邻近民族的主要特征。吉孜宗村的祭天场在村外的空地上，是一个用石头堆垛圈成的圆形场地。场地入口处建有一座小屋作供奉用，场内的正北方是祭台，用以栽神树、安神石，放置供品。每年腊月二十八至正月初八，他们都在这里祭天。先是由青壮年男子到山上砍下一棵柏树、两棵栗树插在祭坛中央，还要杀两头猪献祭，一头叫天猪，也叫大猪；一头叫地猪，也叫小猪。全村男性都要在祭天场中跪拜。由于没有东巴，整个祭天仪式由村中长者用纳西话念诵东巴经主持。有时，他们也从中甸三坝纳西东巴教圣地请来东巴主持。祭祀的整个过程不准讲藏语，也不允许妇女进入。

西藏昌都地区的芒康自古就是西藏的东南大门，也是茶马古道入藏的第一站。芒康县盐井纳西族乡，历史上是吐蕃通往南诏的要道，也是滇茶入藏的必经之地。盐井的盐田现在是茶马古道上唯一保留有人工原始晒盐风貌的地方。盐井也是西藏迄今唯一有天主教教堂和信徒的村落。纳西族的东巴教、藏族的藏传佛教以及19世纪传入的天主教和谐地共存在这个横断山峡谷深处的古镇里。盐业是当地主要的经济来源，井口和盐田全分布在境内的澜沧江两岸，居住在这里的纳西族，大多是明代随着丽江木氏土司远征康巴藏区时留居当地的土兵后裔。如今，盐井的纳西族男女都穿藏装，但耳环缀饰仍保留着纳西族的传统样式，平时都讲藏语，老人还能讲纳西话。下盐井村还保留着祭天仪式以及祭祀纳西族全民信仰的“三朵”神。家庭内部成员，既有信仰天主教的，又有信仰藏传佛教的，他们相互尊重、互不干涉。这里天主教过圣诞节时，教堂会邀请云南德钦茨中教堂的教友和当地藏传佛教刚达寺的寺主和僧人以及村里信佛的群众前来聚会。教民在教堂里做完弥撒之后，所有的教民和被邀请者一起载歌载舞，跳起当地的弦子舞，通宵达旦。而盐井的藏传佛教刚达寺在每年的“跳神节”上，也会邀请神父及其教民去观赏寺庙僧人的“跳神舞”。盐井成为纳西族、藏族以及其他民族和睦相处，东巴教、藏传佛教和天主教和平共存，多元文化汇聚之地。

滇藏川大三角横断山脉区域，其北部、西北部连接着广袤的喜马拉雅和青藏高原；东部、东北部紧靠着辽阔的中华内地，南部、西南部则毗邻着南亚、东南亚诸国，正好处于佛教文化圈内，因而这一地区形成以佛教文化为主体的宗教文化，再加上丰富的民族民间信仰，和伊斯兰教、天主教、基督教等外来宗教的进入，使得这一地区的宗教文化异彩纷呈。茶马古道联系的不仅仅是汉藏之间的经济交往，更成为两地宗教传播的重要途径。茶马古道是观察佛教传播与多元宗教融和并存的最佳窗口，不同信仰的民族交互共生，同一民族同一村落中不同的宗教也能和平相处，体现了茶马古道上宗教文化的多元性与融合性。

从保留下来的佛教造型艺术可以看出茶马古道的交通对滇藏川三角地带宗教文化的巨大影响。如著名的剑川石宝山石窟明王堂，是佛教密宗造像保存较完整且最精好者。明王堂雕有一佛二菩萨，八大明王及北方多闻天王和南方广目天王像，全长 11 米，高 3 米，是整个石窟中最大的一窟。正中央雕有如来佛、阿难、迦叶分伺左右，三头六臂的八大明王各持法器，呈忿怒状，分列于两边。密宗在中原，自唐代以后日趋衰落。云南自南诏后期一直到大理国，密宗一直极为兴盛。石宝山八大明王，因其精湛的雕凿工艺及保存完整的密宗重要本尊造像，都堪称独一无二。石宝山石窟堪称古代佛教造像的艺术瑰宝，从中可以窥见藏传佛教造像风格的影响，又明显带有自身特点。

丽江历史上是藏传佛教南传的重地，宁玛派、萨迦派、噶玛噶举派和格鲁派都先后在纳西族地区传播。特别是从清代康熙至道光年间的 180 年里，丽江境内各地先后建立起有一定宗教势力和经济实力的藏传佛教噶举派十三大寺，而丽江北部与四川交界的宁蒗县则成为格鲁派重地。丽江五大寺——福国寺、文峰寺、指云寺、普济寺、玉峰寺，皆属藏传佛教寺院，其建筑兼容汉、纳西、白等民族风格，其中保留下来的壁画，更多有藏画的风格。如福国寺护法堂所绘诸护法，内容与画风都与藏区喇嘛寺一样。大宝积宫西壁绘有宁玛派祖师及“大宝法王”、“四宝法王”等，南壁绘“孔雀明王大佛母”、“南无五色毫米圣母”等，都各有藏文题名。这反映出纳西族与藏族两个民族之间长期以来的友好往来和相互影响，创造出珍贵的历史文化遗产。另外，纳西族普遍信奉的东巴教，与藏传佛教和苯教也有很深的渊源关系。

茶马古道也是一条朝圣之路。转山是藏民独特的朝圣方式。位于云南西北端滇藏边界上的梅里雪山，其主峰卡瓦格博海拔6740米，为云南第一高峰，它具有多种文化背景，而且有着不同时代的传承积淀，成为三江并流区域藏族共同崇拜的神山。每年秋冬之际，都有大批来自四川、西藏乃至青海、甘肃的信众前来朝圣。羊年转山的人数远远多于平常年份，而且所来地区的信众也广远得多，崎岖蜿蜒的山道上善男信女络绎不绝。藏传佛教信众相信，在羊年转卡瓦格博一圈，转经的功德就会大增。卡瓦格博神山的范围，东西两方即以澜沧江、怒江河谷为边缘，南起德钦县云岭乡，北至德钦县佛山乡，形成大致的圆圈，将以卡瓦格博为首的太子十三峰包容在内，这一圆圈即为外转经线路的必经之地。行政上包括了西藏自治区察隅县的察瓦弄乡，左贡县扎玉区的一些行政村和云南德钦县云岭乡的大部，佛山乡的溜筒江、鲁瓦两个行政村的一部分以及德钦县城升平镇的一部分。西藏方向来的朝圣者，穿过邦达草原后，在草原南端穿过第一道神门折嘎山，到了左贡县城附近过第二道神门卓然山，再沿茶马古道旧路过扎玉，再到党玛乡外10公里处穿过第三道神门多拉山到碧土，然后进入卡瓦格博的外转经路途。这条转经路线与茶马古道路线基本重合在一起。

时至今日，云南境内的佛教仍旧保存了汉传佛教、藏传佛教、南传上座部并存的格局。不同教派各有信众的区域，藏传佛教主要集中在滇西北，丽江、中甸、德钦等地；南传上座部信仰主要在滇西南的西双版纳、思茅、德宏、临沧；其他区域则主要是汉传佛教。有趣的是，位于大理州宾川县的鸡足山正好处在三种佛教教派的交汇点和止点上。历史上，南传上座部佛教、藏传佛教和汉传佛教都在鸡足山上有所体现。直到今天，鸡足山仍是汉传佛教、藏传佛教、南传上座部信徒共同信仰的佛教名山。茶马古道正是藏民鸡足山朝圣的主要道路。

鸡足山，藏名“仁俄霞岗”，是鸡年藏族朝圣必到之地。每逢鸡年，是灵山最热闹的时光。藏民认为，在一个人的一生中，只要朝拜鸡足山三次，临终时灵魂就会回归佛国乐土；如果在华首门叩拜一百零八次，就可以投生为人 7 次。原鸡足山石钟寺内塑有一尊巨大的泥塑睡佛，是藏族朝山必到之地。睡佛着黄底起花袍服，头戴珠冠，黑红脸膛，嘴唇微张，浓眉微陷，带有典型的西藏高原特色。传说这位睡佛从西藏跋山涉水来到鸡足山遥礼初祖，礼叩华首门后返回石钟寺，本想在殿后屋檐下休息片刻继续赶路。然而，他却从此睡去。后人按照他入定时的姿态，塑成睡佛。过去，来朝山的藏民敬香后，要在这里为睡佛演奏家乡的音乐，跳起家乡的舞蹈；回家时，还要从睡佛身下取一点泥土带回去，供在佛堂驱魔辟邪，并作药引子用。临终时，还可以用此煨水洒在身上，以便能尽快往生佛国。今天，石钟寺的睡佛已不复存在。但是来朝山的藏民通常夜宿石钟寺旁的香会街，夜晚他们依旧会在香会街的草坪上载歌载舞。在鸡足山山间道旁，经常可见藏族同胞悬挂的经幡和他们堆放的玛尼堆。在金顶后山，藏族同胞修筑有一座藏式白塔，朝山的藏民来此煨桑、绕塔、念经。

在茶马古道，沿途还有一些规模不大的关帝庙，它们是随着进驻西藏的清朝军队和经商的晋陕商人、四川商人在藏区修建起来的，它们的遗迹遍及昌都、拉萨、山南、那曲、日喀则等地。大约从清代始，关帝从战神演变为财神，走茶马古道的商人也将关帝作为保护神和财神来供奉。清代丽江商人曾在拉萨八朗学（今吉日巷一带）建有云南会馆，藏族人称之为“云南拉康”，会馆里塑有关帝和“三朵”神像。每年农历八月，在拉萨的纳西人都会在会馆里祭祀三朵神。

茶马古道上的宗教交流是双向的，有由西向东传播的，也有由东向西传的，多元宗教就在这一条路上交织融合在一起。茶马古道所经地域的宗教文化，可以说是世界宗教文化的一片神奇而罕见的天地，其五彩纷呈、其复杂特殊，均与茶马古道相关。由于特定的地域环境、历史沿革，更由于众多民族生存于斯，于是造就了茶马古道沿线宗教文化的多元性、民族性、地方性、扩散性和融合性的特点，佛教、道教、伊斯兰教、基督教、天主教及儒家思想等汇集在一起。世世代代生息于此的 20 多个民族，更是各取所信，又各自保留了本民族传统文化中的原始宗教和民间信仰，加上各地各民族之间密切的往来，茶马古道的宗教文化就如万花筒一般缤纷杂呈，气象万千。综观茶马古道所拥有的漫长而旺盛的生命力，以及它对沟通滇、藏、川宗教文化的历史意义和重大影响，我们不能不看到这条绵亘散布在横断山脉和喜马拉雅山脉崇山深谷间的茶马古道，对形成这一地域的宗教文化特点所具有的巨大而深远的作用。

茶马古道一线相连的区域，之所以具有多元文化交汇融合的特征，其中一个重要原因在于茶马古道依托马帮、背夫和牦牛驼队这一独特的运输方式。流动的马帮无疑是最容易进行文化交流的载体，他们落脚于客栈、锅庄甚至村寨房东家这样的民间深处，具有极强的传播和渗透力，就像一股股涌动的血脉，源源不断地将新鲜的文化氧气输送到西南边疆的末梢细胞，使之具有生机和活力，他们就像活性很强的黏合剂，将各民族及其文化有机地结合起来。就像费孝通先生所说，中华民族多元一体格局的“主流是由许许多多分散孤立存在的民族单位，经过接触、混杂、联结和融合，同时也有分裂和消亡，形成一个你来我去、我来你去、我中有你、你中有我，而又各具个性的多元统一体”①。

五、结语：茶马古道与中华民族多元一体格局的形成

不同时期茶叶与不同物品的交换关系清晰地构筑出理解中国及世界历史的一条路径。唐宋以来中原汉人与北方游牧民族之间的茶马二元对立 / 互补的结构关系，在进入到明代中叶之后，随着茶叶走向世界并迅速成为风靡欧洲的饮品，其重要性逐渐被中国的茶叶与海洋帝国的白银构成的交换关系所取代。中国进入到与欧洲中心的“世界体系”的交往时代。随着这一交换关系的破裂，茶与鸦片之间的对峙就出现了，战争随之而来。从这个意义上说，1840 年的鸦片战争正是茶叶、白银和鸦片之间结构关系变动所引发的。

1888 年英国入侵西藏。英国此时已经在印度开辟了大规模的茶园种植茶叶，企图用茶叶来分化西藏。之前英国人希望通过贩卖西藏的羊毛、牛毛和输入英国的布

① 费孝通：《中华民族的多元一体格局》。

料来获取高额利润。但随着认识的深入，英国人意识到中国之所以能安定西藏，茶与丝是两种主要的工具。[①]如果印度茶叶能够占领西藏市场，那么英国就能够进一步控制西藏。为了达到“以茶治藏”的目的，英国将茶叶种植推进到大吉岭。修建了从印度平原直抵大吉岭的喜马拉雅铁路，大吉岭成为了印茶最大的生产基地。光绪十九年（1893 年），随着英帝国主义对西藏侵略的加剧和《中英会议藏印条约》的签订，英国获得在亚东开埠通商，自由出入西藏哲孟雄（即今天的锡金）边界、免税贸易和治外法权等政治经济特权。英印茶叶开始源源不断地倾销西藏。印度茶叶凭借工业化机器生产加工的技术规模优势，以极近的运程（从康定到拉萨行程有 85 个马站，而从印度噶伦堡到拉萨却只需要 18 个马站）、极低的价格在西藏销售，严重冲击着边茶市场。这些印度茶叶甚至通过西藏销售到四川的康定和云南的丽江、中甸一带。

但由于长期饮用边茶，藏民并不能接受印度茶叶的口感，亦非常反感英属印度生产的茶叶强行入藏倾销。印茶在藏地长期滞销，迟迟扩大不了市场，英人为了推销印茶多次派人到雅安等地调查川茶，以便焙制合乎藏人口味的茶叶。英人贝尔身历藏区目睹藏民拒食印茶的情况。他写道：“凡有藏人踪迹者，无不嗜茶。即在大吉岭山下之西藏居民，亦不顾大吉岭所产极名贵之本地茶，偏喜历尽艰辛山路而运入之中国茶，中国茶较贵，而人民又贫，但仍视为不可缺。”[②]西藏地方政府面临印茶销藏带来的政治经济危机，竭力主张禁止印茶入藏。十三世达赖喇嘛曾号召僧俗民众抵制印度茶叶。清朝四川总督刘秉璋更是主张“力禁印茶行藏，免贻后患无穷”。清政府奉命与英国谈判《藏印通商章程》的张荫棠从川藏茶利、汉藏经济、政府收税以及茶农茶商利益考虑，亦力主反对英国在西藏侵销印茶，保护川茶销藏。其后，先后担任过川滇边务大臣、驻藏大臣兼川滇边务大臣和四川总督的赵尔丰，主张抵制印茶入藏，振兴四川茶业，力挽川茶利权。以川茶种子输入藏地，教民自

① 佘素：《清季英国侵略西藏史》，22 页，北京，世界知识出版社，1959。
② 季锦贵：《西康边茶之研究》，载《西康经济季刊》第十四、十五期合刊。

种。严禁假茶，提高雅州茶叶的声誉。宣统二年（1910年）官督商办的“奏办边茶股份有限公司”在雅安成立，公司在打箭炉、理塘、巴塘、昌都、界姑五处设立售茶分号。随着清王朝的覆灭，赵尔丰抵制印茶的诸举搁浅。

进入民国时期，政局动荡、战事频繁，边茶的生产深受影响，大量茶号破产倒闭，边茶产量不断下滑。但“千余年来，汉藏间之贸易，即以边茶为正宗（其他各货，仅属附带），我以茶叶济彼，彼则以其特产售我，两区间政治经济关系之连接，民族感情之融洽，莫不以此为纽带”[①]的汉藏关系借茶而依存融洽的历史格局并没有发生改变。新中国成立后，随着康藏公路通车，内地茶业可以大量快速运抵西藏，改变了以前由于路途遥远，藏民边茶难求的局面。为了从根本上解决藏民生活中的吃茶问题，人民政府除了在四川等省产茶区生产数量更多、质量更好、价格更低的茶叶以供给藏区需要之外，还积极改进生产技术，提供独立试验从事茶叶生产和种植，大大促进川康藏族地区藏民生活的改善。占据西藏茶叶市场近半个世纪的印茶，随着中印自卫反击战、中印贸易的停止而最终退出了西藏历史舞台。

布罗代尔曾指出：“茶在中国与葡萄在地中海沿岸起的作用相同，凝聚着高度发达的文明。”[②]

茶马古道正是这样一条融合之道。茶在汉藏等不同“民族单位”之间流动，对于凝聚中华民族起着重要作用。各民族在长期的迁徙、流动和物品交流的过程中，各种文化和信仰也相互碰撞、融合、互补，形成“你中有我，我中有你”的格局。沿途的一个个村落，有的是单一民族居住，有的是多个民族共居、多种信仰并存，相邻的村子可能是同一民族，也可能是不同的民族，但人们彼此尊重各自的信仰文化，相互通婚，相互学习和借鉴对方的衣食住行习俗。一个民族可以说多种邻族的语言，甚至在一个民族的服饰里都混合着多个民族服饰的要素，一种宗教里包含了多民族宗教因素。小到一个家庭内部，可以有来自多个民族的家庭成员，多种信仰

① 孙子和：《雅州边茶与西藏》，41页，台北，台湾蒙藏委员会发行。

②〔英〕费尔南·布罗代尔著，顾良、施康强译：《15至18世纪的物质文明、经济和资本主义》第一卷，298页，北京，三联书店，1992。

并存。

这条东西横跨数千里，穿越青藏高原和横断山区域众多不同民族、不同语言和不同文化的茶马古道，犹如一条彩带将各民族有机地串连起来，使他们既保持自己的特点，又彼此沟通和联系并协同发展。所以，茶马古道既是民族多元文化荟萃的走廊，又是各种民族文化进行交流、互动并各自保留其固有特点的一个极具魅力的地区。

中国是一个多民族国家。中国的历史很大程度上就是多民族逐渐聚合在一起的历史。茶马古道所见证的正是汉、藏乃至西南各民族是如何逐渐聚合的历史过程。藏族是一个在中国历史舞台上发挥过重要作用的民族，藏族之所以成为中国多民族大家庭中的一员，虽然由多种原因所促成，但可以肯定，这条连接汉、藏之间的茶马古道在其中发挥了非常重要的作用。汉、藏之间在经济上的互补性和相互依存，是使其共同成为今天中华民族大家庭成员的一个重要原因。所以，茶马古道的意义显然并不仅止于历史上的茶、马交换，事实上它既是历史上汉、藏两大文明发生交流融合的一个重要渠道，也是促成汉、藏两个民族进行沟通联系并在情感、心理上彼此亲近和靠拢的主要纽带。恰如藏族英雄史诗《格萨尔》中所言 :“汉地的货物运到博（藏区），是我们这里不产这些东西吗？不是的，不过是要藏汉两地人民的心连在一起罢了。”这是藏族民众对茶马古道和茶马贸易之本质的最透彻、最直白的理解。无论从历史与现实看，茶马古道都是汉、藏民族关系和民族团结的象征与纽带。

妈妈给的石头
——“藏彝走廊”器物文化研究报告①

罗杨 *

一、引言

在很远古的时候，什么都没有，东方的大地全是白的，叫“白地”。白色的大地上有一片白色的海。大鸟“pebuerkua”（“拍布尔垮”）飞来。“pebuerkua”（“拍布尔垮”）是大鸟的尔苏语名称。尔苏话“pe”意指禽类。“bu”意指鹿一样的兽类。“er”指石头，也有白和“生肖”的意思。“kua”有大和脚的意思。“pebuerkua”（“拍布尔垮”）大意可指其腿爪是石头的大鸟，或可指石头生的大鸟，或者就是石头大鸟。

“pebuerkua”（“拍布尔垮”）这只大鸟在东方白色的大地和海洋上空，围绕着白色大地和海洋飞翔。一日飞三转，三日飞九转，飞了九天九夜。在大鸟绕圈环飞的日程中，白色大地的白海当中生出白石，或许是可以称之为山的白石。这白石从海

* 罗杨：中国华侨华人历史研究所副研究员。

① 本文是中国民族博物馆委托科研项目“‘藏彝走廊’器物文化研究”成果。2009年，应北京大学社会学系王铭铭教授之邀，四川省民族研究所李星星教授在北京大学、中央民族大学先后作了两场有关藏彝走廊的讲座，讲座内容以《妈妈给的石头：对于“藏彝走廊”小族群“什巴一觉”崇拜的观察与思考》为题发表于《中国人类学评论》第10辑，在征求李星星老师意见后，本文标题借用了他的这一题目。

里生出，一天一天地生长，一天比一天长得更高大。

后来，大鸟就停息到高大的白石（山）顶上，开始学习生殖繁衍。白石因此而受孕怀上了崽崽。“沙巴经”曰“石怀崽九月生”。白石怀孕九个月生出了一双“黑头猴子”。“创世天神”看见“黑头猴子”诞生了，高兴万分，就变成了大山，然后升空而去。“天神”走了以后，山和石头就变成了“jo”（觉）。“觉”即成为世间无处不有、无处不在的神灵，存在于风云雷雨间，存在于土壤植物间，存在于流水湖海间。总之，没有“觉”的地方是不存在的。

现在摆的（放在屋里代表“觉”的石头）都是一个象征物。为什么用一个石头呢？因为“觉”的样子一般人做不出来。她很神圣，本身是白海里面洁净的白石变化而成的，所以就用一个石头来表示。“觉”已经不是一般的石头了。“觉”已经成了母亲，或者说既是母又是父，父母都是她。她成为了一种神。她在进行教导，教导世间所有的事物。人类、动物、植物等等的一切生长规则，都由“觉”来教导。

“黑头猴子”出世以后都是长生不死的，也就是说尔苏人原先都是长生不死的。“觉”认为这样不行，于是作出规定，不要长生不死，要有生有死。“觉”叫人们生育，叫生者要死。但说的这个死不是真正的死，只是离开生者到天上去了，与母亲“觉”在一起。①

上述传说是四川省民族研究所李星星教授在藏彝走廊中的尔苏藏族地区，从出生于甘洛著名尔苏沙巴世家的杨德隆先生那里搜集而来。根据李星星教授的研究，“觉”在尔苏话中的完整汉译名称是“什巴－觉”，“什巴”是被称为“手艺人”的民间巫师，藏彝走廊中很多族群都有沙巴、什别、释比、沙白、舍巴等称谓略有不同但实质相同的民间巫师，他们开路、做道场、算日子等，用羊皮鼓、铃铛等法器，这些族群中每个人的生与死都离不开这些“手艺人”。“什巴－觉”在形式上通常是长锥形或其他形状的石头，尺寸可大可小，石质没有特殊标准，颜色以白色为最佳，

① 此神话出自李星星老师即将出版的新作《归程》。在本文写作过程中，李老师慷慨赠阅其新书书稿，不吝赐教，特此致谢。

其次是青色或青白色。它采自不受人畜污染的洁净之处，采回的石头经过“什巴”即巫师作法后即成为觉。无论是名称还是内涵，什巴－觉都与普通石头不同。

在藏彝走廊中，石头虽然普通，但最为普遍。以石头为代表的文化信仰，在与尔苏藏族相邻共生的其他藏族支系族群乃至整个藏彝走廊区域内的很多族群中都普遍存在。纳木依藏族信仰和敬奉的被赋予特殊意义的石头，被视为最早的创始者、教育者，亦即始祖母“天女”，纳木依自称是“天上的根根”；木涅藏族尊崇与觉相似的石头，代表原生父母；嘉绒藏族普遍崇拜白石，称为“阿妈色朵”，意即金石头妈妈；里汝藏族将“觉”称为“妈妈给的石头”；彝族有谚语“滇海之内，有石是我母”。

普通而普遍的石头是藏彝走廊中最富象征意味的“物”之一。它既具有自然而原始的意味，又充满社会性的内涵。在藏彝走廊的众多族群中，它是自然天地与人类社会、观念世界和生活世界、精神与物质、生与死之间的勾连“物”。在上述神话中，“觉”做出规定，人必须有生有死，死者通过回归天上，跟妈妈“觉”在一起，才能真正实现生命的永恒。石头中包含创生、永恒、至高、至上等力量，也有根、源、祖、母等所指，还有生育、繁衍、延续等内涵。

本文选取从石器时代至今，藏彝走廊中出现的四种具有代表性和普遍性的石制物品：石器时代的石制工具，“西南夷”时代的石棺葬文化，“族群孵化”时期的石碉文化，现在藏彝走廊中依然盛行的石崇拜，这四种石制物品之间互有关联，凝聚在石头中的技艺和观念仿佛赋予它一种“社会生命”，在藏彝走廊中流转和流传。通过石头的这四种不同表征以及由此衍生出的其他文化面貌，以此展现众多民族在藏彝走廊中留下的实物证据，各民族之间交流互动的历史结晶，他们积淀的至今都还起作用的文化遗存，透过它们对“中华民族多元一体格局”以及藏彝走廊中各个族群自身的“多元一体”有更加生动的认识。

二、石器时代的石制工具

“人类使用的各种器具（工具、武器、衣服、器皿等等）都是集体活动的产物。

各种工具通常表明了文明的既定状态，在文明与工具之间、社会本质与工具之间存在非常确定性的关系。”[①]

藏彝走廊中的族群制造和使用的工具，作为纷繁复杂的社会性造物，具有传统的特征，每个族群中的每一代人把制造工具的技艺传给下一代时，是社会传统在发挥作用，这种传统构成了一个链条，前者是后者的示范，正是这样的环环相扣，技艺得以传承和持续，工具在某种程度上成为族群“历史记忆”的物质性表达。它既在时间链条上传承和延续，也在空间范围内借用与传播。“没有什么能够比两个社会间的工具和工艺的差别更能呈现出两个社会间的差别”[②]，但是，技艺虽然属于发明它们的群体，它又最容易被借用和传播，“技艺比其他任何社会现象更易于跨越社会的边界。自从人类最古老的时代以来，从旧石器时代晚期起，工具和流程就一直在流传”[③]。

藏彝走廊中的各族群将其社会生活的内涵凝聚在所制造的各种工具中，它渗透着制造者的集体意识，与更广泛的社会习俗、制度等相联，同时，这些工具的形态、用途、材质等制造技艺，无声地展现着这些族群的生活世界及其与其他族群的历史关联。

藏彝走廊中最古老的工具是石器，可追溯至旧石器时代。走廊中重要的旧石器时代遗址共有五处：汉源富林遗址、汉源狮子山遗址、攀枝花迴龙湾洞穴遗址、甘孜州炉霍县人牙化石和石制品地点、北川县人牙化石地点，这些遗址距今约 1 万至 2 万年。[④] 汉源富林遗址、狮子山遗址以小石器、小石核、小石片为特色，这种小石器传统是华北旧石器文化的典型特征。四川大学的石硕教授认为，这是华北地区的

① 〔法〕马塞尔·莫斯、爱弥尔·涂尔干、亨利·于贝尔原著，纳丹·施朗格编选，蒙养山人译，《论技术、技艺与文明》，33 页，北京，世界图书出版公司，2010。

② 〔法〕马塞尔·莫斯、爱弥尔·涂尔干、亨利·于贝尔原著，纳丹·施朗格编选，蒙养山人译，《论技术、技艺与文明》，53 页，北京，世界图书出版公司，2010。

③ 〔法〕马塞尔·莫斯、爱弥尔·涂尔干、亨利·于贝尔原著，纳丹·施朗格编选，蒙养山人译，《论技术、技艺与文明》，53 页，北京，世界图书出版公司，2010。

④ 石硕：《交融与互动——藏彝走廊的民族、历史与文化》，45 ~ 46 页，成都，四川人民出版社，2014。

原始人群直接向西迁徙，并由甘、青一带南下，将华北的小石器和细石器传统带入到川西高原地区、藏彝走廊地区以及川北一带。攀枝花迴龙湾洞穴遗址可分上、下两个文化层，下层文化层的石制品以细石器为主，也有小石器，同样源自华北小石器、细石器传统，而在上层文化层中除小石器外，同时出现了较大的石器，而大中型石器是长江流域旧石器时代人群的文化特征。甘孜州炉霍县人牙化石是迄今为止在川西高原发现的最靠北的一处有原生地层的旧石器时代人类活动遗迹，也是目前该地区有原生地层的海拔最高的旧石器地点。北川人牙化石的发现说明旧石器时代藏彝走廊的先民已进入走廊的东北边缘。

河南安阳小南海遗址出土的尖状器[①]

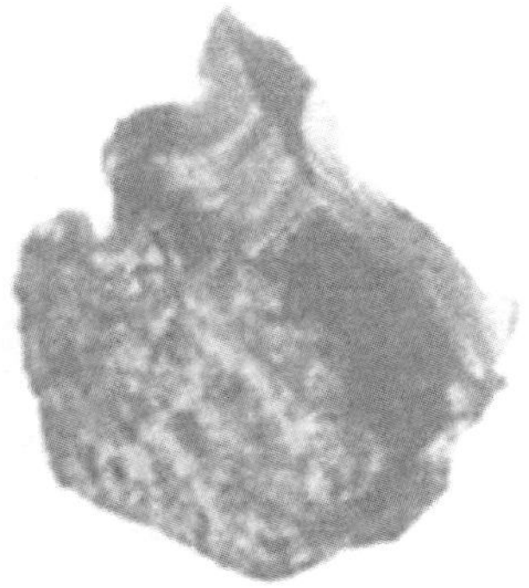

富林文化遗址出土的尖状器[②]

新石器时代，黄河上游甘青地区的人群继续南下进入藏彝走廊，并在走廊北部形成三处大型居住聚落：澜沧江流域的昌都卡若遗址，大渡河上游的丹巴中路乡罕额依遗址，岷江上游的波西遗址、营盘山遗址，距今约 6000 ~ 4000 年之间。[③]石斧、石锛、石刀在这三处遗址中均有发现，甚至传播至走廊南部云南宾川白羊村遗址、元谋大墩子遗址。从器形和制造技艺上看，它们不仅是藏彝走廊新石器时代文

① 安志敏：《河南安阳小南海旧石器时代洞穴堆积的歌掘》，载《考古学报》，1965（1）。
② 张森水：《富林文化》，载《古脊椎动物与古人类》，1977（1）。
③ 石硕：《交融与互动——藏彝走廊的民族、历史与文化》，49 页，成都，四川人民出版社，2014。

化最具特征性的器物之一，也是黄河上游甘青地区新石器文化中的常见器物，同类型的石制工具同样见于甘肃马家窑文化遗址、大地湾遗址，武威齐家文化遗址，青海马厂遗址、朱家寨遗址等。

西藏自治区昌都卡若遗址出土的石斧[1]

汶川博物馆藏新石器时代石斧。罗杨 2014 年 11 月摄。

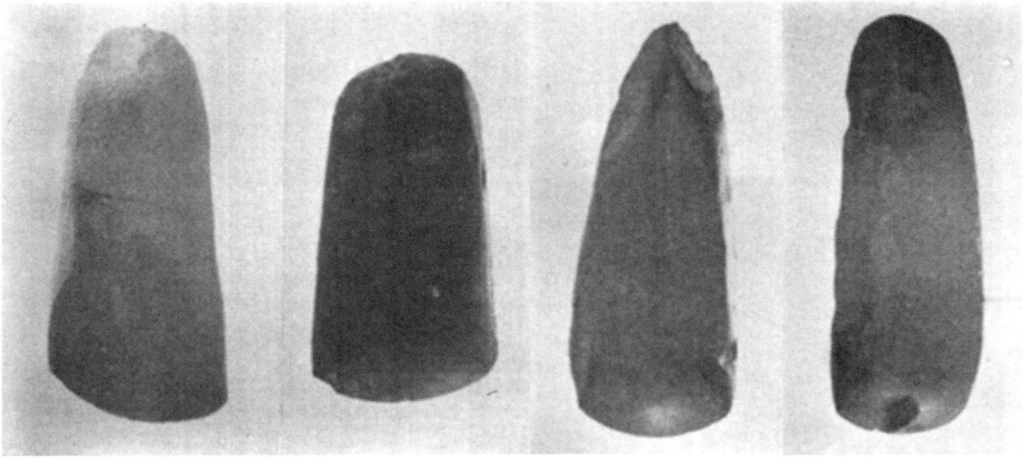

云南大墩子遗址出土的石斧[2]

① 西藏自治区文物管理委员会、四川大学历史系：《昌都卡若》，图版 41，北京，文物出版社，1985。
② 云南省博物馆：《云南宾川白羊村遗址》，载《考古学报》，1981（3），图版十三。

西藏自治区昌都卡若遗址出土的石锛[①]

汶川博物馆藏新石器时代石锛。罗杨 2014 年 11 月摄。

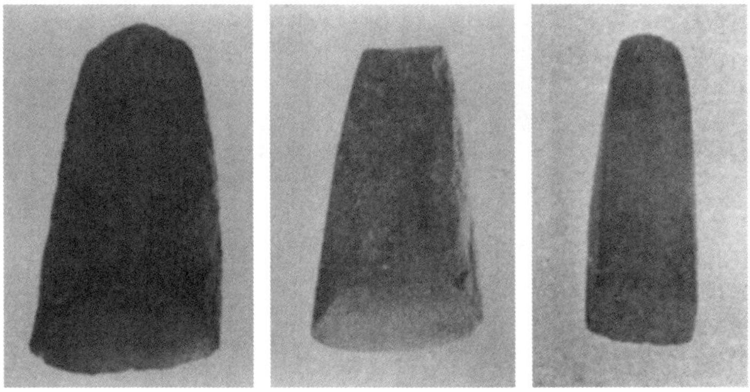

云南大墩子遗址出土的石锛[②]

① 西藏自治区文物管理委员会、四川大学历史系：《昌都卡若》，图版 42，北京，文物出版社，1985。
② 云南省博物馆：《云南宾川白羊村遗址》，载《考古学报》，1981（3），图版十三、十四。

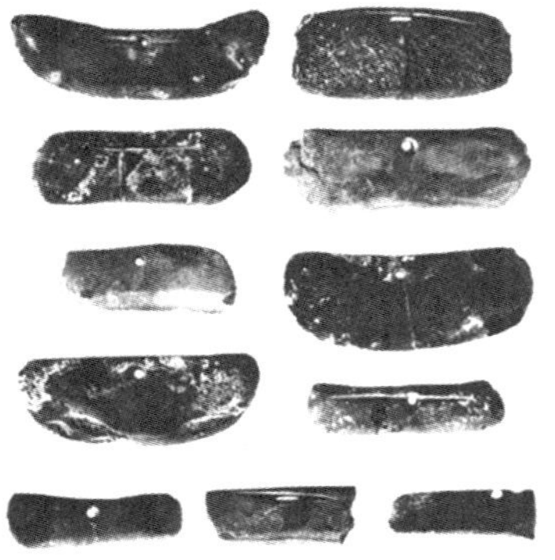

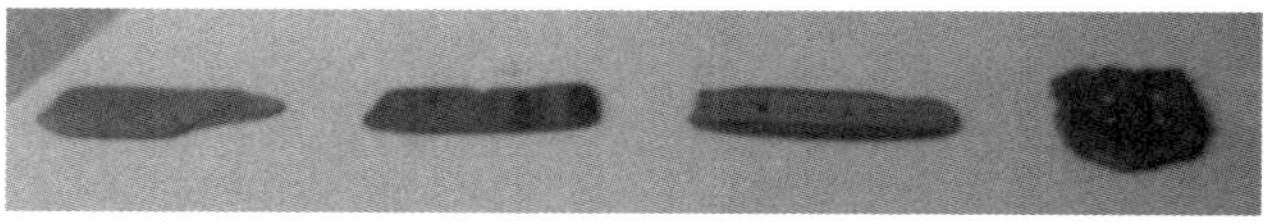

北川羌族博物馆藏新石器时代穿孔石刀。罗杨 2014 年 11 月摄。

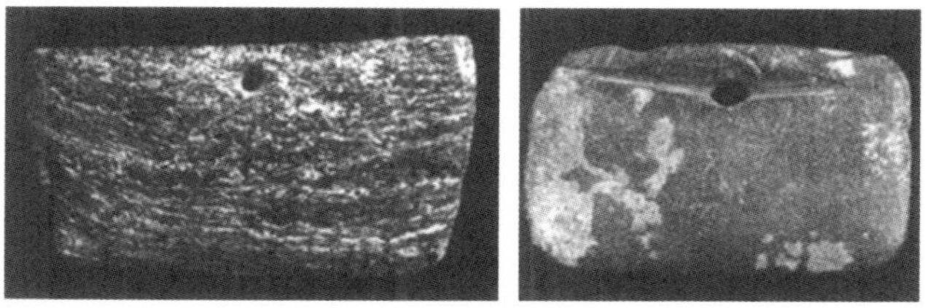

西藏自治区昌都卡若遗址出土的穿孔石刀①

丹巴中路乡罕额依遗址出土的穿孔石刀②

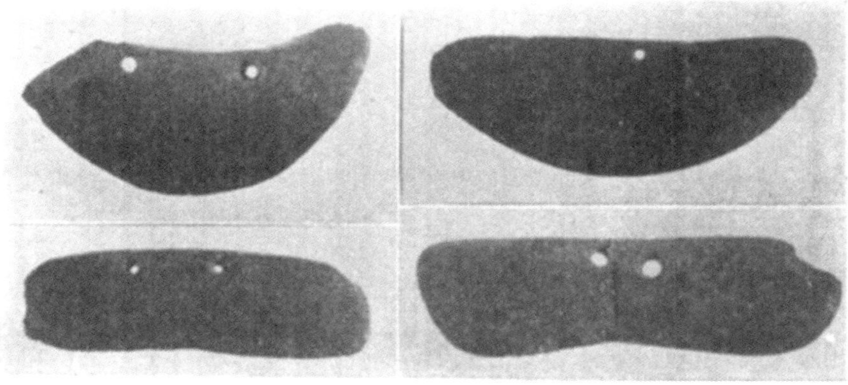

云南宾川白羊村遗址出土的穿孔石刀③

石器时代的石制工具及其制造技艺，虽然有藏彝走廊自身的文化特点，但并非它的独创，而是与中华民族其他起源地的人群交流、迁移、融合的结果。正如石硕教授所言，由北方进入川西高原并顺着川西高原河谷通道南下的黄河流域原始文化，同由华南地区向西扩散的长江流域的原始文化之间，已在藏彝走廊区域发生了某些

① 西藏自治区文物管理委员会、四川大学历史系：《昌都卡若》，图版 43，北京，文物出版社，1985。
② 四川省文物考古研究所：《四川考古报告集》，图版二（5）、三（6），北京，文物出版社，1998。
③ 云南省博物馆：《云南宾川白羊村遗址》，载《考古学报》，1981（3），图版十三。

交汇与联系。这种局面开启了后来漫长历史时期，源自北方的藏缅语族群与源自南方的濮越族群之间的交汇、联系和融合之先河。[①]

三、“西南夷”时代的石棺葬文化

“西南夷君长以什数，夜郎最大；其西靡莫之属以什数，滇最大；自滇以北君长以什数，邛都最大：此皆魋结，耕田，有邑聚。其外西自同师以东，北至楪榆，名为嶲、昆明，皆编发，随畜迁徙，毋常处，毋君长，地方可数千里。自嶲以东北，君长以什数，徙、筰都最大；自筰以东北，君长以什数，冉駹最大。其俗或士箸，或移徙，在蜀之西。自冉以东北，君长以什数，白马最大，皆氐类也。此皆巴蜀西南外蛮夷也。”

——《史记 · 西南夷列传》

司马迁的这段记载是最早见于史籍中的关于藏彝走廊部落及人群的文字记录，它一共提到九个“西南夷”部落，除夜郎和滇外，其余七个部落分布于藏彝走廊之中。王铭铭教授指出，司马迁笔下的西南，既与中原王朝有着密切关系，又长期与帝国内部的其他区域及外部的王权酋邦存在着联动关系，是广阔领域中的一个环节，其存在，在具有“分”的属性之外，具有深刻的“合”或“关联性”的内容。[②]

石棺葬便是这种“合”或“关联性”内容的重要物质载体。“石棺”一词最早见于《史记 · 秦本纪》“是时飞廉为纣石北方，无所报，为坛。霍太山而报，得石棺”[③]。石棺葬是指用石板、石块等石材搭砌而成的箱式葬具，并将死者和随葬品都

① 石硕：《从旧石器晚期的文化遗存看黄河流域人群向川西高原的迁徙》，载《西藏研究》，2004（2）。

② 王铭铭：《跨越边界与范式——〈文化复合性：西南的仪式、人物与交换〉导论》，载《云南民族大学学报（哲学社会科学版）》，2015（1）。

③ 高大伦、宫本一夫主编：《西南地区北方谱系青铜器及石棺葬文化研究》，192 页。这段引文的意思是，飞廉和恶来父子俩都是后来秦国王族的先祖，飞廉是个飞毛腿，行走特别快，恶来异常有力，一人可以抵挡数人的搏击。周武王伐纣时，恶来狂妄不服，周军很快把他杀死。其时飞廉在北方为纣置办石棺，好让纣死后躺在坚固的石棺中。办好差事回来，纣已自杀，飞廉就在霍太山，即今山西霍山上建了一个祭坛，向纣报告办事经过。

放置在这种特殊的葬具内，再埋入地下竖穴土坑中的一种丧葬方式。石棺葬墓地规模大小不一，数十座至数千座不等。童恩正先生认为，中国的石棺葬主要分布在自从东北向西北，再折向西南的半月形地带上，而据考古发现，最早的石棺葬出现在两个地区，一处是东北辽河上游，如红山文化，另一处是西北黄河上游，始见于甘肃马家窑文化。[①] 而在整个藏彝走廊区域，都发现石棺葬遗存。

石棺葬。罗杨 2014 年 11 月摄于汶川博物馆。

遍布整个藏彝走廊区域的石棺葬，其年代和分布与司马迁《史记·西南夷列传》中记载的“西南夷”部落的活动时间及范围相符。石棺葬的年代从新石器时代晚期一直延续到西汉末年，东汉以后衰落。关于石棺葬的族属，童恩正先生认为，它与史籍所载汉代活动于该地区的冉駹、筰都、白狼、槃木、楼薄、唐菆、巂、昆明、摩沙夷等部落人群有关；石硕教授则推断，早在新石期时代后期，黄河上游氐羌系统的民族有一部分向南迁徙，有的在川西北地区与当地原有民族杂居，发展出一种农耕而兼畜牧的文化，在定居农业的过程中，他们与羌族的区别日益显著，从而构成了川西北氐族的先民，在秦汉时代，此种文化的传播已经遍及今阿坝、甘孜、西昌等地，达到最为繁荣的阶段，秦汉以后，川西北的氐族，一部分融合于藏族之中，

① 高大伦、宫本一夫主编：《西南地区北方谱系青铜器及石棺葬文化研究》，120 ~ 121 页。

一部分以嘉良夷、嘉绒族等名称而见于历史，另一部分则可能南下至川黔边境一带，最终与汉、苗诸族同化；[①] 而俞伟超、李绍明先生认为，石棺葬是以羌人为主体的遗存，古代羌人在沿藏彝走廊南迁的过程中，将这种葬式传播到西南。[②]

藏彝走廊的石棺葬主要分布在四个区域[③]：岷江上游地区、青衣江－大渡河流域、金沙江－雅砻江流域、滇西北－丽江区域。在考古学文化的意义上，这四个区域的石棺葬文化类型各有差异，这些差异构成由北往南或由南往北的族群迁徙和文化传播链条上的各个环节，另一方面，这四大区域之间以及它们与更广阔的北方草原文化、南方滇文化、西面的楚文化以及本地的巴、蜀文化之间，通过继承和传播关系具有一定共性。共性的坚守与个性的流变，集中体现石棺葬中的重要随葬品——青铜器和陶器的形制转变之中。

石棺葬中的青铜器随葬品以剑为代表。岷江上游石棺葬中出土的柳形短剑，商末周初发源于宝鸡地区，春秋以后逐渐传入四川境内，后发展成为独具地方风格的“巴蜀式”剑，[④] 而茂县等地的石棺葬中发掘出土的短剑便是这一传播链条上的一环。在金沙江－雅砻江区域，吉里龙墓地出土的铜柄铁剑与岷江上游地区流行的铜柄铁剑相似，反映了其与岷江上游地区的长距离接触，有的出土器物甚至是与其他文化交换或战争的直接产物。在滇西北－丽江区域的石棺葬中也存在大量的铜柄铁剑，在器形上多与岷江上游石棺葬文化的铜柄铁剑近似，但有的时代晚于岷江上游石棺葬文化中的同类器形，而后期本土的滇文化影响因素不断增强。

① 童恩正：《中国西南民族考古论文集》，86页，北京，文物出版社，1990。
② 李绍明：《藏彝走廊民族历史与文化》，53页，北京，民族出版社，2008。
③ 这四大区域的划分综合了童恩正、李绍明、石硕等的相关研究，参见童恩正：《中国西南民族考古论文集》，李绍明：《藏彝走廊民族历史与文化》，石硕：《交融与互动——藏彝走廊的民族、历史与文化》。
④ 李复华、李绍明：《论岷江上游石棺葬文化的分期与族属》，载《四川文物》，1986（2）。

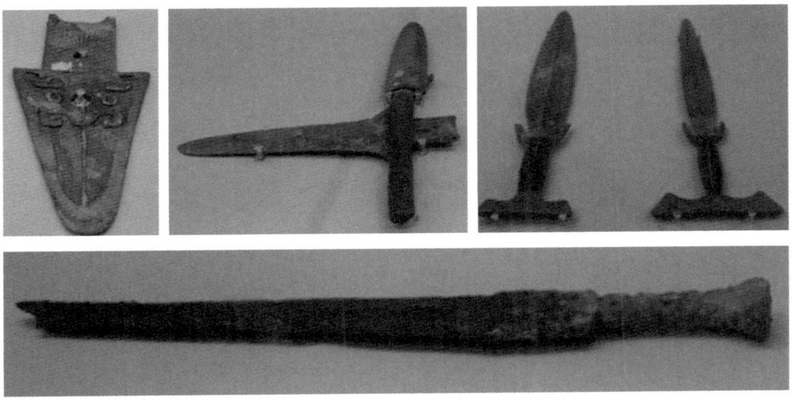

四川茂县羌族博物馆藏牟托出土的青铜戈、戟、剑、铜柄铁剑。罗杨 2014 年 11 月摄。

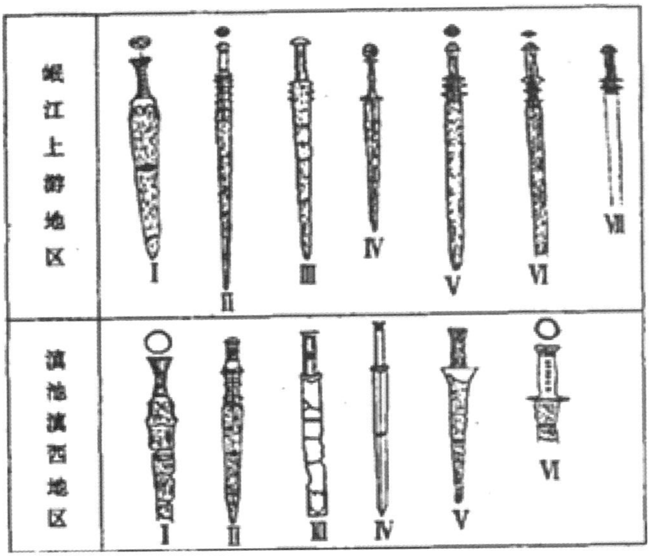

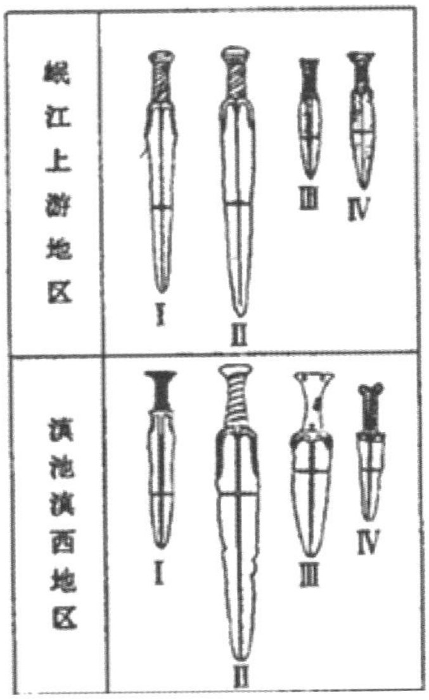

铜柄铁剑对比图青铜短剑对比图①

双耳罐是石棺葬随葬陶器的典型器物。岷江上游石棺葬随葬的双耳罐最初受到青海卡约文化的影响，逐渐结合本区域制陶技术，其演变规律之一是口沿从圆形，

① 徐学书：《岷江上游石棺葬文化与滇文化、滇西青铜文化关系探讨》，载《中华文化论坛》，2001（3）。

变为椭圆形，再变为菱形。雅砻江流域流行过两种不同形制的双耳罐，代表着不同时代和不同文化对雅砻江中上游地区的影响。球形腹罐是雅砻江流域的典型陶器，它对西面的金沙江流域产生过重大影响，如云南德钦纳古墓地汉代的遗存中仅出土这种形制的双耳罐，表明两者之间的联系。而雅砻江东面岷江上游的双耳罐在两汉时期开始向西扩张，在雅砻江流域与当地的石棺葬文化结合，成为一种流行的陪葬器物。滇西北－丽江区域如同一个漏斗的最底部，承接着来自北方草原地带、西北甘青地区、蜀文化的影响，又与南方百越民族和滇文化相互融合。该区域石棺葬中出土的双耳罐，与甘青地区齐家文化、岷江上游所出者相似，而单耳陶罐则与青海卡约文化墓地所出的同类器物近似。

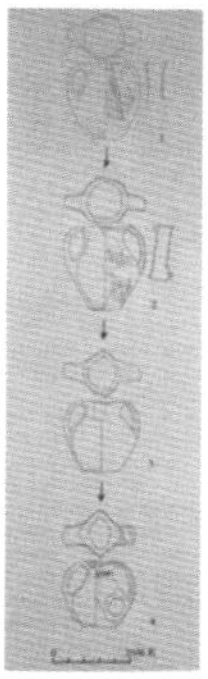

川西高原双耳罐演变图(一)[1]

左为四川省汶川博物馆藏西汉圆形口双耳陶罐，右为四川省茂县羌族博物馆藏牟托出土的战国菱形口双耳陶罐。罗杨 2014 年 11 月摄。

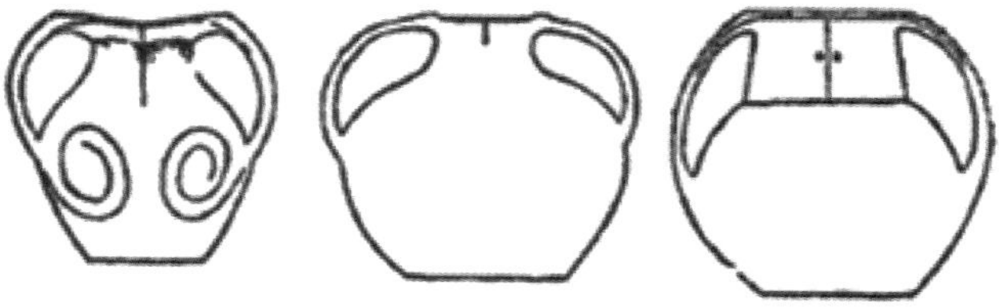

岷江上游、雅砻江流域、金沙江流域出土双耳罐的对比图[2]

① 高大伦、宫本一夫主编：《西南地区北方谱系青铜器及石棺葬文化研究》，113 页。
② 童恩正：《近年来中国西南民族地区战国秦汉时代的考古发现及其研究》，载《考古学报》，1980（4）。

四、“族群孵化”时期的石碉文化

根据史籍记载，汉代，西南诸夷“依山居止，累石为室”；唐代，今嘉绒、摩梭的先民部族“所居者皆重屋”；宋代，茂州、威州（今岷江峡谷一带）“垒石为巢以居，如浮图数重。门内以梯上下。货藏于上，人居其下，畜圈于下”。“累石为室”或“重屋”的建筑样式是藏彝走廊中普遍的居所形式，它的基本结构是底层为畜圈，中层为居室，上层为祭祀场所，即天、人、地（畜）的三重构造模式。纳西族和摩梭人在为死者开路的送魂经中有这样一段话：“上面一幢房子，不是你的房子，那是菩萨坐的；下面一幢房子，很脏，你不能去；中间那幢房子，才是你妈妈、舅舅住的，是他们在的地方。”

在藏彝走廊“重屋”的样式变体中，石碉是独具特色的文化景观。《后汉书·南蛮西南蛮夷列传》是记载石碉的最早文献：“冉駹夷者，武帝所开。元鼎六年，以为汶山郡。……皆依山居止，累石为室，高者至十余丈，为邛笼。”《隋书·附国传》记录了隋时嘉良夷的风土情况：“无城栅，近川谷，傍山险。俗好复仇，故垒石为礰而居，以避其患。其礰高至十余丈，下至五六丈，每级丈余，以木隔之。基方三四步，礰上方二三步，状似浮图。于下级开小门，从内上通，夜必关闭，以防贼盗。”唐人李贤为《后汉书》作注时于“邛笼”下注“按今彼上夷人呼为雕也”，此处的“雕”可能是嘉绒地区普遍作为祖源崇拜符号的大鸟“琼”，而“邛笼”一词也或许与琼鸟相关。[①] 孙宏开先生曾从语言学角度作过考察，证明“邛笼”当指“累石为室”之碉。[②]

虽然藏彝走廊地区现存的绝大多数石碉年代上限为北宋时期，但结合文献和考古材料，学界普遍认为该区域是石碉的发源地，尤其集中于两地，岷江上游地区和大渡河上游地区。这两地古碉文化的渊源关系存在以下三种可能：二者各自为源，在后来的发展过程中互为渗透，相互影响；以岷江上游为源，后传至大渡河上游乃

① 黄晓帆：《四川西部碉楼建筑的初步研究》，北京大学，硕士学位论文，2008，2 页。
② 李星桥：《藏彝走廊地区嘉绒藏寨高碉建筑文化研究》，42 页。

四川省马尔康县松岗直波村八角碉，现为全国重点文物保护单位，右图可见松岗直波碉楼与河对岸的土司官寨碉楼遥遥相对。罗杨2014年11月摄。

四川省茂县黑虎羌寨家碉。罗杨2014年11月摄。

四川省马尔康卓克基土司官寨及其碉楼。罗杨2014年11月摄。

至雅砻江上游；以大渡河上游为源，后向东拓展至岷江上游地区，向西拓展至雅碧江上游，乃至金沙江上游地区。[①] 碉楼的建筑技艺也曾受到汉文明的影响，碉顶木构出跳构件便是这一历史过程的反映，木质构件出跳是汉族建筑长期发展起来的一项技术，从早期的斜撑到后来的斗栱，这种建筑技术约在清前期已经开始对石碉建筑产生影响，最初以短木叠涩出檐代替片石叠涩出檐，后发展为木方出跳，最后则是使用完备的斗栱出跳。[②] 而对于石碉由何人创造，学界主要有羌人说、嘉绒说、藏人说等观点，这些争议恰反映出石碉文化的混杂性，它是藏彝走廊中各族群相互借鉴、彼此交流的物质文化载体。

石棺是藏彝走廊的先民死后的居所，那么，石碉则是其生活的世界。碉有公母之分。石碉上用石头垒砌的突出部分代表男性生殖器，它表明这座石碉修建时是男人当家，这是"公碉"。与"公碉"对应的"母碉"其表现方式则众说纷纭，家由长女当家则所建之碉为"母碉"，或是有的石碉外墙上有横向的一道道平行线，如同女性的百褶裙，这一石碉为"母碉"，也有的认为"母碉"的标记在石碉内，墙筋内藏为公碉、墙筋外露为母碉。石碉也是族群或家庭的"总体呈现"。土司官寨的石碉越高、越大、越精美，表明当地土司的等级越高、势力越强，今丹巴存留有嘉绒藏区唯一的一座十三角碉，当地传说认为，这座古石碉的角是权力的象征，多一个角就代表古石碉的主人在当地高一级权力和地位。在丹巴，历史上有无石碉以及石碉大小是家族根基的体现，没有石碉的人家，儿子甚至娶不到媳妇。今青衣江上游硗碛藏族乡，虽然已基本不见有石碉建筑，但建国前凡本族人生男孩后，均要捏制一黄泥小碉由父母均在世的男孩放于大门上方，意为祖先住的是碉房。[③]

① 杨嘉铭：《丹巴古碉建筑文化综览》，载《中国藏学》，2004（2）。
② 黄晓帆：《四川西部碉楼建筑的初步研究》，96页。
③ 石硕、陈东：《有关青藏高原碉楼的传说与民俗事象》，载《西北民族大学学报（哲学社科版）》，2011（4）。

母碉的层层凹槽如同藏彝走廊中女性的百褶裙[①]

五、石头崇拜

在藏彝走廊中，岷江、大渡河、雅砻江、金沙江流域，羌族、嘉绒、木雅、扎巴、里汝、纳木依、多须、贵琼、尔苏等族群中都有对白石的崇拜，形成一条白石信仰文化带。虽然各个族群赋予白石的象征意义以及对其的崇拜形式多种多样，但它们有内在的共通性。一是与神灵有关的信仰，其中又可分为不同的层次：类似于原始的“万物有灵”观念，弥散在万事万物中的不可见但却能对人类社会施加实在影响的神秘力量，人们相信白石中蕴藏着这种力量；代表自然界的动植物和人类社会中的诸神，如用白石象征树神、土地神、五谷神、六畜神，农业神、建筑神、铁匠神、木匠神等；作为某一位至上神的象征，通常是天神。二是通过神话传说和燧石打火的技艺，将白石崇拜与火相联系，进一步地，与藏彝走廊中内涵十分丰富和重要的火塘、锅庄石、架在火塘上的铁质三脚架等物关联起来，使石头与火的关系构成理解藏彝走廊中各族群共通信仰的一个维度。三是白石代表祖先、代表根，具

① 李欣宇：《四川丹巴碉楼建筑研究》，32 页。

有祖先、根根、族源等象征，饱含着各个族群的历史记忆。

白石，无论是象征“神”的超自然力量，与作为“物”的火的关联，还是代表“人”的祖先化身，都表达出一种“生”的观念。它的功能在于祈求生育，以此达到种群繁育和永久延续的愿望。这种“生”的观念既指神灵等对生命的赐予，又通过“白石生火”具有生殖的含义，指人的生命和社会的生命像火塘、锅庄里的火那样生生不息，而对过去或者说祖先的不断向前回溯，实现了人和族群生命的往后延续。可以说，一块普普通通的石头，包含着藏彝走廊中各个族群对自身生命及其所生活世界的理解。

这一条东起岷江，西至金沙江，北到松潘，南至滇西的白石信仰文化带，反映出藏彝走廊中各个族群之间在思想观念层次上的相互影响和交流。无论这些族群接受了藏传佛教等制度化的宗教，还是依然保留有原始的宗教信仰，或是对于祖先、鬼等更为敬畏，在这些千差万别之中却有对石头的共通理解。可以说，一块普普通通的石头，既是藏彝走廊中各个族群你来我往、彼此借鉴的载体，也是这种交往和借鉴创造的“结晶”。

这套以“觉”，即石头尤其是白石崇拜为核心的文化系统中，有的文化因素是这些族群自身固有的，有的则自传播而来，这种传播，李星星教授等学者认为与苯波传入藏彝走廊有关。本波传入藏彝走廊最早可能是从南北两端开始，由滇西北和川滇藏交界一带进入，以及由甘青川交界一带和川西北进入。本波传入藏彝走廊后，与汉、藏等周边大的文明以及走廊中原始宗教文化遗存等叠加、混合，形成一条独特的多元而又自成一体的历史文化带。① 由于本波文化的渗透和影响，在藏彝走廊的多元民族及其支系中形成一些文化的共性。例如，各民族及其支系的民间宗教职业者种类繁多，有的被称为“居家巫师”或“居家喇嘛”，有的直接称呼为“本波”，有的则与“本波”发音十分相近。又如，这些民间“巫师”的法器多为杵、法棍、羊皮鼓、法螺、法冠、算日子书等，它们在形制上具有共性。而琼鸟、牦牛、神山、

① 关于本波文化带的分析，参见李星星：《李星星论藏彝走廊》，37 ~ 39，130 ~ 144 页。

神石等苯波信仰因素，在这些崇拜“觉”的族群中也有体现，以牦牛和琼鸟为例，它们都与繁育有关，也与神山、神石，甚至石碉密切相关，纳木依藏族有祭祀牦牛的仪式，而且祭祀牦牛必须在石碉跟前，也祭祀“觉”，琼鸟和石碉关系也很密切，碉有“大鹏鸟的窝巢”的意思，现在藏彝走廊中，尤其是大渡河上游苯波流行的地区，即大小金川流域，既是古石碉密集分布的地区，也是传说中大鹏鸟子孙集中分布之地。

四川省石棉县蟹螺藏族巫师萨巴的杵[1]

四川省石棉县蟹螺藏族巫师的木刻棍[2]

① 李星星：《蟹螺藏族图录集》，33 页、172 页、176 页。
② 李星星：《蟹螺藏族图录集》，197、25 页。

算日子书大湾版本[1]

算日子书石棉版本[2]

① 李星星 :《蟹螺藏族图录集》，234 页。
② 李星星 :《蟹螺藏族图录集》，235 页。

四川省石棉县蟹螺藏族乡乔白路堡子汤福琼家所藏算日子书①

六、结语

从石器时代的石制工具，“西南夷”的石棺葬，族群“孵化”的石硐，到现存的白石崇拜，一块石头，串起藏彝走廊几多历史记忆。它是藏彝走廊内外族群分化融合的表征，既是物质遗存，也是精神象征。更有意蕴的是，它似乎形象地展现出这样一幅场景：远古时代，藏彝走廊的先民们阔别西北的“大本营”南下，马蹄南去人北望，斗转星移、沧海桑田，对“母体”的记忆和眷恋是他们在历史长河中一以贯之的文化“母题”，无论制造工具、营造居所、事生事死，这块“石头”一直深植于心，因为它是“妈妈”给的。

藏彝走廊中的众多族群，他们加工石头的技艺以及赋予石头的意义，即处理自身与石头的关系，具有时间维度上的历史感，小至个人大至整个族群，一方面是在接续先辈，另一方面是在延续后代，都是这根历史链条中的一环；它也具有空间维

① 李星星：《蟹螺藏族图录集》，236 ~ 237 页。

度上的交融感，对分散在不同地域的同一族群而言，“觉”是他们建立族群认同的重要标志物，对同一地域的不同族群而言，“觉”是他们确立族际关系的重要中介物。在整个藏彝走廊区域，从新石器时代至今，自南往北，石头与其衍生物以及其中蕴含的观念意义，在具有普遍性的同时又带有各个族群的独特性，形成“多元一体”的文化现象。

藏彝走廊的先民们，从中华民族的发源地——黄河流域和长江流域不断迁徙而来，千百年来，中华民族的各个支系民族在这条走廊中南来北往，分化融合，形成“你中有我，我中有你”的格局。目前藏彝走廊中的各个族群，是构成“中华民族”这个母体的一分子，同时又通过复杂而漫长的族群互动过程，互为“母体”。在这个意义上，“妈妈给的石头”，“妈妈”似乎是对这双重“母体”的历史记忆和深情回溯，同时，又通过“石头”这种物使其久远但却永远脱离不开的情感实现了现实的表征和联结。

异域之眼：明清时期朝鲜使臣的辽宁之旅

温科学 *

我国辽宁与朝鲜以鸭绿江为界，一衣带水，互动交流频繁且悠远。洪武初年，中国与朝鲜建立“宗藩”关系，辽宁遂成为朝鲜使臣陆路朝贺的必经之路。从此，来自异域的使臣，以一种猎奇的心态和探究的眼光，记录下许多有关辽宁的见闻，留下了像《朝天录》[①]（如图 1）和《燕行录》[②]（如图 2）这样用“异域之眼”建构和解构辽宁五百多年陈事过往的文献资料。在下面的研究中，我将由一种在文献中做田野的视角，呈现出一幅朝鲜使臣笔下的辽宁景物。

* 温科学：辽宁省博物馆馆员。

① 《朝天录》主要是记录明时期朝鲜使臣在中国各种见闻的使行作品。

② 《燕行录》主要是记录清时期朝鲜使臣在中国（入燕途中）各种见闻的使行作品。

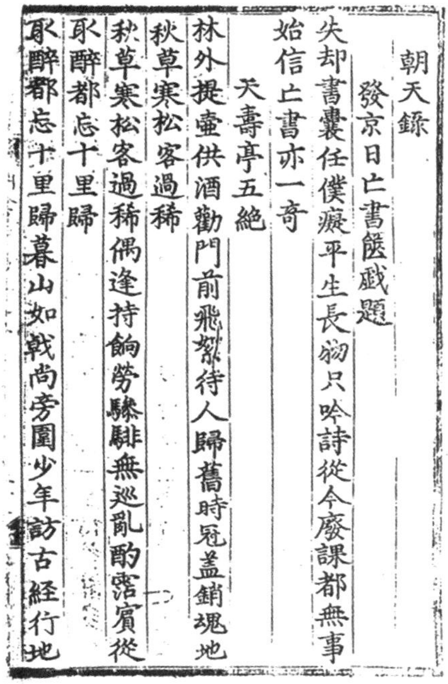

朝天錄

發京日亡書儀戲題

失却書囊任僕癡平生長物只吟詩從今廢課都無事始信亡書亦一奇

天壽亭五絕

林外提壺供酒勸門前飛鷰待人歸舊時冠蓋銷魂地秋草寒松客過稀

秋草寒松客過稀偶逢持餉勞騶騑無巡亂酌留賓從取醉都忘十里歸

取醉都忘十里歸暮山如戟尚旁圍少年訪古經行地

图 1 《朝天录》①

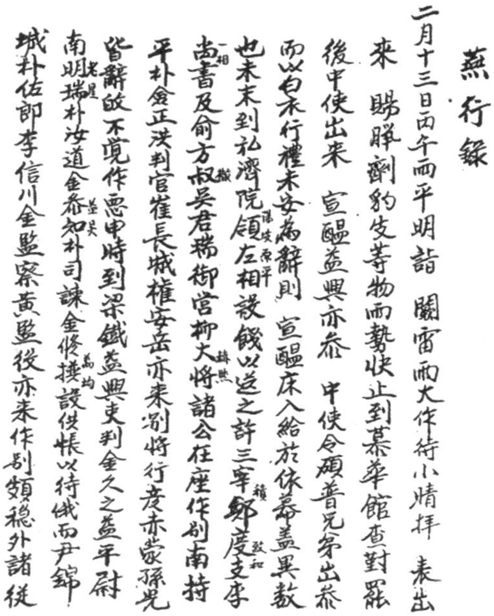

燕行錄

二月十三日丙午雨平明詣 闕雷雨大作待小晴拜 表出

图 2 《燕行录》②

一、出使缘起：中华帝国主导的东北亚秩序

中朝两国是一对有着悠久的特殊关系的国家，这种关系的特殊性在于两国间维系着古代东北亚地区所特有的由中华帝国主导的“朝贡”秩序。不论是以“华夏”自居的明政权，还是以“夷狄”入主的清王朝，都将这种想象的“朝贡”体系看成是怀柔和羁縻朝鲜的重要手段。就朝鲜来说，每年除了差遣冬至使、正朝使、圣节使、岁币使来中国朝贺外，还要派出谢恩、奏请、陈贺、进香、请安等各种明目繁多的使团，使节和随行人员的数量往往因出使的目的不同而呈现出明显的差异。一般，一个正规的赴京使团由正使、副使、书状、通事（翻译）、官兵、医生、画师、

① 郑士龙：《朝天录》，见林基中编：《燕行录全集》，第 3 册，16 页，首尔，东国大学校出版部，2001。
② 洪命夏：《燕行录》，见林基中编：《燕行录全集》，第 20 册，248 页，首尔，东国大学校出版部，2001。

图 3　朝鲜传统服饰[①]

① 葛兆光：《想象异域：读李朝朝鲜汉文燕行文献札记》，图 11，北京，中华书局，2014；济州国立博物馆：《朝鲜名儒崔溥的中国见闻》，91、93 页，首尔，平面网（www.graphicnet.kr）出版部。

马夫、驿卒等构成，少则几人，多则数百人。

整个明代，朝鲜使臣出使中国的次数非常频繁，有时，一个使团还未离开，另一个使团已经抵达，常有几个使团在北京玉河馆相遇的情况发生。据《明实录》、《李朝实录》和《高丽史》等文献统计，在明朝277年里，朝鲜总共派出使团1252次，平均每年出使4.6次。① 虽然明朝朝鲜出使频繁，但是，使团的规模并不是很大。明宪宗成化元年（1465年）八月，朝鲜中枢院副使李边在上书世祖时，提及了朝鲜使团的规模："在前自洪武至永乐年间，赴明使臣大小人数八九。逮洪熙、宣德年间，其数多不过十五人。今通事、押马、押物、打角皆加定讲肄汉学官等，虽职微者各率自己奴子。且方物虽少，其押物或多至十人，其人数视古倍多。"② 按照李边的说法，洪武至永乐年间使团规模只有八、九人；洪熙、宣德年间使团人数达到十五人，较洪武至永乐年间增长了近一倍；到宪宗时期，使团的规模已经超过了三十人。大量的中国史料显示，最迟从宣德年间开始，朝鲜使团的规模就基本保持在三十人左右。③ 然而，我们从朝鲜使臣李弘胄（1562—1638年）的《梨川相公使行日记》中，看到了这样一份使团规模的详单：

副使金寿贤，书状官金起宗。此外，使节团堂上译官一人，折卫将军两人，堂上写字官一人，质问医官一人，正使子弟军官司果一人，军官前万户一人，司果一人，兼司仆一人，打角保人一人，副使子弟军官一人，军官前监察一人，前主簿一人，行司果一人，内禁卫一人，羽林卫一人，书状军官一人，上通事行训导一人，加定押物前正一人，质问行训导一人，倭学前正一人，质问前正一人，押物前正一人，前佥正两人，蒙学前佥正一人，女真学前主簿一人，打角前主簿一人，蒙学前司果一人，质问前奉事一人，次上通事一人，女真学前奉事一人，打物奉正大夫一人，医员前

① 高艳林：《明代中朝使臣往来研究》，载《南开学报》哲学社会科学版，2005（5）。
②《朝鲜世祖实录》卷36，世祖十一年八月庚寅。
③ 高艳林：《明代中朝使臣往来研究》，载《南开学报》（哲学社会科学版），2005（5）。

直长一人，前直长一人，书员前司果一人，押马官前司果一人，前司果一人，旗牌前部将一人，安骥二人，别破阵一人，香掌一人，养马两人，正使奴子两人，副使奴子两人，书状奴子一人，义州官奴四人。[①]

这支使团的总人数有 57 人之多，可谓是规模空前。

崇德二年（1637 年），大清的八旗军兵临江华岛，朝鲜被迫与大清签订了城下之盟《丁丑条约》，按照条约的规定，李朝每年要派遣使臣到盛京（今沈阳）向大清朝贺。顺治元年（1644 年），大清王朝迁都北京，新皇帝为了体恤朝鲜使臣路途劳顿，遂把冬至、正朝、圣节合并于岁币，组成一个庞大的使团。至于临时的谢恩、奏请、陈贺、进香、请安等使团，也常常与每年例行的使团合并为一。也就是说，每年冬天到北京的朝鲜使团往往兼有多种职责。[②] 因此，清朝朝鲜使团的规模要比明朝大得多，总人数少则二三百名、多则四五百人。朝鲜使臣的待遇也要比明朝高，这表现在：①朝鲜使臣在大清朝堂上的班行、座次比明朝有了明显的提高，即位居亲王以下、各国使臣之上；②朝鲜使臣在北京逗留的时间取消了限制，一般可以停驻两个月，且行动自由。[③] 朝鲜使臣可以在北京参加重大的庆典，能经常得到皇帝的接见、赐宴、赏酒，并视同内臣（如图 4）。除公事外，他们还可以以私人身份接触大清的官员、学者，游览书肆和名胜古迹。

① 李弘胄：《梨川相公使行日记》，见林基中编：《燕行录全集》，第 10 册，120 ~ 125 页，首尔，东国大学校出版部，2001。

② 葛兆光：《想象异域：读李朝朝鲜汉文燕行文献札记》，63 页，北京，中华书局，2014。

③ 蒋非非、王小甫：《中韩关系史》古代卷，327 页，北京，社会科学文献出版社，1998。

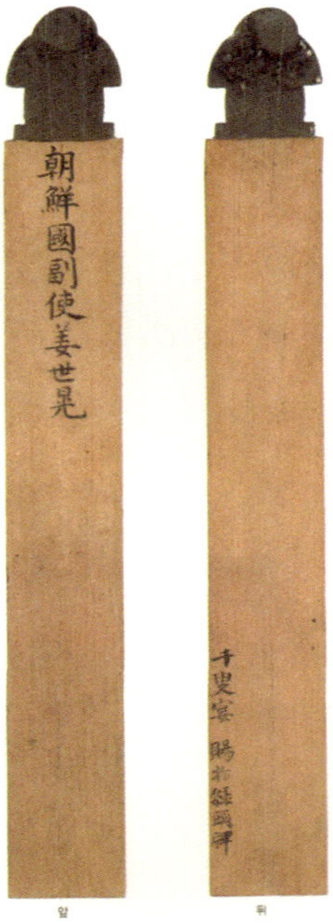

图 4 千叟宴赐牌[1]

二、跨过鸭绿江：朝鲜使臣的辽宁旅程

自从朝鲜王国与中华帝国建立朝觐制度以来，从洪武到光绪的五百多年里，朝鲜使团离开朝鲜进入中国境内之后，在中国的土地上总是沿着规定的路线前行。

明代“朝天”路线较为复杂，大致经历三次大规模的调整。

第一次调整是在从明初至永乐十九年（1421 年）间，这一时期，朝鲜半岛处于高丽和朝鲜两个王朝交替阶段，而明朝定都南京，辽宁尚在北元统治之下，所以使节来往只有通过陆海交替的模式。高丽朝使团只好由海路直接抵达登州或者太仓港，下船后再由陆路前往金陵。然而，这一路线的海路较长，再加之受当时航海及造船技术的限制，使得高丽朝使臣的旅程充满了危险。洪武五年（1372 年），明朝军队

① 济州国立博物馆：《朝鲜名儒崔溥的中国见闻》，269 页，首尔，平面网（www.graphicnet.kr）出版部。

占领辽东半岛，第二年（1373 年）朱元璋准许高丽朝使臣由辽东入境经山东前往南京。洪武十九年（1386 年），朝鲜使臣郑梦周（1337—1392 年）出使明朝，据他在《赴南诗》中的记载，其使行的往返路线为："渤海—登州—蓬莱—日照—淮阴—扬州—南京—高邮—即墨—蓬莱阁—旅顺—金州—复州—熊岳—辽河—渤海古城"，即从登州渡过渤海取道辽宁回国的。[①] 又据洪武二十二年（1389 年）出使明朝的朝鲜使臣权近（1352—1409 年）的记载，他的使行路线是"逾鸭绿，渡辽河，以北抵于燕，浮河而南入淮泗，历徐兖之墟，溯江汉以达于京师。由淮而北，过齐鲁东以涉渤海。往还万余里"[②]。权近的往返旅程选择了两条不同的路线：去程是经由陆路，即从义州渡鸭绿江，北上经汤站、开州、龙凤、连山关、甜水、头馆入辽东城，南下经鞍山、牛庄后渡辽河，过沙岭、板桥、十三山、连山岛、曹家庄、东关、沙河到山海关，从永平、蓟州一路到北平，由通州沿京杭大运河南下，渡扬子江后到南京；回程则是走陆海交替模式，即先沿运河北上，过淮河后弃舟，经淮阳、上庄、诸桥到登州，渡海到旅顺登陆，过木场、金州、孛兰店、麻河、复州、盖州、鞍山、辽东、铁场，再南下过鸭绿江回国。[③] 可见，郑梦周和权近的回程路线，即陆海交替模式，是高丽朝后期向明朝派遣使臣的主要使行路线。而随着北方局势的稳定，使行的路线也一度调整为通过辽宁直接由陆路抵达南京，但时间并不长。权近去程路线的开辟，也为明迁都北京后陆路的开通奠定了基础。总之，在中朝交往中，辽宁的地位逐渐变得越来越重要了。

高丽覆灭，朝鲜王朝建立。为了加强与明廷的交往，李氏朝鲜马上派遣使臣出使明朝。朝鲜朝使臣出使明朝的路线，仍然沿袭高丽朝末年的陆海交替模式。分别于建文二年（1400 年）和建文四年（1402 年）出使明朝的朝鲜使臣李詹（1345—1405 年）在其《观光录》中记载，来回所经路线与上述权近回程的路线基本一致。

① 郑梦周：《赴南诗》，见林基中编：《燕行录全集》第 1 册，51 ~ 117 页，首尔，东国大学校出版部，2001。

② 权近：《奉使录》，见林基中编：《燕行录全集》第 1 册，156 页，首尔，东国大学校出版部，2001。

③ 权近：《奉使录》，见林基中编：《燕行录全集》第 1 册，155 ~ 216 页，首尔，东国大学校出版部，2001。

第一次出使的具体路线是渡鸭绿江、松站、连山站、分水岭、甜水站、鞍山驿、海州、熊岳驿、五十寨、孛兰店、甲匠、木场、旅顺、登州、高密、日照、淮安、南京、沭阳、桃林、朱桥、登州、沙门、旅顺、复州、五十寨、鞍山驿、甜水站、连山站、松站、鸭绿江，第二次出使的具体路线是鸭绿江、婆娑府、松骨站、开州站、松站、龙凤站、连山站、头馆站、辽东、海州、盖州、五十寨、栾古站、金州、木场、旅顺、登州、龙山、莱州、东关、沭阳、邦渠、界首、南京、扬子江、仪真、旅顺、木场、复州、盖州、辽东、鸭绿江。[1] 所以，明朝定都南京时，朝鲜朝使臣出使的路线，主要是渡鸭绿江后取道辽宁，在旅顺乘船渡过渤海，从登州上岸后，经高密、日照、淮安，上船由大运河抵达南京。

第二次调整是在从永乐十九年（1421 年）至万历末年间，这一时期，使行路线历时最长，也最为稳定。明朝迁都北京以后，随着朝鲜使团使行距离的缩短，两国间的交往变得更加频繁和亲密。为了两国间友好关系的持续，在使团使行路线上还进行了明文的规定。据《明会典》记载，使行的路线大致为“自鸭绿江，历辽阳、广宁，入山海关，抵京师”[2]。这条路线大致可以分为三段：第一段是鸭绿江到辽东（今辽阳），即九连城、汤站、凤凰城、镇东堡（松站）、镇夷堡（通远堡）、连山关、甜水站、辽东；第二段是从辽东至山海关，即鞍山驿、海州卫、东昌堡（一名牛家庄，今牛庄）、西平堡（一名沙岭）、镇武堡（一名高平）、盘山驿、广宁、闾阳驿、十三山驿、小凌河、杏山驿、曹家庄驿（一名曹庄驿）、东关驿、沙河驿、高岭驿、山海关；第三段是从山海关抵北京，即迁安驿、榆关驿、芦峰口驿、滦河驿、义丰驿、阳樊驿、渔阳驿、三河驿、夏店驿、北京玉河馆。自朝鲜使臣渡过鸭绿江至山海关止，在整个辽宁地区一共走行 25 站，行程约 30 天。从使行的路线上来看，辽宁在整个行程中占有举足轻重的地位，朝鲜使臣外国之旅有三分之二是在辽宁度过的。这条路线后期因北方局势的变化而变得不再稳定，但也不可否认，它一直是两

① 李詹：《观光录》，见韩国民族文化推进会编：《韩国文集丛刊》，第六册，325 ~ 344 页，首尔，景仁文化社，1990。

②《明会典》卷 105，朝贡一。

国使臣使行的最主要路线。

第三次调整是在万历末至明朝与朝鲜交往的中断，这一时期，使行路线主要有两次较为明显的变动，但均以海路为交通的首选。萨尔浒战役之后，女真人大举进攻明朝的东北地区，朝鲜朝与明朝的陆路通道被阻断。于是，朝鲜朝国王李珲请求使行路线改由海路，至登州登陆后，再前往北京。天启四年（1624 年），以圣节兼冬至使身份出使北京的朝鲜司宪府监察洪翼汉，在他的《花浦先生朝天航海录》中记载了这次行程的路线：自朝鲜宣川府宣沙浦发船下海，经铁山、椴岛，再到车牛岛、竹岛……过鹿岛、石城岛，入长山岛、广鹿岛、三山岛、平岛、砣矶岛、泊庙岛，到达登州。登陆后，由登州至黄县，经莱州、掖县、昌邑、潍县、昌乐、青州、长山、邹平、章丘、济南、济河、禹城、平原、德州、景州、阜城、献县、河间、任邱、雄县、新城、涿州、良乡等府县，最后到达北京，从朝阳门入城。[①] 崇祯二年（1629 年），时任辽东督师的袁崇焕为了限制椴岛（一名皮岛）主帅毛文龙的势力，提出改变朝鲜使团使行路线的建议，并得到明政府的允准，于是朝鲜使团改由石多山发船，经旅顺口、铁山嘴、羊岛、双岛、南汛口、北汛口、觉华岛，从宁远登陆，入山海关，最终抵达北京。这两条使行路线是在明末一二十年内的变动，而且极为不稳定，再加上航行路途遥远、自然灾害不可避免等弊端，朝鲜使臣对这一路线甚为不满。据朝鲜《增补文献备考》记载："改路后，觉华岛水路远倍登州，所经铁山嘴一带巨海接天，绝无岛屿，躲藏暗礁，险恶无比，数年之间陪臣淹死者五人，中朝符验表咨及方物并皆漂失。"[②] 此时使臣在辽宁的使行路线大幅缩短，主要是沿海的岛屿及宁远至山海关一带。总之，朝鲜使臣的使行路线在清的压迫下不断地发生变化，直至最终的中断。

明朝朝鲜使团在中国的使行路线虽几经改易，但辽宁特别是辽东半岛始终是其旅程的必经之地。朝鲜使团在辽宁使行路线的变迁，也在一定程度上反映了明时期

① 刁书仁：《天启四年朝鲜使臣的北京之行——以洪翼汉〈华浦先生朝天航海录〉为中心》，载《学习与探索》，2012（3）。

②《增补文献备考》卷 177，交聘考七。

辽宁地区政治格局的变化。同时，正是有了众多不同的使行路线，朝鲜使臣笔下的辽宁景物才变得更加全面、丰富和真实。

与明朝的“朝天”相比，清朝朝鲜使臣的使行路线变化不大。清时期朝鲜使团的使行旅程，基本上继承了明朝的陆地路线。但是在入关前后，朝鲜使团的使清路线还是有几次调整的。入关前，朝鲜使臣的出使旅程只到沈阳，而入关后则是到北京，若适逢皇帝在热河行宫，朝鲜使臣还需到承德。

在清入关前，朝鲜朝使臣出使路线为：

渡鸭绿江后，经镇江城（九连城）、汤站，入栅门，由凤凰城、镇东堡（薛刘站，朝鲜称松站）、镇夷堡（通远堡）、连山关（鸦鹘关）、甜水站、辽东、十里堡，最终抵达盛京。

在清入关之后，朝鲜朝使臣在中国境内的使行路线有两条。一条是从入关后至康熙十八年（1679 年）以前，他们的使清路线是：

鸭绿江—镇江城—汤站—栅门—凤凰城—镇东堡—镇夷堡—连山关—甜水站—狼子山—辽东—沙河—鞍山—海州（今海城市）—平家庄—沙岭—高平驿—盘山驿（今盘山县）—闾阳驿—石山站（朝鲜称十三山）—小凌河—杏山驿—连山驿—宁远—曹庄驿—东关驿—沙河驿—前卫屯—高岭驿—山海关—深河驿—抚宁—永平—七家岭—丰润—玉田—蓟州—三河—通州—北京。

而康熙十八年（1679 年）后，路线则改为先抵达盛京再到北京，具体如下：

鸭绿江—镇江城—汤站—栅门—凤凰城—镇东堡—镇夷堡—连山关—甜水站—狼子山—辽阳—十里堡—盛京（今沈阳）—边城—巨流河（朝鲜

称周流河）—白旗堡—二道井—小黑山—广宁—闾阳驿—石山站—小凌河—杏山驿—连山驿—宁远—曹庄驿—东关驿—沙河驿—前卫屯—高岭驿—山海关—深河驿—抚宁—永平—七家岭—丰润—王田—蓟州—三河—通州—北京。

至于前往热河的路线，主要有两种情况：一是使行到北京后，再从北京北上经怀柔、密云、古北口、滦平至热河，这是一条常规路线，如朴趾源（1737—1805年）一行于乾隆四十五年（1780年）便由此路线前往热河贺清高宗七十寿诞；二是使行不经北京而直接抵达热河，使团渡江后由上述路线至沈阳后，经白台子、正安堡、花儿楼、朝阳、建昌、平泉抵达热河，这条路线是在特殊情况下形成的，如乾隆五十五年（1790年），进贺使徐浩修等一行到热河朝贺乾隆八十寿诞，念及时间仓促，礼部特咨文准朝鲜使团直接前往热河，“不必到京后，再行前往转至纤折可也”①。

如上所述，在明清五百多年的时间里，除了明初到南京、清初到盛京之外，朝鲜使团出使的目的地基本上都是北京。因此，一代又一代的朝鲜使臣大体在相同的时间里出使中国，不仅在一个个相似的驿站中餐风饮露，而且总是观看着相同的水光山色，也经历着类似的风花雪月。

三、那山那水：朝鲜使臣笔下辽宁的生态环境

在明清两朝五百年里，朝鲜使团如走马灯般穿梭于两国的边境。虽然路线几经改易，但是，无论海路还是陆路，辽宁基本上都是朝鲜使臣接触中华帝国的第一站。对于大多数初到辽宁的朝鲜使臣来说，对异域风情最为直观的认知，便是从辽宁独特的生态环境开始的。辽宁的地势走向大致为自北向南、自东西向中部倾斜，山地

① 徐浩修：《燕行纪》，见大东文化研究院：《燕行录选集》，下册，444 ~ 455页，首尔，成均馆大学校东亚学术院，1962。

和丘陵分列两厢，中部是平坦宽广的下辽河平原，只有辽西渤海沿岸狭长的滨海平原——辽西走廊与中原地区相连，地理特征可以概括为“六山一水三分田”。在众多《朝天录》和《燕行录》的作品当中，凤凰山、千山、医巫闾山等名山以及鸭绿江、辽河等大川，都成为众多朝鲜使臣笔下吟咏和记录的对象（如图 5）。辽宁旅途上的锦绣风光——“那山，那水”，不仅丰富了朝鲜使臣的旅途见闻，也扩大了他们的历史视野。

图 5　墨筒和笔匣 ①

弘治元年（1488 年）五月，朝鲜使臣崔溥（1454—1504 年）在其《锦南先生漂海录》中对辽宁的“六山一水”进行了比较详细的描述（如图 6）：

① 济州国立博物馆：《朝鲜名儒崔溥的中国见闻》，95 页，首尔，平面网（www.graphicnet.kr）出版部。

图 6　崔溥墓及出土遗物①

初九日，晴……是日所渡河有三四十子、狗儿、六州等河，河北有殷恶山。

十一日，过宁远卫……女儿河来绕城，东北而西、而南注之。城之西有铁冒山，北有立山、虹螺山，南有青粮山，虹螺三叠独秀起。

十四日，晴。（凌河）驿之城东有小凌河……又有大凌河，两河相距可四十余里。兴安铺、东岳庙临河之东岸，河之东北有六七里间有白沙场……十三驿城东有十三山，以有十三峰，故名，驿亦因山得名。北又有小昆仑、熊奉诸山。

十五日，晴……到闾阳驿，有山自十三山之北横亘东走，过此驿之北，以抵于广宁卫之北而东。其中有龙王、保住、望海、分水、望城冈、禄河等诸峰，通谓之医巫闾山……尝闻出榆关以东，南滨海，北限大山，尽皆粗恶不毛，主山峭拔，摩空苍翠，乃医巫闾，正谓此也。

二十二日，晴而风。至三汉河，河即辽河也。源自开原，东北经铁岭至此，与浑河、泰子河合流为一，故名三汉河。盖辽地濒海而高亢，支河皆逆流，故泰子河、浑河皆自东而西，又有境外支河，皆自北而南，曲折

① 济州国立博物馆:《朝鲜名儒崔溥的中国见闻》，346 ~ 347 页，首尔，平面网（www.graphicnet.kr）出版部。

萦回，俱会于此。

二十三日，至辽阳驿……过武安王庙、长占铺至沙河铺。有二水俱带于铺之东西，名皆沙河。盖自通州以来，地多沙土，故水以沙河得名者多。

（六月）初二日，晴。朝至分水岭，自岭以北，地势北下，溪壑诸水俱会于泰子河，西入于连河，自岭以南之水俱会于八渡河，岭之得名，以此。

初三日，晴……过八渡河，以其八渡其水，故名，或谓之半涂河。以其自我朝鲜至中国北京，此河正在其中界两半，故名。①

从《锦南先生漂海录》的相关记载可以看到，崔溥对辽宁旅途中见到的山川景观进行了具体细致的调查，如六州河、虹螺山、女儿河、小凌河、大凌河、十三山、辽河、泰（太）子河、沙河、分水岭、八渡河等，像辽河这样的大河，还将其得名、源头、流向、支流等具体的信息一一记录下来。

鸭绿江是地理和政治概念中的一条界河，但在朝鲜使臣眼中，它往往不是单纯的界河这么简单。对于朝鲜使臣们来说，鸭绿江既是离别与重聚的象征，也是“不辱使命”的起始与终结。如朝鲜使臣权近于洪武二十二年（1389 年）途经鸭绿江时，写下《过鸭绿江》：

远游塞北与天南，今日沙头又系骖。鹤野晚山青似黛，鸭江秋水碧于蓝。故乡屡入客中梦，异域终皈醉后谈。喜听庭闱消息好，不辞杯杓已沉酣。②

这是权近又一次驻足鸭绿江边，即将前往异域“朝天”前的创作。此时的鸭绿江边，青山似黛，江水如碧，在梦中屡屡想起久违了的故乡，听到庭闱传来的好消

① 崔溥：《锦南先生漂海录》，见复旦大学文史研究院、成均馆大学校东亚学术院大东文化研究院编：《韩国汉文燕行文献选编》，第 1 册，79 ~ 303 页，上海，复旦大学出版社，2011。

② 权近：《奉使录》，见林基中编：《燕行录全集》，第 1 册，213 页，首尔，东国大学校出版部，2001。

息，大家在觥筹交错中渐渐酣睡，梦中对故乡的离愁又一次袭来，鸭绿江边成了诗人离别愁绪的伊始。

再如乾隆四十五年（1780 年），跟随朴明源为进贺兼谢恩正使前往热河祝贺高宗皇帝七十寿诞的朴趾源，在其《热河日记》的开篇引用了《山海经》《唐书》和陈霆所著的《两山墨谈》三部文献，对历史上鸭绿江资料进行了梳理。初离祖国的朴趾源由于“霜雨江涨，益生躁郁”，他“遥瞻前途，溽暑蒸人，回想家乡，云山渺漠”，不由地生出“怃然退悔”之意。[1] 朴趾源在义州悄然独酌，纵情欢愉，似乎能够暂时舒缓对陌生国度的畏惧、担忧和不安（如图 7）。

图 7 《鸭绿江泛舟图》[2]

① 朴趾源著，朱瑞平点校：《热河日记》，2 页，上海，上海书店出版社，1997。
② 葛兆光：《想象异域：读李朝朝鲜汉文燕行文献札记》，图 6，北京，中华书局，2014。

图 8　义州南门[1]

临行前义州的娱乐终究要过去，总是要离乡背井出使异国的（如图 8）。今天新义州对岸的丹东，早已是人流熙攘、繁华富庶之地，但在那个时代却大不一样。比如《李朝实录》记载：正统元年（1436 年）十二月，“在先本国使臣来往东八站（今丹东至辽阳）一路，自来山高水险，一水弯曲，凡八九渡，夏潦泛涨，本无舟楫，冬月冰滑雪深，人马多有倒损。又有开州、龙凤等站，绝无人烟，草树茂密，近年以来猛虎频出作恶，往来人马，实为艰苦”[2]。朝鲜使臣丁焕（1497—1540 年）也写道：“昔闻诸人，辽阳以东，鸭绿以西，空山绝谷，羯胡之乡，荒草四合，蚊虻扑面，行者甚苦。”[3] 直到乾隆四十三年（1778 年），朝鲜使团的正使蔡济恭（1720—1799 年）明明看到九连城到金石山之间是“山川洞壑，明媚深邃，缘以嘉木，间之

① 济州国立博物馆：《朝鲜名儒崔溥的中国见闻》，223 页，首尔，平面网（www.graphicnet.kr）出版部。
②《世宗庄宪大王实录二》，见吴晗编：《朝鲜李朝实录中的中国史料》，393 页，北京，中华书局，1980。
③ 丁焕：《朝天录》，见林基中编：《燕行录全集》，第 3 册，69 页，首尔，东国大学校出版部，2001。

奇花，无往非苕霅之趣，武陵之幽”，但仍然因为它是“介乎两国之界，空旷废弃，不知为几百年”。[1] 这当然是去国离乡人的心情所致，因此，几乎每一个朝鲜使臣笔下，从义州渡过鸭绿江到九连城这一段不过几十里的路途，就好像满目凄凉，处处是枯木败苇，萧萧瑟瑟。这并不像是要去朝觐天朝，反倒有点准备亲赴龙潭虎穴的意味。

凤凰山位于辽宁东部丘陵的东南端，是朝鲜使臣跨过鸭绿江后所见到的第一座大山。在诸多朝鲜使行人员的笔下，凤凰山的雄奇险秀被最大程度地表达出来。当尹根寿（1537—1616 年）再一次因使命途经此处时，即兴创作了一首优美的诗篇：

> 征车又过凤凰山，回首烟云缥缈间。天外数峯谁得似，镜台妆罢美人鬟。[2]

诗文将凤凰山与烟云缠绕的朦胧景象形象地表达出来，使行的车辆再一次路过凤凰山，回首在烟霞云雾中缥缈闪现的山峰，似乎是天外飞来的山峰不知该如何比拟，好似是在镜台前梳洗装扮完的美人一般。诗中表现的满是欣喜和惊异，最后一句将山峰比作是靓丽佳人，更是恰到好处地表达了凤凰山绮丽的风光。又如：

> 伊昔勾丽祖，于兹作邑畿。地灵真间世，天险设重围。凤去山空在，城迁石自巍。茫茫兴废迹，今古一沾衣。[3]

这首诗是朝鲜使臣李廷龟（1564—1635 年）路过凤凰山的触景抒情之作，从历史的角度入手，描写了凤凰山上的一座古城遗址——东明王旧城。诗文以高句丽始

① 蔡济恭：《含忍录》上，见林基中编：《燕行录全集》，第 40 册，332 ~ 334 页，首尔，东国大学校出版部，2001。
② 尹根寿：《朝天录》，见林基中编：《燕行录全集》，第 4 册，220 页，首尔，东国大学校出版部，2001。
③ 李廷龟：《戊戌朝天录》，见林基中编：《燕行录全集》，第 10 册，441 页，首尔，东国大学校出版部，2001。

祖东明王在此山建都为开篇，继而赞美凤凰山是世间少有的有灵气的地方，而且还有重重的天险可以固守，可惜的是随着历史车轮不停地向前，如今只剩下空山一座，遗址斑驳，引得诗人泪湿衣襟。诗人于诗中既有对这一历史遗迹来历的说明，同时从历史、民族的情感出发，表达了对朝代更迭、对历史兴废的感叹。再如朴趾源在途中“望见凤凰山，恰是纯石造成，拔地特起，如擘掌立指，如半开芙蓉，如天末夏云，秀峭成削，不可名状，而但欠清润之气”[1]，他用寥寥数笔勾勒出凤凰山的样貌与神韵。

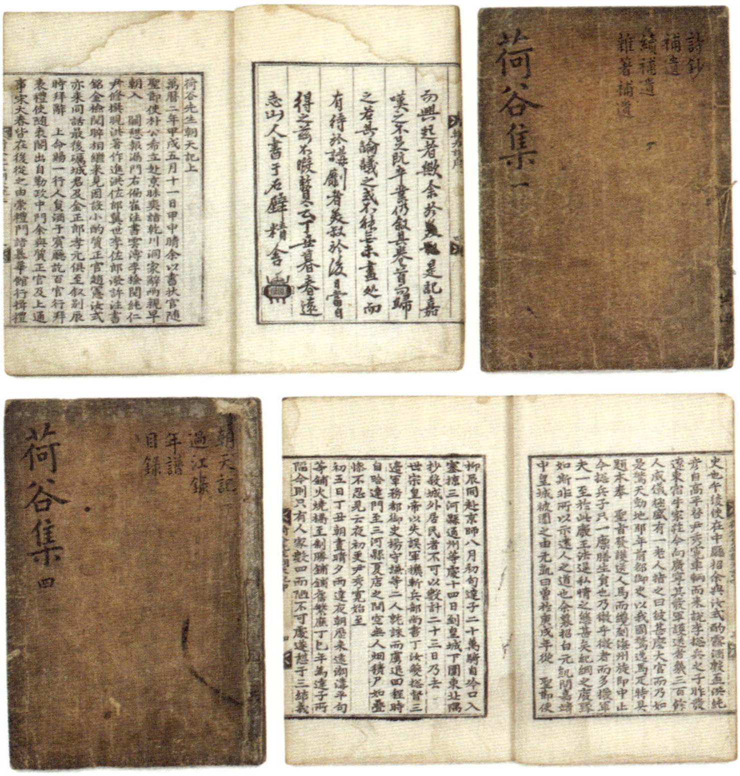

图 9　许篈《荷谷集》[2]

① 朴趾源著，朱瑞平点校：《热河日记》，8 页，上海，上海书店出版社，1997。
② 济州国立博物馆：《朝鲜名儒崔溥的中国见闻》，285 页，首尔，平面网（www.graphicnet.kr）出版部。

除凤凰山之外，辽宁东部丘陵的高山还有双岭（今蘑菇岭）、分水岭、高岭（今摩天岭）、青石岭等等。双岭位于凤凰城与镇东堡之间，因两岭相对而得名，据朝鲜使臣许葑（1551—1588 年）在《朝天记》（如图 9）中记述："朝逾白杨台地，有两岭相对，路甚险巇，我国人呼为双岭云。"[①] 分水岭在辽阳城东四百里，朝鲜使臣李民宬（1570—1629 年）曾途经此处，据他描述，"分水岭以北众壑之水俱会于太子河，西入辽河。南水俱会于八渡河（今草河），岭之得名以此"[②]。高岭山路艰险，山上多草木，据朝鲜使臣黄士佑（1486—1536 年）记载，"逾高岭，岭盘曲嵯牙状，似吾故乡竹岭，异乡见似山，其喜何异见似人"[③]，又据朝鲜使臣李安讷描述："高岭高且险，地形如蜀门。岭上复有岭，下马相攀援。冰雪苍崖滑，藤萝白日昏。非怀东去兴，辛苦岂堪论"[④]。青石岭因岭上多青石而得名，这种青石可以制作砚台，朝鲜使臣赵宪在他的《朝天日记》中写道："每遇冬月冻滑之时，则护送军人之马，多裂于此。"[⑤] 又据朝鲜使臣许葑记述："逾青石岭，岭在一路比诸岭为最险，两山挺出，林樾深邃，径石槎牙，马多颠蹶，人颇苦之。"[⑥] 可见，辽宁东部地区山多且险峻，朝鲜使臣想要通过这些山岭实非易事。

在渡过辽河以后，朝鲜使臣沿途所见的高山并不多，主要有医巫闾山、十三山等。医巫闾山位于广宁城（今北镇）西五里，风景秀丽，山峰挺拔，舜封它为北方幽州镇山，朝鲜使臣黄士佑称赞它为"万壑千峰奇秀特立，如鬼剜神锼，飞腾涌出于云霄间"[⑦]。十三山在广宁右屯卫北三十里，峰峦峻峭，逶迤十几里，且山顶有池，底部有洞，据朝鲜使臣郑士信（1558—1619 年）记载："（十三山）奇峰叠嶂，其数

① 许葑：《朝天记》，见林基中编：《燕行录全集》第 6 册，85 页，首尔，东国大学校出版部，2001。
② 李民宬：《壬寅朝天录》，见林基中编：《燕行录全集》，第 15 册，16 页，首尔，东国大学校出版部，2001。
③ 黄士佑：《朝天录》，见林基中编：《燕行录全集》，第 2 册，474 页，首尔，东国大学校出版部，2001。
④ 李安讷：《朝天录》，见林基中编：《燕行录全集》，第 15 册，228 页，首尔，东国大学校出版部，2001。
⑤ 赵宪：《朝天日记》，见林基中编：《燕行录全集》，第 5 册，150 页，首尔，东国大学校出版部，2001。
⑥ 许葑：《朝天记》，见林基中编：《燕行录全集》，第 6 册，88 页，首尔，东国大学校出版部，2001。
⑦ 黄士佑：《朝天录》，见林基中编：《燕行录全集》，第 2 册，488 页，首尔，东国大学校出版部，2001。

十三”[①]，又据黄士佑描述：“路上平原相望之地挺出铺立，若芙蓉涌出莫邪森列。”[②]

朝鲜使臣在《朝天录》或者《燕行录》中记载渡河的文字也很多，尤其是在夏季，河水易涨溢而形成水患。

在辽河以东地区，朝鲜使团要先后渡过草河、汤河等众多河流。草河蜿蜒曲折，朝鲜使臣们为了减少路程需要多次反复渡河，故而将其称为八渡河（有使臣称其为翁北河、三官河、蛇稍河、金家河等），据黄士佑记载：“其上有三官庙，河所以名也。河即八渡河之第一也，北迤东折入龙湾，分为三江达于海。”[③]又据许葑记载：“蛇稍河、八渡河等二河与瓮北水，皆一泒也。”[④]汤河在辽阳城东三十里，“出窟宠山，东至头馆站，经平顶山通太子河”[⑤]，朝鲜使臣黄士佑记述：“三流河，河名本汤河，我国人谓之三流，以一河而三渡也。”[⑥]

在辽河以西地区，朝鲜使团要涉过三岔河、大凌河、小凌河等多条河流。三岔河即辽河、浑河、太子河三条河流交汇，朝鲜使臣许葑对途经的三岔河有所记述，据载：“（三岔河）其广类我国临津，结舟为浮梁，以渡行人。”[⑦]又据黄士佑记录：“三义（岔）河发源于胡地，水色黝浊，波涛浩荡，截流搭舟为桥，以渡行者。”[⑧]大凌河在广宁右屯卫城西二十五里，“源出大宁松山，经义州东南入于渤海”[⑨]，据朝鲜使臣李弘胄载：“大凌河广半马场，深没马腹。”[⑩]小凌河位于锦州城东南十五里，比大凌河略短，据朝鲜使臣郑士信描述：“小凌河水之源亦出于胡地，而差小于大凌

① 郑士信：《梅窗先生朝天录》，见林基中编：《燕行录全集》，第9册，281页，首尔，东国大学校出版部，2001。
② 黄士佑：《朝天录》，见林基中编：《燕行录全集》，第2册，491页，首尔，东国大学校出版部，2001。
③ 黄士佑：《朝天录》，见林基中编：《燕行录全集》，第2册，471页，首尔，东国大学校出版部，2001。
④ 许葑：《朝天记》，见林基中编：《燕行录全集》，第6册，85页，首尔，东国大学校出版部，2001。
⑤ 李辅：《全辽志》卷1，山川，金毓黻主编：《辽海丛书》，533页，沈阳，辽沈书社，1984。
⑥ 黄士佑：《朝天录》，见林基中编：《燕行录全集》，第2册，475页，首尔，东国大学校出版部，2001。
⑦ 许葑：《朝天记》，见林基中编：《燕行录全集》，第6册，139页，首尔，东国大学校出版部，2001。
⑧ 黄士佑：《朝天录》，见林基中编：《燕行录全集》，第2册，486页，首尔，东国大学校出版部，2001。
⑨ 毕恭等编：《辽东志》卷1，地理，金毓黻主编：《辽海丛书》，359页，沈阳，辽沈书社，1984。
⑩ 李弘胄：《梨川相公使行日记》，见林基中编：《燕行录全集》，第10册，51页，首尔，东国大学校出版部，2001。

河，故不用舟楫。”[①]

朝鲜使臣除了关注自然景观外，沙尘暴、暴雨、结冰、大雪等天气状况也时有记载。如嘉靖十二年（1533年），苏巡在《德真堂燕行日记》中记载：

（一月）二十三日，晴……薄暮到宿唐老家，岭高树密，雪塞无路，几不免颠坠之患。（二月）十日，晴……抵小凌河，冰解水涨，不得直渡，从流而下，至五里许，乃渡。（二月）十二日，晴，平明登程，风高日寒，黄尘大起，几不能行。（二月）十七日，晴，平明乃行，风尘忽起，眯目难开。（三月）十八日，风雨尤恶，令通事留待车辆避达贼，冒雨先发，风雨转急，道路泥冷，羸马颠仆，难以运步……我马尤隤，用是先发，抵河边，水极涨，所骑忽仆，陷泥不起。（三月）二十五日，晴……朝饭至数里许，狂风忽起，扬沙走石，黄尘蔽天，人马欲倒。（三月）二十七日，阴……遭暴雨。（三月）二十九日，阴雨，行到数里，黑云四起，天风驱雨，倾注移时，道途成川。[②]

苏巡的遭遇并非个案，若朝鲜使团是在夏季出使，经常连日遇雨，造成河水上涨，大大增加了旅途前行的难度。如嘉靖十八年（1539年），朝鲜使臣丁焕（1497—1540年）途经草河，据其载：“过杜岭、八道二河，只一水萦曲数千里间，与瓮北河别为三渡，源远而铺底多大石，又会分水岭以南诸谷之水，故淫雨之节，泛涨腾陵动至旬月，八站阻水之患，此三河为最。”[③]再如万历二年（1574年），朝鲜使臣许葑途经汤河，正值雨季，据其《朝天记》记载：“汤河尤深且急，可过马腹。今日

① 郑士信：《梅窗先生朝天录》，见林基中编：《燕行录全集》，第9册，283页，首尔，东国大学校出版部，2001。

② 苏巡：《德真堂燕行日记》，见林基中编：《燕行录全集》，第3册，375、384、387页，首尔，东国大学校出版部，2001。

③ 丁焕：《朝天录》，见林基中编：《燕行录全集》，第3册，68页，首尔，东国大学校出版部，2001。

之雨若不开霁,则余等决不免阻水矣。”[①] 据朝鲜使臣苏光震（1566—1610 年）记述：“每夏雨节则胡中之水奔□长墙，墙缺而入。自沙岭十里铺至广宁制胜铺一百七八十里之间，浑成一海，高处则往往微露，洼处则可以运船。”[②] 可见，牛家庄至广宁一带水患已经相当严重，朝鲜使臣丁焕就曾亲眼目睹水患对辽宁生产生活造成的破坏，据其记载：“海子东西大原沉为水府，舟行□畴皃戏丘陵，禾稼屋居之荡没，到到皆然。舟子云‘今夏雨水之患,近古所无也’。”[③] 水患也时常造成朝鲜使团使行日期的延误，如乾隆四十五年（1780 年），以朴明源为正使的进贺兼谢恩使团前往热河祝贺高宗皇帝七十寿诞，一行人在通远堡被暴雨困了五天，一直到七月初六日河水减退，使行团才冒险渡河，随行的朴趾源（如图 10）记录了渡河过程的艰险：

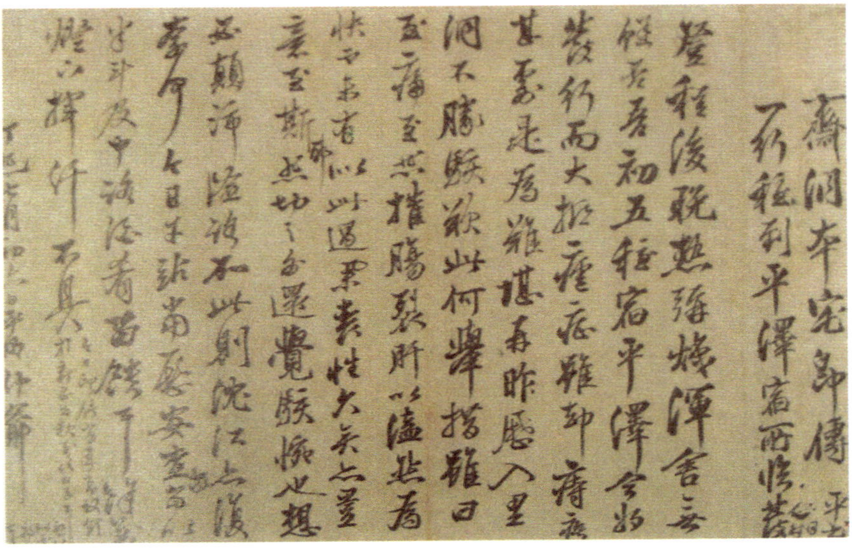

图 10　朴趾源手迹[④]

① 许葑：《朝天记》，见林基中编：《燕行录全集》，第 6 册，89 页，首尔，东国大学校出版部，2001。
② 苏光震：《朝天日录》，见林基中编：《燕行录全集》，第 11 册，303 页，首尔，东国大学校出版部，2001。
③ 丁焕：《朝天录》，见林基中编：《燕行录全集》，第 3 册，77 页，首尔，东国大学校出版部，2001。
④ 葛兆光：《想象异域：读李朝朝鲜汉文燕行文献札记》，图 3，北京，中华书局，2014。

下隶三十余人，赤身抬轿，至中流湍急处，轿忽左倾几堕，危哉危哉，与正使两相抱持，仅免垫溺。渡在彼岸，望见渡水者，或骑人项，或左右相扶，或编木为扉而乘之，使四人肩抬而渡。其乘马浮渡者，莫不仰首视天，或紧闭双目，或强颜嬉笑。厮隶皆解鞍肩荷而渡，意其恐湿也。既渡者又肩荷而返，在而问之，盖空手入水则身轻易漂，故必以重物压肩也。数次往返者，莫不战慄，山间水气甚冷故也。①

从上文可以看出，朝鲜使团一路坎坷艰辛，渡河时的危险以及使行人员的慌乱紧张的景象，被朴趾源的寥寥数语真实地呈现出来。

此外，辽宁农村的田园景象也进入到朝鲜使臣的关注视野。如乾隆四十五年（1780 年）七月十三日清晨，朴趾源在沈阳停留两天后来到新民郊外的一个村屯，据《热河日记》记载：

少焉，天色向曙，万柳秋蝉，一时发响。非渠来招，已知午天酷炎矣。野雾渐收，远村庙堂前，旗竿如帆樯。回看东天，火云滃濡，荡出一轮红日，半涌半沉於蜀黍田中，迟迟冉冉，圆满辽东，而野地上去马来车，静树止屋，森如秋毫皆入火轮中矣。②

这是乾隆时期辽宁中部下辽河平原上一个小镇郊外的晨景：一轮红日如同是太平盛世的象征，辽宁大地上良田万顷、车马如梭，村庄聚落都沐浴在红彤彤的朝霞之中，一派安定祥和的气象！

朝鲜使臣从辽东至辽西，一路悉心观察，对辽宁旅途中的见闻做了比较细致的记录，涉及政治、经济、文化、宗教、社会生活等各个方面，为我们多角度、多层

① 朴趾源著，朱瑞平校点：《热河日记》，27 页，上海，上海书店出版社，1997。
② 朴趾源著，朱瑞平校点：《热河日记》，51 页，上海，上海书店出版社，1997。

次地展现了明清时期辽宁地区的历史画卷。明清时期的辽宁，政治稳定、经济发展、宗教兴旺、文化多元，逐渐成为中央政府抵御北方民族南进的重要屏障和控制东北亚地区的经略中心。朝鲜使臣笔下的《朝天录》和《燕行录》等文本，为我们呈现出一幅别开生面的辽宁历史图景。

田野

曼宰竜佛寺僧舍外墙民间故事题材壁画研究

董艺*

傣族地区大多数村寨都有佛寺，佛寺是傣族群众从事宗教活动、集会社交的主要场所，也是傣族青年接受佛教教育和本民族传统文化教育的地方。佛寺壁画是随着佛寺的修建而逐渐产生和发展起来的一种宗教艺术形式，是传播佛教的手段之一。曼宰竜佛寺位于西双版纳傣族自治州勐海县勐遮镇曼宰竜三自然村，是曼宰竜一村、二村和三村三个自然村共同的宗教活动场所。根据佛寺院内位于主殿和僧舍之间所立寺碑碑文显示：勐遮曼宰竜佛寺建于1748年，曾修复三次，其中最大一次复修是在1987年。根据《勐海县志》记载："勐遮曼宰竜佛寺壁画绘于傣历1230年（1868年），寺内的造像、绘画艺术集中反映了佛寺艺术的独特风格，尤其是佛寺的壁画，绘画艺术精湛，成为宝贵的遗产，是西双版纳州内保存完整具有代表性的壁画。"①

曼宰竜佛寺老壁画位于主殿以及僧舍外墙，笔者于2010年8月在对曼宰竜佛寺进行调查中发现，新主殿已于2007年重新修建完工，原主殿的老壁画已不复存在，已被由从泰国请来的画师绘制的境外风格壁画所代替。僧舍仍然保留，其外墙

* 董艺：烟台市博物馆馆员。

① 云南省勐海县地方志编纂委员会：《勐海县志》，782页，昆明，云南人民出版社，1997。

壁画于 1987 年在原画的基础上重新描绘，比较接近原画的艺术水平，并且保存完整，这在如今早期壁画大量消失的情况下已实属不易。据当地管理曼宰竜佛寺的老人介绍，现存的这八幅壁画，只有第一幅与原画内容不一样外，其余七幅均与原画差别不大。根据笔者对壁画内容的考证，发现其中有三幅壁画均出自当地的民间传说故事，它们分别是第四幅《召树屯》、第五幅《召烘帕罕》以及第八幅《松帕敏》。这三幅壁画以传统的平面整体式构图方式展现在大众面前，整个画面按情节内容的发展分为若干部分，每一部分都用几条起伏的波浪式曲线作为分割线，虽然省略了大量的故事情节内容，但提炼出了佛经故事中主要情节及精彩画面内容。

一、民间故事出现在佛寺壁画中的原因

佛寺壁画作为一种传播佛教教义的手段，其壁画的题材内容均出自佛经。而为什么南传上座部佛教的经书中会掺杂着大量的民间传说故事？世俗气息过于浓重，貌似与佛教毫不相干，甚至与佛教教义相背离。关于这一现象，季羡林先生讲得最为明白。季老在《佛本生故事 · 代序》中说 ：“它们（指佛教搜集起来的民间传说故事）绝大部分都与佛教毫不相干，有的甚至尘俗十足。但是，佛教教徒却不管这些，他们把现成的故事拿过来，只需按照固定的形式，把故事中的一个人、一个神仙和一个动物指定为菩萨，一篇佛本生故事就算是制造成了。”[①] 最初，佛经只是记录释迦牟尼传教的思想言论以及他的弟子对这些言论的解释，大都是一些枯燥的哲理和神秘的教条，人们很难接受。释迦牟尼和他的弟子清醒地认识到了这一点，于是就借助于民间传说故事的力量来解决这一难题。因此，佛教门徒们不论到什么地方都要先搜集与当地风土人情相关的民间故事，经过删改之后编纂到佛经中，使得佛经中融入了大量的民间故事内容。曼宰竜佛寺僧舍外墙壁画中的《召树屯》、《松帕敏》以及《召烘帕罕》均取自融入民间传说故事的佛经，世俗气息浓厚。但仔细品味，故事中深受人们喜爱的主人公所拥有的精神，很多都是佛教所宣扬的精神，

① 季羡林 ：《佛本生故事 · 代序》，2 页，北京，人民文学出版社，1985。

佛教教义寓于民间传说故事之中。

二、民间故事题材壁画内容考释

曼宰竜佛寺僧舍外墙的这三幅民间故事题材的壁画内容既是寓于佛教教义的民间故事，又是特定历史时期历史事实的真实写照。根据《傣族文学史》将傣族文学分为桑木底时代、勐泐王时代、帕雅真时代、思可法时代和刀安仁五个时代的分法，曼宰竜佛寺僧舍外墙壁画中的第四、五、八幅壁画所绘的内容大都来源于帕雅真时代民间文学作品。

(一)《召树屯》

曼宰竜佛寺僧舍外墙的第四幅壁画是《召树屯》的故事，西双版纳大部分地区称其为《召树屯与楠木诺娜》或《孔雀公主》，勐海县部分地区称其为《召树塔努》，德宏地区称其为《婻倪罕》。《召树屯》脱胎于《树屯本生经》，其题材源于印度，已发现在印度的梵文本《玛哈瓦斯特·鸟》(1—2世纪)、《明度无极章》(1—4世纪)、基利基特的萨尔瓦斯吉瓦金教派《戒律》文集中之《树屯和曼诺拉》、梵文本《根本说一切有部毗奈耶药事》(13、14卷)、梵文本《狮子师本鬘·诺桑》、梵文本《菩萨本生如意藤》第64卷。西藏佛典《素吞阿波陀那》、汉译佛典如三国康僧会译《六度集经·明度无极章》、唐义净译《根本说一切有部毗奈耶药事》13、14卷，由兰纳僧人于15、16世纪间用兰那文编著的巴利语佛典《班雅萨阇陀迦》(即“五十本生集经”)，以及老挝、缅甸、柬埔寨等国的佛典中均存在与傣族《召树屯》故事情节相类似的故事。① 曼宰竜佛寺僧舍外墙第四幅壁画对上述故事内容取舍得当，并且打破了时间、空间的顺序，根据《傣族文学史》中对《召树屯》的记载，笔者认为其画面内容大致可以分为四组：

第一组位于整幅画面中心偏上位置。根据《傣族文学史》的记载，其大致内容

① 转引自郑筱筠：《佛教故事与傣族〈召树屯〉故事源流》，载《云南社会科学》，2001(2)。

是："勐板加的王子召树屯，为了追寻一只金鹿，来到湖边看到勐董板孔雀国的七个公主在洗澡，召树屯一见便爱上了最小的七公主楠木诺娜。便在湖边搭起竹棚，等孔雀公主再次飞到湖边洗澡时，取走了楠木诺娜的孔雀衣，以表达爱慕之情，并将楠木诺娜带回勐板加宫殿，举办了最隆重的婚礼。"① 壁画只简略地绘制了召树屯带着孔雀公主楠木诺娜一起骑马来到勐板加（见图 1），对于《傣族文学史》中描绘的王子看到孔雀公主洗澡以及盗取孔雀衣的内容没有施以任何笔墨。

图 1　召树屯与楠木诺娜建立爱情

第二组画面位于整幅壁画的左 1/3 处。据《傣族文学史》的描述，其大致内容是："由于边境战争爆发，召树屯不得不告别新婚妻子，带领将士到前线去抗击入侵的敌人。不幸的是，召树屯一离开妻子身旁，负责勐板加祭礼的摩古拉在国王面前诬陷会飞的孔雀公主楠木诺娜是'妖女'，会给勐板加带来灾难。勐板加国王误信谗言，决心处死自己的儿媳。楠木诺娜面对着突来的灾难唯一的要求就是在受火

① 岩峰、王松、刀保尧：《傣族文学史》，481 页，昆明，云南民族出版社，1995。

图 2　楠木诺娜被赶出宫廷

图 3　召树屯偷溜出宫

刑之前让她再穿上孔雀衣最后跳一次孔雀舞。楠木诺娜穿上孔雀衣之后立刻翩翩起舞、飞离地面，在天空向勐板加的百姓告别之后，便飞回自己的家乡——勐董板孔雀国去了。”[①]与故事内容不符的是，画面画的是勐板加国王令人将楠木诺娜赶出了王宫（见图 2），与《傣族文学史》中描绘的楠木诺娜穿上孔雀衣在火刑场上跳孔雀舞，飞回勐董板孔雀国的故事情节不符。

第三组画面位于整幅画面的右面 1/3 处。根据《傣族傣族文学史》的内容记载，其壁画内容本应该是：“战争结束后，召树屯凯旋归来，听到消息后十分悲愤，国王把全勐漂亮的姑娘都召来，任由他挑选一个妻子。但召树屯心里只有楠木诺娜，他下决心一定要找回楠木诺娜。他离开宫殿，历尽千难万险，终于到了孔雀公主楠木诺娜的家乡——勐董板。”[②]笔者在调查中了解到，此处画面展现的却是召树屯在

① 岩峰、王松、刀保尧：《傣族文学史》，481 页，昆明，云南民族出版社，1995。
② 岩峰、王松、刀保尧：《傣族文学史》，482 页，昆明，云南民族出版社，1995。

图 4　召树屯寻回楠木诺娜

遇见孔雀公主楠木诺娜之前夜里偷溜出宫的情景（见图 3），可见此组画面纯属当时本地画师想象出来的故事情节。

第四组画面位于整幅壁画的中心部分。根据《傣族文学史》的描述，其内容是："孔雀国王想要试一试女婿的本领，用巨石砌成三层石墙，钉上铁钉，让召树屯把墙打开。召树屯骑上马拉满弓，射出箭如雷鸣电闪，三道石墙全都崩开了。国王十分高兴，让他们夫妻团圆，召树屯带着楠木诺娜告别岳父岳母和孔雀国的臣民回到了勐板加，做了勐板加的国王，使得百姓丰衣足食、安居乐业。"[①] 壁画中的此组画面只简单地描绘了国王和楠木诺娜得知召树屯到来后，派人出城试探召树屯的本领的故事情节（见图 4）。与《傣族文学史》中描绘的召树屯王子骑马射箭不同，此处

① 岩峰、王松、刀保尧：《傣族文学史》，482 页，昆明，云南民族出版社，1995。

的王子没有骑马，并且没有描绘射出的箭如雷鸣电闪以及三道石墙全部打开的壮观景象。

（二）《召烘帕罕》

傣族学者认为，傣族叙事长诗不少是根据佛经故事编写的，属于改编性质的叙事诗都是从三藏佛经中改编而来。所依据的佛经主要有两类：一是佛传类，一是杂传类[①]。曼宰竜佛寺僧舍外墙的第五幅壁画是《召烘帕罕》的故事。《召烘帕罕》是根据杂传类经书《金凤经》改编的，又名《金石王子》、《金岩之歌》、《金凤凰》。“召”是指王子，“烘”是凤凰，“帕罕”是金石，“召烘帕罕”就是“金石凤凰王子”的意思。根据与《西双版纳民间故事集成》中讲述的《召烘帕罕》对比研究，笔者认为这幅壁画内容可以分为四组画面：

第一组是位于画面左半部分 1/2 处和画面右边中间部位的一角。《西双版纳民间故事集成》中《召烘帕罕》对此组故事情节的描绘是：“古老的勐巴拉纳西

图 5　三妾妃弃婴

① 王国祥：《傣族长篇叙事诗与佛教》，见《傣族文学讨论会论文集》，北京，中国民间文艺出版社，1982。

图 6　南尖达玛腊王后被赶出宫

图 7　王后与园丁夫妇

王国的国王帕雅巴连达巴帝的 6 个妾妃由于嫉妒王后南尖达玛腊生下一个男孩，用小狗偷换了刚出生的小王子，并将小王子扔下宫楼（见图 5）。国王知道王后生了小狗后将王后赶出宫楼，王后悲痛流泪地抱着小狗崽离开了宫楼（见图 6），来到离城很远的山脚下，与住在这里守花果树的园丁夫妇相依为命、安度日月（见图 7）。”① 与上述记载的故事内容有所出入的是，该壁画中只绘制了 3 个妾妃，没有将 6 个妾妃都画在画面中。

第二组画面位于整幅画面右下角。《西双版纳民间故事集成》中《召烘帕罕》对此故事的描述是 :“帕雅英投下一片浮云，迅速将男孩接住，带到了达娃丁沙天宫里并抚养长大成人。王子长大成人，天神帕雅英告诉了王子他身世，让金石凤凰

① 勐腊县民委，西双版纳州民委 :《西双版纳傣族民间故事集成》，197 ~ 200 页，昆明，云南人民出版社，1993。

图 8　召烘帕罕人间寻母

图 9　召烘帕罕赢六兄弟

带着王子飞下人间去找寻自己的母亲。王子独自来到守园老人的竹楼前，找到了自己的母亲，并把他们的遭遇告诉了自己的母亲。南尖达玛腊王后听了召烘帕罕的叙述，心里悲喜交加，母子团圆。”[1] 与上述记载的内容有所出入的是，壁画中画的是天神用盆将被抛掉宫楼下的王子接住而并非一片浮云。壁画中没有表现小王子被收养在天宫、在天宫长大的情节以及召烘帕罕回到人间与母亲相认的情节，只描绘了金石凤凰带着召烘帕罕来到人间后，王子命金石凤凰化为岩石的情景（见图 8）。

第三组画面位于壁画中部偏右的位置。《西双版纳民间故事集成》之《召烘帕罕》中对此故事内容的描述是：“勐巴拉纳西王国的国王帕雅巴连达巴帝的 6 个妾妃也分别为国王生下了 6 个王子。几年过去后，6 个兄弟也都已经长大，召烘帕罕

① 勐腊县民委，西双版纳州民委：《西双版纳傣族民间故事集成》，200 ~ 204 页，昆明，云南人民出版社，1993。

图 10　六兄弟跪求召烘帕罕

在一次玩耍中赢了6个王子手中的6块金子，在回去的路上用宝剑杀死了妖魔。召烘帕罕的6个兄弟以为他被妖魔吃掉了，想去寻回他们输掉的金子，却惊奇地发现召烘帕罕昨天早已把妖魔杀死。6位王子高兴至极，回城禀报父王说是给勐巴拉纳西带来灾难的恶妖魔已被他们杀死了。国王高兴之余，派6个儿子去寻回多年前被妖魔掠走的他们的祖母。6个王子没办法只能硬着头皮来找召烘帕罕，召烘帕罕为了救自己的祖母就同意了6个兄弟的请求。”① 壁画仅描绘了召烘帕罕同6个兄弟玩麻嘎里罕的情节（见图9），以及6个兄弟跪求召烘帕罕前去营救他们的奶奶的情节（见图10）。对召烘帕罕路上遇到妖魔并将其杀害以及6个兄弟用妖血前去邀功的情节没有展现。

第四组画面是位于整个壁画顶部以及上部偏右的地方。《西双版纳民间故事集成》之《召烘帕罕》中对此内容的描述为：“召烘帕罕骑着金石凤凰和六位王子日

① 勐腊县民委，西双版纳州民委：《西双版纳傣族民间故事集成》，204 ~ 210页，昆明，云南人民出版社，1993。

图 11　祖母被魔鬼掠走

夜兼程来到大海岸边，召烘帕罕让6个兄弟在海边安营扎寨，独自前去寻回奶奶。召烘帕罕骑着金石凤凰独自越过大海，来到到处都是野兽和鬼怪的森林。在此三日期间他先后被三个魔王看重，并娶了三位魔王的女儿为妻，并得到了三位魔王的指点，最后找到了掠走他奶奶的魔王住的鬼国。召烘帕罕与奶奶相认，并打败了八万魔军，带着奶奶和三位魔王的女儿回到了大海边，准备返程。6位王子看到召烘帕罕救回了奶奶，就趁召烘帕罕不备之时将他用乱棍打死，带着奶奶回到了勐巴拉纳西，禀报父王说是他们六个把奶奶救回来的。被打死的召烘帕罕再次被小时候收养他的天神帕雅英所救并使他恢复了生命。召烘帕罕回到了勐巴拉纳西，在奶奶的帮助下与国王父子相认，国王又亲自接回了南尖达玛腊王后，召烘帕罕也接回三个魔王的女儿，一家团圆。六个邪恶的王妃和她们的儿子，被开裂的大地吞没，掉进了可怕的地狱。”[①] 此处壁画只绘制了魔王把他们的奶奶掠走（见图11），召烘帕罕骑着

① 勐腊县民委，西双版纳州民委：《西双版纳傣族民间故事集成》，210 ~ 228 页，昆明，云南人民出版社，1993。

图 12　召烘帕罕前去营救祖母

金石凤凰在森林里寻找奶奶以及与魔王大战的情景（见图 12）。对于召烘帕罕迎娶三位魔王的女儿，六位王子打死召烘帕罕，召烘帕罕被天神帕雅英再次救回以及后来召烘帕罕一家团圆、六个王妃及六个王子悲惨的场面没有表现。

（三）《松帕敏》

曼宰竜佛寺僧舍外墙的第八幅壁画是《松帕敏》的故事。《松帕敏》又名《松帕敏与嘎西娜》，也是一首叙事长诗，是根据佛传类经书《松帕敏本生经》编写而成的。

该故事情节并不复杂，根据《傣族文学史》的记载，大致内容是："勐藏巴是个富裕的国家，在老国王统治时期，地方安定，百姓安居乐业。老国王死后，由长子松帕敏继承王位，治理国家。可是，松帕敏的亲弟弟，二王子召刚不服，妄想夺取政权，于是召集忠于他的一些官员，暗地招兵买马，等到时机成熟时，发兵攻打京城，要以武力篡夺哥哥松帕敏的王位。在此紧要关头，忠于松帕敏的臣民和士兵，要求国王率领大伙保卫京城，跟残暴的召刚决一死战。可是，松帕敏认为，两只雁打架，会伤害田里的秧苗；两兄弟相争，死伤的是无辜的百姓。他不忍心兄弟间相互残杀，不忍心让战火烧毁百姓的村庄，让战刀夺取百姓的生命。所以，松帕敏选择了忍让的道路，自愿舍弃王位，只身领着妻儿逃出宫廷，负辱远游。这样，他的弟弟未经战斗便夺取了政权，成了勐藏巴的国王。而他却因失去政权后，到处逃难，遭受了妻离子散的无限痛苦。十年之后，由于召刚昏庸残暴，引起了百姓的愤怒反

图 13《松帕敏》全景

抗，无数个寨子联合起来推翻了召刚的政权，赶走了召刚，并接回了松帕敏，又让他当了勐藏巴的国王（见图 13）。”[1]

这幅壁画由于受屋檐斜角墙面的限制，画面呈三角形，尺寸比前七幅的长方形画面略减一半多。并且由于受到顺着屋檐留下的雨水的冲泡，墙体已经起皮，画面部分地方已经发白，随时面临着脱落的危险。但整幅画面表现的内容还基本可见，其所表现的是一个征战的情景，描述的正是百姓们揭竿而起赶走召刚，接回松帕敏的情节。

三、民间故事题材壁画的历史价值

僧舍外墙壁画是特定历史时期历史事实的真实写照。壁画内容虽然总体来看出自古老的佛经故事，但亦不乏西双版纳当地历史的影子。元朝置云南行省后，于南

① 岩峰、王松、刀保尧：《傣族文学史》，524 ~ 525 页，昆明，云南民族出版社，1995。

部设彻里军民总管府，辖西双版纳等地；西部设金齿宣抚司，辖德宏等地，委以金齿百夷大小首领（召片领、召勐）为世袭土司土官，地方政权首领与朝廷命官合为一体。其中，在西双版纳一带，根据傣文史籍《车里宣慰世袭简史》等记载，从第一世召片领帕雅真到第六世召片领刀补瓦这段时期，由于执政者接受佛教“以善治国”的思想，执行了一系列比较缓和的政策，因而社会稳定，生产发展，没有发生大的战争和动乱。这一时期的作品大都以歌颂明君主与佛教功德为主，代表作品有长篇叙事诗《召树屯》。[①]至1286年第八世召片领召爱登基之后，宫廷矛盾逐渐显现，统治集团内部便出现分裂，除了形成“大车里、小车里”之分外，在“大车里、小车里”内部，以及各勐的小宫廷内部，也不断出现大老婆小老婆为其儿子争夺权力的现象，《召烘帕罕》所描写的宫廷斗争，便是这一社会现象的反映。[②]至1463年，勐龙召勐与勐混召勐联合出兵攻打景洪最高领主召片领，标志着“景陇金殿国”封建领主政权从兴盛走向衰落。从此，领主政权越来越昏庸，宫廷内讧四起，百姓苦难深重。[③]壁画中的《松帕敏与嘎西娜》集中反映了领主内部的矛盾以及衰微的景象。

帕雅真时代是傣族封建领主兴起并建立了封建领主政权的时代，这一时代的民间故事主要表达了四方面的内容：一是揭露统治阶级的残暴，歌颂人民的反抗精神；二是赞美勤劳勇敢的美德，表达人民追求美好生活的愿望；三是赞美坚贞的爱情和真挚的友谊，谴责欺诈行为和各种邪恶的现象；四是支持正义战争，反对非正义战争。[④]三幅壁画内容分别反映了帕雅真时代三个不同历史时期封建领主的宫廷生活。

四、民间故事题材壁画的教育意义

曼宰竜佛寺僧舍外墙壁画不仅是一种有形的历史文化遗产，也是一笔宝贵的精

① 云南省民族学会傣学研究委员会，德宏州傣学学会：《云南傣族土司文化研究论文集》，270页，昆明，云南民族出版社，2008。
② 岩峰、王松、刀保尧：《傣族文学史》，518页，昆明，云南民族出版社，1995。
③ 岩峰、王松、刀保尧：《傣族文学史》，524页，昆明，云南民族出版社，1995。
④ 岩峰、王松、刀保尧：《傣族文学史》，400～401页，昆明，云南民族出版社，1995。

神财富。在全民信教的傣族地区，南传上座部佛教与傣族人们日常生产、生活休戚相关，密不可分。僧舍外墙的这三幅民间故事题材的壁画，作为一种可视性的宣传南传上座部佛教教义的艺术方式，以其独特的精神文化内涵感染着广大信众。

一方面，这三幅壁画奉劝人们要有忍的精神，忍就是善，善就是美。佛教提倡忍辱求全，逃避现实，与世无争，求得自我净化，才能脱离苦海。这一点，在壁画内容上也有明显的反映。壁画中的《召树屯》中的女主人公孔雀公主楠木诺娜善良温柔的性格源自傣族人民，是傣族人民心目中美的标准。她在恶势力面前忍让，不与之争斗，甚至不惜牺牲自己的性命，正是佛教衡量美的核心尺度。壁画中的《松帕敏》中所塑造的松帕敏为了百姓不愿跟召刚厮杀，决心忍让出走，这一人物形象无疑是佛教赞赏的理想人物，它所体现的正是佛教所宣扬的“忍即善，善即美”的思想。然而，经过长期而广泛的民间流传，经过人民群众的集体加工，其主题思想超出了佛教的思想范畴，演变成了体现人民群众的意志、愿望和理想这一主题，“松帕敏”这一艺术形象也演变成为傣族先民所崇拜的理想人物。松帕敏面对其弟的残暴统治，下决心打回家乡与百姓一起赶走召刚，可见松帕敏的“忍让”并不是逆来顺受、一味地对恶势力妥协，而只是善者宽广胸襟，善者走到哪里都会得到百姓的拥护，体现了“善良”终究会战胜“邪恶”。

另一方面，这三幅壁画教育人们在爱情道德观念上要保持高尚的情操。壁画中的《召树屯》中描绘的孔雀公主南穆诺娜在即将遭受火刑、生命的最后一刻仍惦念着自己的丈夫，召树屯在凯旋归来后得知了这一不幸的消息悲痛欲绝，他父王为了安慰他，为他找来了全勐最漂亮的姑娘，让她任意挑选一个妻子。但召树屯本着誓死不变的决心，经历千辛万苦来到勐董板，找回了失去的美好爱情。壁画中的《召烘帕罕》中也描绘了一段感人肺腑的情节，召烘帕罕在完成了营救祖母的使命，携带三个魔女在回国的路上，被早已等候在大江边的 6 个兄弟暗杀身亡。此时，三个魔女悲痛欲绝、寸步不离地守在丈夫的身边哭泣。天神坤西迦想先考验一下魔女们的真诚，扮做丑恶的魔鬼恫吓她们，又变成英俊的王子引诱她们，结果她们都没有改变半点心意，不管是死是活都不会离开自己的丈夫。壁画中的《松帕敏》中松帕敏的妻子嘎西娜王后原本在宫廷里享尽了荣华富贵，内讧刚起时，她劝丈夫不要出走，留下来与召刚决一死战。可是，当丈夫再三表示“不愿意与弟弟相争，不想永远做国王，如果弟弟有本事治理国家，愿把王位让给弟弟”时，她却愿意跟丈夫出走，并且不管遇到什么灾难都不离不弃。出走之后，夫妻俩受尽了妻离子散的痛苦，然而，即使是在最痛苦绝望的时候，嘎西娜也依然忠于自己的爱情，思念自己的丈夫。壁画中这些美好的夫妻形象以浪漫主义的形式，教育当地人夫妻双方都要忠于爱情，互敬互爱、白头偕老。

曼宰竜佛寺僧舍外墙民间故事题材壁画是古老民间故事与佛经故事关系的见证。对壁画内容的研究，不仅可以使当地人对壁画内容有一个准确而清晰的认识，更有助于人们理解壁画的价值和教育意义之所在。对当地人们珍视和保护民族文化遗产，以及构建和谐社会都具有深远的影响。

赫哲族“伊玛堪”传承的领军人

——赫哲族“伊玛堪”代表性传承人吴明新口述史①

侯儒*

吴明新，1937 年 11 月 18 日出生于黑龙江省同江县（现为同江市）莫勒洪阔赫哲渔村，是赫哲族七姓之一的吴定克哈拉（氏族）的后裔。父亲吴连贵是赫哲族著名的“伊玛堪”歌手。1942 年全家被日本人赶到三部落②。吴明新兄弟姐妹 6 人，他排行老大，15 岁辍学跟随父亲吴连贵下江打鱼，尚显稚嫩的肩膀已经开始挑起家庭的重担。1958 年吴明新开始学习滑雪，1960 年参加滑雪比赛，后来考进佳木斯市体委，成为一名滑雪运动员。1963 年经济困难，佳木斯滑雪队解散，吴明新被调到了佳木斯市铁路局行李处工作，成为一名车站行李员，之后他还做过商务检查员，开过铲车。1997 年吴明新在佳木斯铁路局退休，退休后开始从事“伊玛堪”保护和传承工作。

《黑龙江日报》2010 年曾刊载过一篇文章《传承民族文化终身矢志不渝——记赫哲族伊玛堪代表性传承人吴明新老人》，这是对吴明新为“伊玛堪”，为赫哲族文

* 侯儒：黑龙江省社会科学院文学研究所助理研究员。

① 基金项目：国家社会科学基金青年项目“赫哲族伊玛堪传承人口述史研究”（项目编号：13CZW093）。

② 时有一、二、三部落，实为日本侵略者残害赫哲人的三个集中营。

化付出的肯定，极大地诠释了作为“伊玛堪”代表性传承人的意义。他也成为赫哲族“伊玛堪”说唱象征人物之一。

一、父亲的耳濡目染

吴家“伊玛堪”传承谱系第一代是吴明新的祖父，据他回忆，小时候偶尔听祖父说上一段半段“伊玛堪”，但那时也不懂。第二代传承人是吴明新的父亲吴连贵，他是村里非常活跃的人，多才多艺，说起故事活灵活现。家喻户晓的《乌苏里船歌》曲调就是吴连贵根据赫哲族民歌改编而成，在赫哲族中享有盛名。吴明新是在父亲的说唱和歌声中长大的。在他的记忆里父亲干活时也经常“哼哼呀呀”，小时候听父亲带着深厚的感情说唱“伊玛堪”，让吴明新印象深刻。在父亲的熏陶下，吴明新铭记了这部口头文学，他觉得听父亲说唱“伊玛堪”是生活中的一大乐趣，也是一件终生难忘的事。

我父亲是位“伊玛堪”歌手，我从小在家的时候都说赫哲语，在学校用汉语，写汉字，因为学校里的老师和同学大部分是汉族。我父亲在赫哲族中很有威望，经常能听到他唱“嫁令阔”、“伊玛堪”，用萧吹奏歌曲，所以他对我的影响很大，可以说，从我学“伊玛堪”到我一直传习“伊玛堪”，都是受我父亲的影响。我小时候没有太多的娱乐活动，不像现在又有电视、电脑，你们年轻人还下馆子唱歌厅的，我们那时候就是一帮孩子瞎玩瞎疯。我父亲当时打鱼，每次他们回来后，若有收获，就会聚到我家，一边吃鱼吃肉，一边喝酒。吃会儿喝会儿为了助兴大家就会让我父亲来一段“伊玛堪”。我父亲盘腿坐在炕上，有时候还拿着口弦琴，清清嗓开始先来段唱，再开始说，说一会儿再继续唱，唱到兴头了，再吹一阵口弦琴。人越来越多，满屋都是人，天暖和的话，开着窗户，屋里坐不下就都坐到院子里，男女老少都有，感觉整个村子里的人都搬我家来了。其实那个时候我还不知道这种说唱叫“伊玛堪”，就觉得好听，连说带唱的很有意思，小孩又喜欢热闹，总跟着听。我父亲不让小孩听，让我们出去玩，人少的时候就撵我们这些小孩。他越不让，我们越想听，就趴在门缝里偷听，人多了以后，他就顾不上我们了，我们就敞亮地听。

“伊玛堪”自古以来不是一个人的活动，是赫哲族人自发组织的一项群体娱乐，是一种集体性活动。它需要有场地，有观众，要求说唱者的表演达到一定高度，大家能听懂说唱者表演的内容，从而具有热闹欢乐的现场气氛。在“伊玛堪”表演过程中，赫哲人相互增进情感，群体意识明显增强，无形之中“伊玛堪”成为维系赫哲人情感的纽带。

我6岁那年，全村赫哲人都被日本宪兵队赶到了三部落。也是在那时候我父亲结识了赫哲族一个著名的“伊玛堪”歌手三福玛发，他跟三福玛发又学了很多“伊玛堪”。我父亲总说，没有莫特额和三福玛发，就没有他的“伊玛堪”歌手的称号。后来，我去佳木斯工作，离父亲远了，工作也忙，只是偶尔回趟家，回家有时会听父亲说两句。到了“文化大革命”的时候，“伊玛堪”被贴上了“野曲”的标签，我父亲也被打成“苏修特务”、“唱野曲的”，后来父亲年纪大了，就不怎么唱了。

历史上“伊玛堪”受到两次巨大冲击，一是20世纪50年代末，大量的汉族迁入到赫哲族聚居区，带来了不同的生产生活方式，世代久居于此的赫哲族反而变成了少数民族。汉族人口的涌入，打破了赫哲族长期“封禁”的政策，从而使赫哲族生产生活方式汉化，“伊玛堪”逐渐走向衰落。二是十年“文化大革命”期间，很多“伊玛堪”歌手被贴上“唱野曲”的标签，使“伊玛堪”遭遇了冰冻现象，造成“伊玛堪”歌手在该时期出现断档，“伊玛堪”面临濒危，陷入了困境之中。之后，赫哲族民族精英们意识到“伊玛堪”逐渐走向衰亡，开始积极呼吁抢救保护。20世纪70年代末至80年代，国家开始组织专家学者前往赫哲族地区进行调查研究，采录了大量的“伊玛堪”，“伊玛堪”调查研究开始步入繁荣阶段。

当时国家组织专家学者去采录我父亲说唱的《木竹林莫日根》和《木都力莫日根》。去采录的时候我父亲年纪就大了，身体也不太好。当时家里人都劝他，别太累。我父亲说他是亲身经历了“伊玛堪”从辉煌到落败，他心里难受，接受不了这个现实。我父亲说：“以前只要赫哲人不干活的时候基本都是听伊玛堪，现在哪有人听，再不记录下来，以后就没人会了，可能以后赫哲人的后代就看书上写个伊玛堪，至于它是什么都不知道，到那时候真的太悲哀了。”这是我父亲当年的原话，对我触动很大。

二、夕阳无限好

吴明新是赫哲族公认的现在“伊玛堪”说唱最“地道”的。这不仅与吴明新本人对语言和音乐理解的天赋有关，更离不开他从小生活的环境。他出生在赫哲族渔村，平时人们的娱乐活动主要以听“伊玛堪”为主，为他能地道地说唱“伊玛堪”奠定了良好的基础。1997 年吴明新退休，对于年过半百的人来说，退休后本应该安享晚年，含饴弄孙，可吴明新放弃了这些，不辞辛苦奔走于三江流域。

儿时接触“伊玛堪”，如今几十年过去，尽管留存在吴明新记忆中的“伊玛堪”已经支离破碎，能回忆起来的也只是只言片语，但“伊玛堪”的旋律和民族语言仍根植在他内心深处，丝毫没有随着岁月的流逝而消退。

我很早就离开家到佳木斯铁路工作，那时候上班忙，家里有孩子，白天上班，晚上照顾孩子，没有精力去学“伊玛堪”，只是偶尔看看有关赫哲族的书籍，也没花太多的心思在民族文化上面。有时回街津口看看我父亲，还听他说唱过几次“伊玛堪”，但那时候也没寻思跟他好好学学。我父亲临终前还嘱托我别扔下“伊玛堪”，这个事一直记在我心里。1997 年香港回归那年我退休，孩子也大了，我想我该做点我自己想做的事了，我得学“伊玛堪”，不仅给我父亲一个交代，也算是完成自己多年未实现的愿望吧。

吴明新做出任重而道远的决定——“挽救赫哲族濒危文化”。由于老一辈“伊玛堪”歌手全部离世，吴明新无从学起，只能把父亲生前采录的磁带找出来，凭借着当年对父亲说唱“伊玛堪”的记忆，尽管是不完整的片段，但“伊玛堪”优美的旋律让吴明新魂牵梦绕。他跟着磁带开始自学，可他的赫哲语扔下快四十年了，也没有语言环境，很多词汇已经想不起来，听不懂。为了这一使命，吴明新开始到处拜师学艺。同江、饶河等地已经不知来来回回多少次，只要得知哪个赫哲族老人会说赫哲语，能说唱两句“伊玛堪”，他就马上动身前去学艺，哪怕听过“伊玛堪”，他也要去见一见，请老人给指点，跟着老人们学习赫哲语，学说唱“伊玛堪”。他把人家说的词和句子用汉字标音的方法记在纸上，看似简单的学习方法对于一个只有小学文化的老人来说，困难程度可想而知。

那几年眼看一个个赫哲族老人去世，小时候熟悉的那种文化环境也都不存在了，会说赫哲语的人越来越少，能说唱“伊玛堪”的人更是少之又少。老父亲他们已经走了，“伊玛堪”还能再复活吗？我真是着急了，也是逼到那了，再拖下去肯定是不行了。“伊玛堪”这么好的东西要是失传就可惜了，当时没人弄“伊玛堪”，我说那我就带个头吧。学的时候，碰上老人说得快了，我就跟不上，只有用脑袋硬记。有时候往纸上写，很多字还不会。我每学会一个句子，我就反复哼唱、背诵，生怕忘了。

现在吴明新不仅用赫哲语交流没有问题，还能在继承父亲说唱“伊玛堪”的基础上勇于创新，融入了现代化的元素，现场即兴创作“伊玛堪”，形成了自己的特色。2005 年在“赫哲族第七届乌日贡”大会上，吴明新身穿民族服装登台表演自创的“伊玛堪”小唱《反抗》。吴明新在这部慷慨激昂的“伊玛堪”小唱的开头和结尾先后唱了该旋律，“赫哩啦，嘞啦啦，赫赫呢呐。给根，给根，给给嘎嘎——我们生活在松花江、乌苏里江、黑龙江流域”。短短3分钟的演出，内容丰富。流畅的赫哲语、浑厚神秘的曲调在我们眼前勾画出赫哲人在渔场、三江流域捕鱼，奋勇抵抗日本兵的场景。吴明新将赫哲族传统和现代文化结合在一起，演绎了全新的“伊玛堪”，该节目包揽了大会设立的全部奖项。这次表演也为他当选“伊玛堪”代表性传承人奠定了基础。

三、当之无愧的传承人

> 小时候我父亲觉得“伊玛堪”不能让小孩子听，所以他不教我，等我大了可以听了，我又出去上学、工作，离家远，精力少了，没下功夫学。现在想要是当年我能跟我父亲好好学学多好，所以我现在就鼓励我的儿孙们趁年轻学，越早学越好。

由此可见，吴明新对“伊玛堪”传承有自己的“理解”。在他看来，现在学习“伊玛堪”要从小学。历史上赫哲人学“伊玛堪”没有拜师、学习期限的限制，学成以后也没有仪式举行，这种说唱已经融入到赫哲人的点滴生活中，所以一切都遵从一个宗旨“顺其自然”。如今“伊玛堪”成为“急需保护的非物质文化遗产”，在当前语境下，再也不能让它“顺其自然”，人们开始重新审视这一民族传统文化。为了延续“伊玛堪”的生命，给后人留下更多关于“伊玛堪”的记忆，黑龙江省政府及相关文化部门陆陆续续发布关于“伊玛堪”保护、传承工作的文件，全面展开“伊玛堪”文化保护、传承工作。其中，至关重要的就是认定代表性传承人。与“伊玛堪”申遗相比而言，“伊玛堪”代表性传承人的认定制度要相对简单，主要是书面材料加逐级上报。政策的发布为吴明新申报代表性传承人提供了契机。正是在此背景下，吴明新开始申报“伊玛堪”代表性传承人。

要申报国家级代表性传承人，市里就想到了我和我侄子吴宝臣，他们也在寻找像我们这样会说唱“伊玛堪”的人。因为我父亲是有名的“伊玛堪”歌手，所以有传承谱系；我从小会说赫哲语，有语言优势；再加上这些年我学“伊玛堪”大家都知道，有“伊玛堪”基础。领导给我打电话说让我申报，我觉得是一个很好的机会。申报这个代表性传承人，前期做了很多准备工作，文字的，图像的，影像的都一一做好做精。我记得报材料的时候，我不会用电脑，文字说明都是孩子们帮我整理的，每一句话都要既精练又要说到点子上。照片是穿民族服装说唱“伊玛堪”的，我的照片很多，最后选的都是斟酌再三挑选出来的。

经过推荐、申报、评审、公示，2008 年 2 月，吴明新被授予“赫哲族伊玛堪说唱国家级代表性传承人”光荣称号，成功入选国家文化部首批国家级非物质文化遗产曲艺类“赫哲族伊玛堪”代表性传承人，这也使吴明新的“伊玛堪”传承之路更加坚定。

之所以推荐吴明新申报“伊玛堪”国家级代表性传承人，其实不无缘由。其一，正如吴明新自己所说，父亲吴连贵是赫哲族著名的“伊玛堪”歌手，因此他有着纯正的“基因”，现在他本人的“伊玛堪”说唱也具有一定基础。其二，吴明新是赫哲族中富有代表性的一员，他对赫哲族捕鱼、狩猎、手工技艺样样精通。书本上有关赫哲族传统文化的描述对于大部分赫哲人来说只是白纸黑字，而这些是吴明新儿时的记忆。其三，他亲自见证了赫哲族传统文化和“伊玛堪”一步步走向衰落，危机意识、紧迫感和使命感比别人更强烈。更为重要的一点，是吴明新热爱自己的民族文化。

当选为代表性传承人后，吴明新开始着手“伊玛堪”具体的传习工作。2008 年 8 月吴明新创办了赫哲族第一个正规的“伊玛堪”传习所，第一批共招收 17 名学员，其中汉族学员 2 名，朝鲜族学员 1 名，其余都是赫哲族。最大的 62 岁，最小的 8 岁。“伊玛堪”传习所的建立标志着赫哲族“伊玛堪”说唱社会传承工作正式开始。

四、传习阵地

传习所开办3个月后，有了一定的影响，先后收了40多名学员。为进一步扩大赫哲族“伊玛堪”传播渠道，在吴明新积极努力下，于2009年3月在佳木斯市郊区敖其赫哲族村成立赫哲族“伊玛堪”传习所，第一批共招收学员23人，年龄最小的8岁，最大的71岁。传习所邀请吴明新为传习教师，教授赫哲语和“伊玛堪”两门课程，每周一、二13：00—15：00授课，每年春耕和秋收时放假。2010年3月黑龙江省非遗中心在同江市街津口赫哲族乡成立了“伊玛堪”传习所，学员8—15名。同年6月，在饶河县建立了“伊玛堪”传习所，由吴明新和省级代表性传承人葛玉霞定期传授，学员20名。2013年同江市八岔赫哲族乡成立“伊玛堪”传习所，有17名学员。2014年同江市“伊玛堪”传习所成立，招收12名学员，开始实行传承人自行带徒制度。因学员不稳定，2010年吴明新创办的“伊玛堪”传习所取消，部分学员合并到郊区“伊玛堪”传习所继续学习。一直到2014年，吴明新都是每周六和周日前往郊区“伊玛堪”传习所给学员上课，其他传习所上课时间是一个月两次到三次，时间不定，一般由省非遗中心提前一周通知。2014年以后郊区“伊玛堪”传习所由胡艺担任传习教师，吴明新负责其他传习所的传习工作。随着“伊玛堪”对吴明新人生的影响越来越大，他也逐渐从主动教部分学员到积极主动配合黑龙江省非遗中心安排的传习所教学的各项工作。

据不完全统计，5个传习所由代表性传承人定期开展传习活动，已开展传习活动300余次。现在“伊玛堪”社会传承逐渐走向正规，赫哲族聚居区除抚远外都设有传习所。每次传习，各地区的非遗中心专门派工作人员及时做好“伊玛堪”采录工作。在所有人的共同努力下，曾经一度中断的“伊玛堪”大唱正在逐步恢复。但让吴明新觉得可惜的是，所有传习所都面临学员流失的问题，能够长期坚持学下去的人不多。为了鼓励学员坚持学习“伊玛堪”，各地非遗中心划拨资金用于激励学员学习，从每人一次课程最初的5元到后来的20元，有的传习所50元。

从成为“伊玛堪”代表性传承人到开办第一个“伊玛堪”传习所，再到现在任五个“伊玛堪”传习所的传习教师，可以说，吴明新的个体生命历程与国家政策、政府领导、家人对他的关注和帮助是密切联系的。吴明新通过由家人、亲戚、朋友、学生和领导所织成的社会关系网而被整合到另外一个群体中——非物质文化遗产传承人。与此同时，吴明新也得到了大家的支持，他也主动承担了“伊玛堪”传承和发展的义务。

吴明新按照传统“伊玛堪”说唱的曲调，根据自己的生活体验进行创作。他创作的灵感主要来自于日常生活、民俗环境在其内心的沉淀积累。他创作的现代“伊玛堪”反映赫哲族传统渔猎生活和现实生活中的事件感悟，将古老文化和现代文明有机地结合起来。例如吴明新说唱的“伊玛堪”片段《可爱的家乡》是赫哲族社会生活及文化生活的综合体现，是对赫哲族聚居区风土人情的艺术表达。也有人认为吴明新在演出中说唱的“伊玛堪”加入了现代元素，和传统“伊玛堪”不同，违背了传统“伊玛堪”的文化生态。笔者认为，吴明新根据父亲吴连贵那里承继的记忆和技艺，对“伊玛堪”说唱本身进行合理的艺术加工，正是这种自觉性服务民族文化的创新，才使“伊玛堪”得到继承和延续。正如王宪昭研究员所说：“创新是文化发展的生命，面对那些即将消失的一些口头文化，如何使它具有新的受众，产生新的生命和活力，一个最有效的方法就是对它的内容和形式进行必要的创新。创新本身也是一种自我保护。”[①] 对于“伊玛堪”来说，它需要不断改进发展，融入新元素，引入新的说唱内容和形式，这样才能顺应社会发展，满足观众的需求，从而应对社会变迁的席卷。

“伊玛堪”在近年的发展过程中面临着巨大的机遇与挑战，而创新也成了未来“伊玛堪”持续发展的有益方法。2015 年 1 月 30 日，由黑龙江省非物质文化遗产保护中心和黑龙江省望奎县文广新局联合推出的原创中国首部赫哲族“伊玛堪”皮影戏《西温莫日根》在哈尔滨首演，该剧将两项世界非物质文化遗产——“伊玛堪”和皮影戏巧妙结合，可以说这是对传统文化创新的大胆尝试，具有里程碑式意义。在剧中“伊玛堪”的说唱部分是由吴明新和葛玉霞共同完成的，说唱的曲目是在

① 王宪昭：《对少数民族民间口头文化传承人的思考》，载《文化遗产》，2011（3）。

《坎特莫日根》基础上进行再次改编创作。这次“伊玛堪”和皮影戏的结合，也为今后“伊玛堪”保护与发展探索出一条经验之路。吴明新说自己很幸运能参加首次用皮影戏演绎赫哲族故事，借助皮影艺术的优势，能让更多的人了解赫哲族和“伊玛堪”，也更好地宣传、保护和传承这两个世界级非物质文化遗产项目，拓展传承发展新空间。

五、小结

从学艺到传习，吴明新是善用资源，敢于做事的人。从跟父亲生前留下的磁带自学“伊玛堪”，请赫哲老人指点，到向国家政策靠拢，当选“伊玛堪”说唱代表性传承人，再至自出资金开办传习所，广泛宣传“伊玛堪”，这一过程说明了“伊玛堪”与吴明新的生命历程相互作用。回顾吴明新的人生历程可以看出：20世纪30年代，吴明新出生于同江市莫勒洪阔渔村，决定了他从小接触“伊玛堪”；20世纪80年代，国家对“伊玛堪”的抢救保护，多次前往吴明新父亲吴连贵家中采录“伊玛堪”，奠定了他日后重拾“伊玛堪”；20世纪90年代末，吴明新退休，让他有更多的时间从事自己想做的事，使得他开始学习“伊玛堪”，为今后当选代表性传承人奠定了基础；进入21世纪初，国家开始重视传统文化，掀起了非物质文化遗产保护和传承热潮，吴明新被评为“赫哲族伊玛堪说唱国家级代表性传承人”称号，激发了他传承“伊玛堪”的热情；今天，吴明新传承“伊玛堪”取得成效，成为他将这份事业继续坚持下去的动力。可以说，吴明新的生命历程是在社会历史中逐渐形成的，在他人生中每个阶段都与“伊玛堪”有着千丝万缕的联系，这些事件影响着他的走向，从而塑造着吴明新的人生。

综上所述，可以看出个体的命运与国家社会密切相关，个人的行为也会受到国家政策、制度、媒体和市场经济方方面面的影响。这些潜在的社会力量，将个体命运与社会结构紧密相连，通过作用“伊玛堪”抢救、保护、传承这一过程，从而影响“伊玛堪”代表性传承人的生命历程。吴明新作为“伊玛堪”说唱国家级代表性传承人，是“伊玛堪”说唱传承的主体，他在传承过程中积极扮演着继承和创新的角色。从他的生命历程中，不难看到他并非完全受制于社会潜在力量的影响，在一定程度上，他也积极地发挥着主观能动性，对“伊玛堪”的传承与发展产生重要作用。

“伊玛堪”承载着赫哲族的民族精神，是赫哲族文化的象征，在曾经的岁月中，它曾是人们业余生活的全部，正是这样的说唱形式，在帮助赫哲人了解本民族文化的同时，也让他们和其他民族的同胞区别开来，加强了赫哲族的民族认同感和凝聚力。吴明新对传承“伊玛堪”身体力行的践行，在教学中，他注重根据学生的特点来指导，他不但重视“伊玛堪”的保护和传承，还坚持要创新传承。传承走得远走得好，需要内部动力即文化自觉，在这一点上，吴明新开了好头，起到了表率作用。同时，在黑龙江省非遗中心和当地政府以及其余五名代表性传承人的一起努力下，“伊玛堪”现在已经在赫哲人心中烙上了民族标志的印记，但是，“伊玛堪”未来所面临的挑战也不容小觑，还需要政府和社会各界人士的支持和帮助，如何更好地传承和发展“伊玛堪”是每一个赫哲人的责任和义务。

文物

乾隆皇帝的“虎神枪”

杜恒伟 *

一、清初帝王“崇尚骑射”与“木兰围场”的兴建

清朝的统治者是满族人，世代活动于中国东北的高寒地带，是一支以围猎为主的游牧民族。满族的民族特点即是“国语骑射”，所谓“国语”即满语；骑射即能在骑马奔驰中射箭中的（箭靶的中心），它是满族长期狩猎生活中的民族特技。清初诸帝如皇太极、康熙、乾隆等人无不精于骑射，为使满洲皇室贵族、王公大臣不因生活安逸而忘本，丧失尚武之精神，也为保持八旗军兵的战斗力，他们非常重视武备，经常举行各类军事活动。其中最著名的即是骑射围猎。当时的皇家围猎场所有多处，大多在今内蒙古和东北地区，如吉林围场、巴彦托罗海围场、墨尔根岳洛围场、巴彦喀喇围场、永安莽喀围场等，其中最著名的是建于康熙年间的木兰围场（在今河北省围场县），这里因距承德避暑山庄和京城较近，在内蒙古的昭乌达盟、卓索图盟、锡林郭勒盟和察哈尔一带，周环1300里之地，具有“北控蒙古，南拱卫神京”的战略地位，是中原地区和蒙古草原的重要通道之一，且林深菁密，水草

* 杜恒伟：沈阳故宫博物院副研究馆员。

图 1　木兰秋狝入崖口诗碑

茂盛，是极好的狩猎之地，在这里举行的围猎活动称为“木兰秋狝”。康熙、乾隆等皇帝除了携皇子、皇孙及王公大臣一同围猎外，为了加强军队的训练，还下令驻防各地的八旗军兵也要轮流参加。把木兰习武作为祖宗家法。康熙先后 48 次到木兰秋捕。

乾隆皇帝时，举行的围猎骑射活动十分频繁。从乾隆六年（1741 年）至嘉庆三年（1798 年），他共到承德避暑山庄 50 余次。他御笔题诗、刻碑不少，如乾隆十六年（1751 年）八月御笔题写了《木兰秋狝入崖口诗碑》（图 1），立于木兰围场。拓片碑身阳、阴均高 216 厘米，宽 125 厘米。两侧均高 219 厘米，宽 56 厘米。额阳高 23 厘米，宽 22 厘米。高宗弘历撰并行书，额篆书。阴满文，两侧蒙古、藏文。又如沈阳故宫博物院藏有《清弘历行书木兰驻跸诗横片》（图 2），为弘历于乾隆丁卯九月在木兰围猎后，回到避暑山庄写下的两首诗。

乾隆三十五年以前，弘历去必行围，就是在花甲之年后，他还照样率领满洲八旗官兵猎捕兽禽。后来由于年过古稀，行围之举才日渐减少。在围猎讲武中，乾隆皇帝不仅指挥满洲官兵奋勇驰逐，擒捕猛兽，而且亲自策马拉弓。曾四次随扈木兰秋狝的军机章京赵翼在《檐曝杂记 · 圣射》中称赞乾隆皇帝：“每夏日，引见武官毕，即在宫门外较射。秋出塞，亦如云。射以三番为率，番必三矢，每发辄中的，

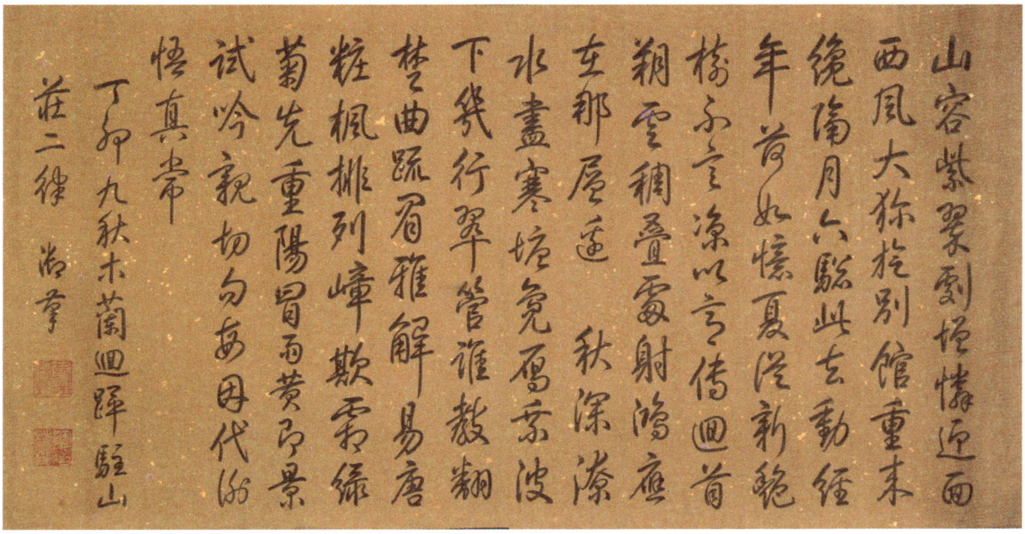

图 2　清弘历行书木兰驻跸诗横片

九矢率中六、七次，此余所常见。”乾隆皇帝一生行围无数，每有重大斩获，都会写诗记之，并将猎获动物种类、数量刻于所用弓、箭、枪、马鞭等装备之上，有时还命宫廷画家以图记之。

二、从《虎神枪纪残碑》、《土墙诗刻碑》看乾隆皇帝的一次神奇猎虎经历和平时训练火枪的过程

清乾隆十七年（1752 年）秋九月，乾隆帝到围场境内岳东一带行围。那里的猎人报告说，有虎匿于三百步外隔谷山洞中。乾隆帝用祖上康熙御用火枪举枪射击，意在使虎受惊出洞，不想正中虎身。猛虎咆哮而出，负隅跳跃。乾隆帝又补一枪，虎中弹倒毙。乾隆帝大喜，特写《虎神枪记》一篇记述此事，刻石立碑于射虎山（图 3），即木兰围场七十二围之第四围岳乐围场的山坳之平地处立（虎洞对面山上）《虎神枪纪残碑》（图 4）。碑高 4.5 米。阳、阴各拓作两纸，阳两纸碑文均高 194 厘米，一宽 39 厘米，一宽 44 厘米；阴两纸碑文均高 195 厘米，一宽 32 厘米。一宽 39 厘米。高宗弘历撰并行书，阴满文。碑石劈裂为两条，断处文缺数行。此碑碑文

用满、汉、蒙古、藏四体文字记述了乾隆本人持虎神枪殪虎经过：“虎神枪记：虎神枪者，我皇祖所贻武功良具，用以殪猛兽者也。国家肇兴东土，累洽重熙，惟是诘戎杨烈之则守而弗失。皇祖岁幸木兰行围，诸蒙古部落云集景从。予小子虽不敏缵承之志，其敢弗蘉？故数年以来巡狩塞上，一如曩时。蒙业藉灵，四十九旗及青海喀尔喀之仰流而来者，亦较前无异焉。若辈皆善射重武，使无以示之，非所以继先志也。围中有虎，未尝不亲往射之。弓矢所不及，则未尝不用此枪，用之未尝不中。壬申秋，于岳乐围场中，猎人以有虎告而未之见也。一蒙古云：虎匿隔谷山洞间，彼亲见之，相去盖三百余步。朕约略向山洞施枪，意以惊使出耳，乃正中虎。虎咆哮而出，负嵎跳跃者久之。复入，复施一枪，则复中之，

图 3 木兰围场的射虎山

图 4 虎神枪记残碑

遂以毙焉。盖向之发无不中，乃于溪谷丛薄目所能见之地，斯已奇矣。而兹岳乐所中，则隔谷幽洞，并未见眈眈阚如之形，于揣度无意间馥焉深入，不移时而殪猛兽，则奇之最奇。其称为神，良有以也。夫万乘之尊，讵宜如孟克特库之流夸一夫之勇哉？而习武示度，必资神器以效奇而愉快，则是枪也，与兑戈和弓同为宗社法守，不亦宜乎？乾隆十七年岁在壬申秋九月御制并书。”在围场新拨乡月亮沟西山坡上，又用御笔写下了“乾隆十七年秋狝，上用虎神枪殪伏虎于此洞”十八字，刻于虎洞之上之石崖。

清宫画师徐扬也绘制了《乾隆虎神枪图卷》（图5）纪录了乾隆十七年殪虎这次经过：绢本设色，纵185厘米，横169.7厘米。乾隆皇帝本人骑术、箭术、刀枪武艺均非常精湛，每次狩猎都有收获，画面上部、下部均有徐扬题跋并抄录乾隆的

图5 徐扬《乾隆虎神枪图卷》

虎神枪记，题识：(乾隆皇帝《虎神枪记》，文略)，“臣徐扬敬录。皇上御极之十有七年岁壬申之月，时巡塞上，合徒大狝。越岳乐围场 ，猛虎伏隔谷石洞中，人莫敢近。相距三百余步，弓矢不能及。皇上亲御神枪，一发而虎负伤咆哮，既出复入，再发而殪 。侍从之臣以及袜徒武夫惊相传以为神。旋辔武帐，挥翰纪其事，且追忆其山川为之图。惜臣扬未得扈从，躬逢其盛也。 是岁嘉平月朔，入值干清宫。上以是图是记呼扬近御座而熟视之。且蒙指点山川之风景，围场之武备，琅虎之情形。扬跪 捧宸章，详闻天语，不啻目睹其事，身游其地。退食后敬摹一过，并录御制于上，而自跋其下。非特以千载遭逢之盛，为微臣志不忘；后之见是图者，亦可知我皇圣武神威，超千古而莫媲者也。臣徐扬拜手稽首敬跋。”钤印：徐扬、扈从诗臣、叠赐金貂、徐扬、风雅侍从、玉音书卷气、读书之余事。此图以鸟瞰式的全景构图，描绘了狩措场所的崇山峻岭以及奔走出没的野兽，狩猎者则分布于各处，围捕射杀，场面宏大。乾隆皇帝的这些做法很有商王“作册般铜鼋”的意思。

弘历殪虎枪法如此精准，和平素的训练不无关系，乾隆御笔《土墙诗刻》(图6）碑记载的很详细，清乾隆五十二年（1787 年）二月中浣题。拓片高 80 厘米，宽190 厘米。燕京大学建校时从西门外挖出乾隆御制诗碑，一面刻诗：“清明时节宜种树，拱把稚松培植看。欲速成非关插柳，挹清芬亦异滋兰。育材自合求贞干，　矩

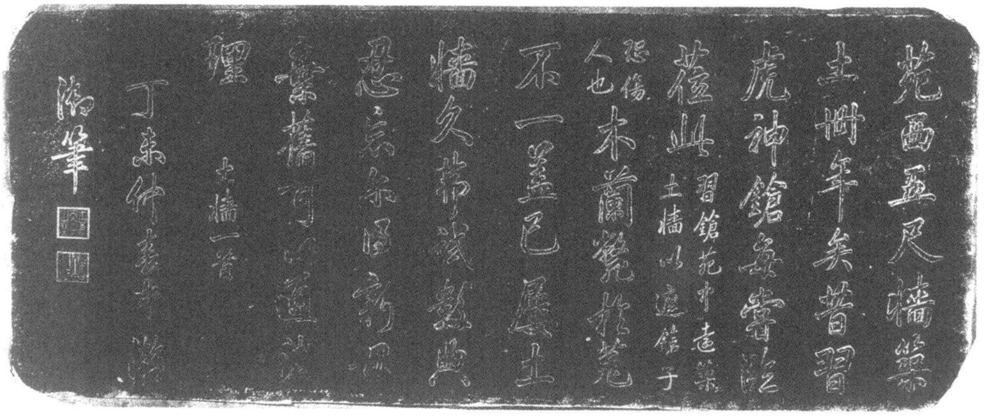

图 6　土墙诗刻

因之思任官。待百十年讵云远，童童应备后人观。种松戏题，丁未仲春中浣御笔。”另一面为《土墙诗刻》石现在北京海淀区北京大学：“苑西五尺墙，筑土卌年矣。昔习虎神枪，每尝临莅此。（习枪苑中，远筑土墙以遮枪子，恐伤人也。）木兰毙于菟，不一盖已屡。土墙久弗拭，数典忍忘尔。得新毋弃旧，可以通诸理。土墙一首，丁未仲春中浣御笔。”笔法遒劲有力，史料价值弥足珍贵。

三、乾隆皇帝殪虎的武器装备

清自入关以来，注意加强造兵机构，健全生产制度，严格军品管理，内务则例章程完善。康熙亲征噶尔丹，乾隆建立了“十全武功”，使他们注意到了新式武

图 7 《乾隆丛簿行围图轴》

图 8　清　射虎骲头箭

器——火枪，在战争中的巨大作用，所以宫廷非常重视对火枪的收藏，“藏之武库，以记武成”，以此作为赫赫武功的见证。故宫博物院宫廷武备库珍藏有康熙、乾隆御用火枪，其来源一是由西方传教士或皇亲国戚所进献；二是由内务府的养心殿造办处所属枪炮处所制作。这些枪，由皇帝敕命并审阅、钦定，被列入典制，是皇帝专用品。如康熙御用自来火二号枪、乾隆御用威捷枪等皆属此列，其特点是造型独特，制作精良，装饰豪华，突显皇家气派。

乾隆皇帝在木兰围场以猎虎闻名于世，除上述清宫绘画和御笔碑刻外，还有《乾隆丛簿行围图轴》（图 7）等描绘。本幅纵 424 厘米，横 348.5 厘米，为宫廷画家艾启蒙所绘得意之作。图绘乾隆皇帝行围时，于丛林遇一母虎及三只小虎。虎枪手击毙三只，侍卫贝多尔又生擒一只。当时恰值布鲁特部落前来觐见，侍卫生擒猛虎，正显示了清军士兵高超的武艺。乾隆皇帝十分高兴，特写《丛簿行》一诗，记述此事，又命画家绘画记录。乾隆皇帝喜围猎，且多有佳绩，每有斩获，他都会写诗记之，并将猎获动物种类、数量刻于所用弓、箭、枪、马鞭等装备之上，有时还

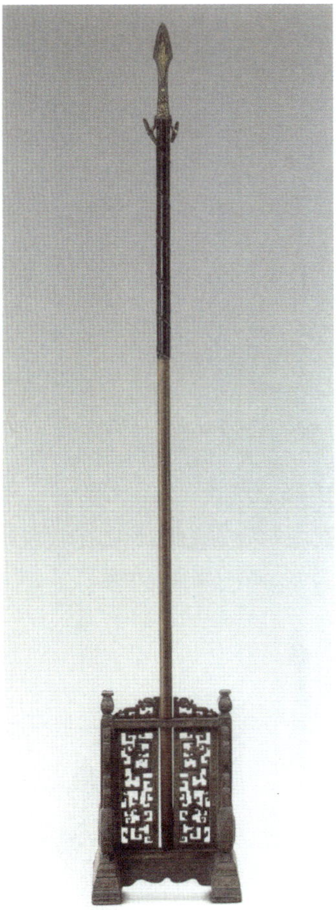

图 9　清乾隆　阿虎枪

命宫廷画家以图记之。此图场面宏大、人物众多、场景真实。

那么，弘历猎虎的器械主要有哪些呢？大致分为三类：

（1）《射虎骲头箭》（图 8），北京故宫藏品。长 111 厘米。桦木骲，起棱，环穿四孔。杨木为杆，花雕羽，主要用在行围时驱逐卧虎，使之起。

（2）《阿虎枪》（图 9），清乾隆年制御用枪，北京故宫藏品。通长 249 厘米，枪身长 29 厘米。枪身铁质，刃前锐后锋，中起脊。带血槽，饰錽金云龙瓔穗纹，錽金楷书“大清乾隆年制”。柄木质，头缠黑皮，横繫鹿角二。枪头附皮套。柄首靠近枪刃处，左右各有一个用牛筋或牛皮条牢牢系住的小鹿角棒，棒长约 3.3 厘米，其作用是刺虎时防止入刃过深，以免虎体洞穿，虎落伤人。从乾隆年绘制的《乾隆刺虎图》（图 10）可以看到此枪。居中者为乾隆，两旁为虎枪营统领，三人均手持阿虎枪，但后部无刃，与实物略有区别。沈阳故宫博物院藏《虎枪》（图 11）应为虎枪营士兵所用。

（3）《虎神枪》，根据《虎神枪纪残碑》记载了乾隆皇帝当年（1752 年）使用康熙的御用神器来殪虎的经过，本人推测类似《康熙御用自来火二号枪》（图 12）。枪长 135.5 厘米，内径 1.1 厘米。枪管铁质，前起脊，后四棱，带准星、望山。枪口錽金兽面纹，下附木挧杖一根。枪牀为鸡翅木，牀下加木叉，叉尖饰角。发火装置为火绳、燧发两用。枪体一侧嵌饰螺钿梅花，以三道皮箍加固。自来火指火枪上的引火物，集火石和打火工具为一体，比火绳枪先进得多。此枪与《大清会典》所记载康熙御用自来火二号枪完全一致，故此定名。

当然，乾隆年清宫造办处也做了很多乾隆御用火枪，例如《乾隆御用纯正神枪》（图13），北京故宫藏品。枪长192.1厘米，内径1.4厘米。枪管铁质，前起脊，中四棱处錽金楷文："大清乾隆年制"，周围环錽金卷草纹，后圆，带准星、望山。枪口饰镀金蕉叶纹，下附搠杖一根。枪牀为云楸木，下加桦木叉，叉尖饰角。枪体以四道皮箍加固。枪近火门孔处饰象牙。枪托镶玉镌汉字："纯正神枪长四尺五寸 重九斤二两 药二钱 子五钱"；《乾隆御用奇准神枪》（图14），北京故宫藏品。枪长203厘米，内径1.7厘米。枪管铁质，带准星、望山。枪口饰镀金回纹、蕉叶纹，下附木搠杖一根。枪牀为云楸木，下加桦木叉，叉尖饰角。枪体以四道皮箍加固。枪托镶玉镌汉字："奇准神枪长四尺五寸 重九斤二两 药二钱 子五钱"。关于火枪使用的子弹情况是这样，清朝皇帝每次围猎射中野兽之后，均从兽体内取出铅弹，用黄绸包裹，刻意保存；并在包内皮签上用满、汉文字记载此弹射猎的经过。如"乾隆三十八年八月二十四日在阿济格鸠围场打虎，虎神枪铅子一个，重七钱"等等。图中子弹即乾隆帝射中

图10《乾隆刺虎图》

图11　清　虎枪

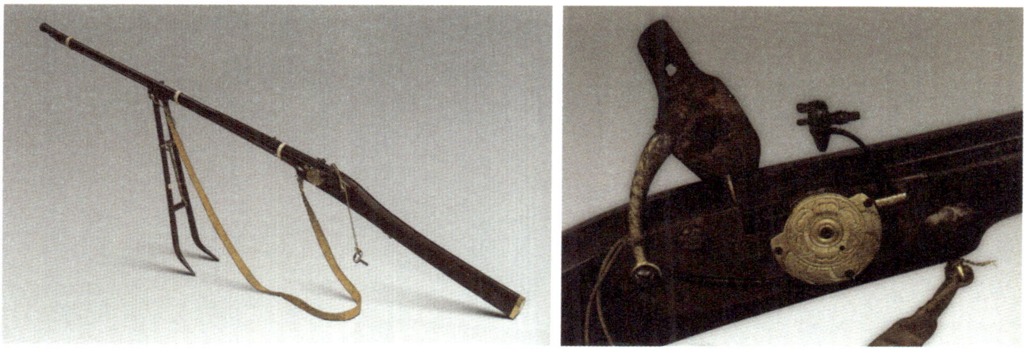

图 12　清康熙 康熙御用自来火二号枪

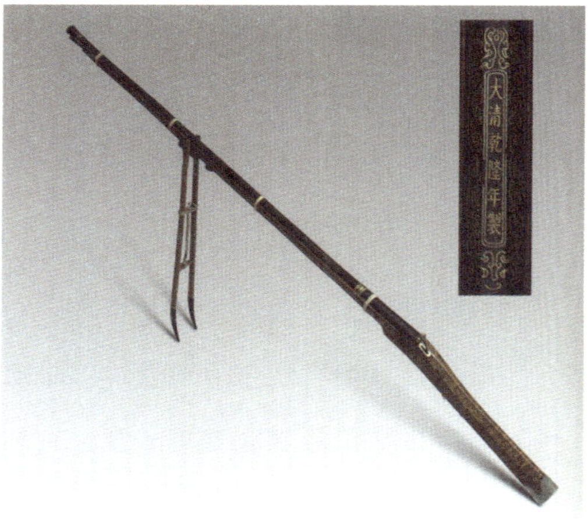

图 13　清乾隆 乾隆御用纯正神枪

图 14　清乾隆 乾隆御用奇准神枪

野兽的子弹。如《狩猎用铅弹》（图 15）所示。

通过研究乾隆帝猎虎的上述武器，从一个点可以看到清宫武备是清朝三百年军事、政治制度变迁的缩影，蕴含了中华传统武备与西方先进武器装备的冲突与融合。既可从一个侧面反映出清王朝由盛至衰的发展历程，也进一步揭示出，在当时的历史背景下，清王朝的闭关自守，使之在政治、经济、科技、军事等领域与西方国家的距离日益拉大，或可认为，这正是我们研究清宫武备现实意义所在。

总之，乾隆皇帝用圣祖之虎神枪殪猛虎，证实了他用实际行动传承康熙木兰

图 15　乾隆御用盛弹匣

秋狝之初衷，他没有辜负祖父康熙的希望。木兰秋狝活动，在清代前期是一项极为重要的活动。通过围猎官兵演武训练，增强了军队的战斗力，清帝也可通过围猎锻炼和考察将士在围猎活动中满、蒙古、回、维吾尔等少数民族贵族聚集一堂，有利于统一的多民族国家的巩固和发展，也有利于祖国边疆的安全。从始建到同治二年（1863 年）围场放垦，前后存在了 180 多年之久。在历史上，木兰围场在维护民族团结、巩固北部边防的斗争中，演出过壮阔的史剧，留下了重要的篇章。

浅谈彝刀文化
——以四川省省级非遗项目彝族叶形双耳腰刀制作技艺为例

杨庆 *

一、彝族刀史简述

在彝族历史上，民族工艺种类繁多，金属锻制技艺是彝族民间工艺的重要组成部分。彝族创世史诗《勒俄特依》有“嘎莫阿尔者，膝盖作铁墩，二指当铁钳，拳头当铁锤，嘴巴为鼓风……”的记载，这是对彝族铁匠始祖嘎莫阿尔非凡技艺的诗性描述，表明彝族金属锻制工艺历史悠久，源远流长。“……制成四把剑 / 四把四处搁 / 一把埋土中 / 埋了三年三 / 可曾生泥锈 / 不曾生泥锈 / 别说是泥锈 / 泥香未曾有……一把藏鸡圈 / 藏了三年三 / 可曾粘鸡垢 / 不曾粘鸡垢 / 别说是鸡垢 / 鸡味未曾有……一把挂梁下 / 挂了三年三 / 可曾粘烟灰 / 不曾粘烟灰 / 别说是烟灰 / 烟味未曾有……一把放水中 / 放了三年三 / 可曾长水藻 / 不曾长水藻 / 别说是水藻 / 水珠未曾粘……青碧的宝剑 / 剑刃如虎牙 / 剑鞘鱼鳞闪 / 阴面看宝剑 / 纹路似羊道 / 阳面看宝

* 杨庆：四川省凉山彝族自治州非物质文化遗产保护中心馆员。

剑 / 光芒刺人眼 / 青碧宝剑长三卡 / 男人手臂也三卡……”这是彝族民间文学博葩（万物起源诗）《宝剑起源》中的选段，彝人的世界里万事万物都有其博葩，都有相应的博葩古诗，因此有博葩的事物都应该是有漫长历史的事物。《勒俄特依》的《兹居地》诗章中有这样的记载“……孜孜蒲乌地 / 七代宝刀舞于此 / 八代骏马骑于此 / 九代德古守于此 / 先祖屋基夯于此 / 子孙后代居于此”，任何民族的发展史同时也是战争史，很多时候兵器实力可决定一场战局，武士手中的大刀宝剑从来也是彝族兹莫（土司）捍卫疆土的重要武器。彝谚道“不拔一剑怎能称英雄，不语一席怎能成德古”，古代的乜楚（大刀）、依莫（剑）、居插（短腰刀）都是彝族男人的佩刀，是彝族武士的象征。元代《云南志略》记载建昌路彝族“善造坚甲利刃，有价直数十马者”，明确指出了其工艺价值。另有历史资料记载，宋朝端拱二年（989 年），“邛部川蛮部都鬼主诺驱遣弟少盖等 350 人，供……蛮刀 2”，可见彝族战刀曾一度成为当时的建昌土官献给朝廷的贡品之一。

二、刀艺精湛

到了现代，彝人生产生活当中的刀具品种也较为丰富，主要有东木杆偶（弯砍刀）、东木克特（平头砍刀）、海箍（彝族镰刀）、东木惹（彝族尖刀或匕首）、艾清曲木（彝族剃头刀）、次木（彝族羊毛剪刀）等，产于凉山彝族自治州喜德县米市镇尔夫村的彝族叶形双耳腰刀，因其制作精美、刀身灵巧、刀刃锋利、携带方便而著称于世。

尔夫村坐落在喜德县米市镇西部，这里地处中国彝语标准音所在地境内，属于只有彝族居住的二坝山区，村内沟谷纵横、泉水潺潺、木材丰富，有烧制木炭的茹波树和基斯树，在莫瑟依嘎河畔独产用于磨刀的阿赫、阿斯、勃等石料。

叶形双耳腰刀因刀形像一片柳叶，靠近刀把的刀面两侧有两只耳状金属缀片，习惯于挂在男人的腰间而得名。叶形双耳腰刀的制作工艺主要由居住在这里的尔古、麦吉、吉布等家族世代传承。老人们讲，制刀技艺在他们几个家族内部传承了十余代，从玛果火谱山到莫呢红莫山，方圆几百里以内，尔夫山寨是著名的彝族腰刀出产地，这里的刀匠制作的叶形双耳腰刀工艺复杂，做工精细，外表美观，钢性强烈，小巧实用，是彝族男人的随身佩刀。上山下地时削木砍竹，攀缘绝壁时插刀扶手，野兽来袭时自卫防身，日常生活中宰牲割肉，隆重聚会时扮缀男人的腰身，增添男人的帅美。因此，叶形双耳腰刀是集实用、收藏、装饰、摆设、馈赠礼品于一身的名刀，是四川民间最著名的彝族腰刀。

彝族叶形双耳腰刀的制作工艺的基本流程包括“瑟翁—烈烧—锻打—石磨—钢磨—刺字—做把柄—制刀鞘”等流程。瑟翁就是砍下茹波、棘斯等树木，在坑里加干柴点火令其燃烧，待完全烧成红木炭时在坑上铺盖一层青绿带叶树枝，最后用泥土密封，到了第二天才掀开泥土，用竹筐把已成的木炭背回家中。锻打是一个重要的环节，需要把生铁用木炭烧红 15 次，用铁锤锻打 15 遍，把钢铁叠打数遍，令其废钢废铁全溶于火，只剩上乘的钢火方能制作腰刀。把腰刀的初模制成之后开始进入石磨阶段，所谓石磨就是用石头磨刀，但彝族腰刀的磨石不是一般的磨刀石，而是专门采自莫瑟依嘎的奇特之石，且分为阿赫、阿斯、勃三类石头，每一类磨石包含了一道磨刀工序。用磨石磨过之后，进入钢磨阶段，就是用磨锯器对腰刀进行细磨。磨好之后开始在刀上刺字点缀，为刀刃淬火加钢，最后制作刀柄和刀鞘，精美的叶形双耳腰刀就制作完成了。貌似柳叶的刀形，镶有耳状缀片刀颚，在两个面上刺刻圆形、半圆形、长条形、水渠形、指甲形、八只眼型、公鸡眼形等各类图案的刀身，镶嵌牛角的刀柄，金属、木料和皮质结构的刀鞘，构成了精美的彝族叶形双

图 1　彝族双耳腰刀

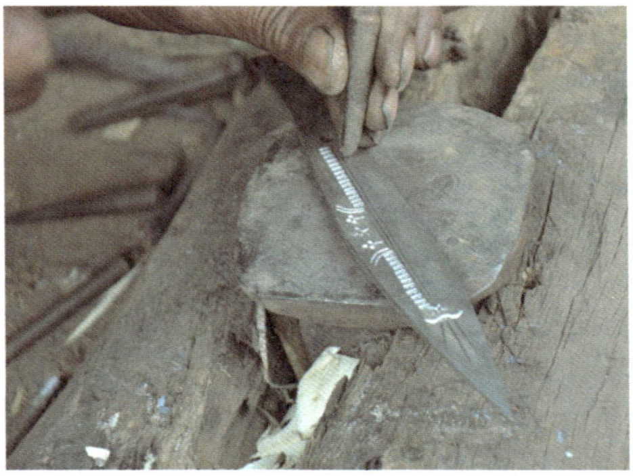

图 2　凿眼

耳腰刀。彝族叶形双耳腰刀制作工艺当中的淬火加钢、羊皮鼓风、叠锤、石磨、木炭烧制等工具及其流程都是别具一格的民间工艺。彝族叶形双耳腰刀在日常生活中是普通的刀具，其功能与一般的刀具一样，但挂在男人的腰间时就成了饰品，因此具有多功能的特征。值得一提的是，彝人的腰刀是不刻血槽的，但在刀面内含着清晰可数的暗纹，有三纹的、七纹的、九纹的，彝语称“依莫所达”、“依莫石达”、“依莫古达”等，这样的暗纹是“叠锤”工艺的结晶。

三、刀俗奇特

据《越嶲厅全志·夷俗志》记载：彝族“佩长刀，生子时即以铁三四十斤入火烧锤炼，一年数炼，炼至十五六岁时，铁止七八斤，造为长刀，镶以金银把，锋芒甚利”，由此看来一个彝族男人一来到世上就已经和佩刀紧紧联系在一起了，这十数年磨一剑的习俗，说明彝人已经把佩刀视为事关一生安危的重大事项。

凉山彝人的刀鞘往往与英雄带相配制，佩戴时从右肩向左腋斜挎，这样便于以右手拔刀。彝族老人去世时，会有四面八方的亲朋好友前来为其送终，主人家会组织手持大刀跳舞的队伍迎接各方来客；彝人为已故老人诵经制作灵牌时，需要进深山“拔灵竹”，开始“拔”之前要以腰刀绕竹根挖土；彝人在为老人送灵归祖的“尼木措毕”仪式上，要组织舞刀队“送灵”上路……这就是彝人在社会发展历程中形成的刀具习俗，以及所孕育出的奇特的彝刀文化。

四、刀境堪忧

伴随着人类的进步和社会的发展，各式各样的现代刀具的出现，使彝族叶形双耳腰刀在彝人生活中的实用价值似乎已经处于无足重轻的现状。老一辈制刀艺人的过世和新一代年轻人对外面世界的追逐现象，使宝贵的叶形双耳腰刀制作技艺的传承后继无人，从而使彝族祖先遗留下来的这门宝贵的制刀技艺逐渐陷入了濒危的境地。截至目前，居住在尔夫村的几个刀匠还在偶尔制刀，其中的尔古呷布老人被四川省文化厅命名为省级非遗传承人。除此而外，居住在喜德县两河口镇波振村的一位姓黑日的老人也尚能施展制刀技艺。

五、刀路何行

面对处境濒危的彝族叶形双耳腰刀制作技艺，笔者认为相关部门应及时对该项技艺采取抢救性和生产性相结合的保护措施，一来保护好仅有的几个传承人，组织他们开展好传习活动，多培养后继之人；二来做好作品包装和市场营销，走旅游纪念和收藏品之路。

文化遗产

炳灵寺洞沟区石窟发展初探

周玉州 *

炳灵寺石窟位于甘肃省临夏回族自治州永靖县城西南50公里的黄河北岸，坐落在杨塔乡与王台乡之间的小积石山的群峰之中，是我国重要的石窟之一，主要包括上寺区、下寺区和洞沟区三部分。炳灵寺目前所发现的最早的窟龛是开创于十六国时期西秦建弘元年①（420年）的169窟，后来经北魏、北周、隋、唐、宋、西夏、元、明各代继续开凿与修缮终成现今规模。洞沟区是炳灵寺藏传佛教发展的重要地区，因其地处峡谷深处，近代以来很少受人们关注。但这里保留了很多精美的明代藏传佛教遗迹，对于研究明代藏传佛教在炳灵寺地区的发展具有重要意义。

一、藏传佛教在炳灵寺的传播

炳灵寺自古以来便是中国西北地区重要的佛教发展中心，其发展历程经历了汉传佛教向藏传佛教的转变。这一转变过程不仅仅是佛教发展形态的转变，而且还具有更加深远的意义。

* 周玉州：中央民族大学历史文化学院在读博士。

① 王惠民在《炳灵寺建弘纪年应为建弘五年》一文中认为炳灵寺169窟的墨书题记“建弘元年”是“建弘五年”的笔误。

吐蕃末期，藏传佛教在西藏的发展因朗达玛实行的灭佛运动而遭受严重的影响，导致藏传佛教在藏地长达一百多年的沉寂。“赞普朗达玛灭佛之时，有杰地方人藏·绕色、博东地方人约·格穷、堆龙地方人玛·释迦牟尼三人以一头骡子驮载律藏经典由吉祥曲沃日地方逃往阿里，以后又到葛禄逻地方，因为没有翻译，未能利益众生，又绕过霍尔地方，到了朵思麻的安穷南宗和丹底水晶寺。”[①] 从此，藏·绕色等三人便在此地收徒弘法。在炳灵寺志中说，从前在益格浪谷居住着一位大成就者，有人说益格浪谷可能是约格浪谷，是由大成就者约·格迥之名而来。[②] 由此可见，在9世纪中期约·格迥等三位大成就者在达玛灭佛期间携带大量律藏经典来到丹底寺、炳灵寺一带，并在此收徒传播藏传佛教，到10世纪中后期又通过“下路弘传”将藏传佛教再次传入西藏，开启了藏传佛教的“后弘期”。因此，炳灵寺藏传佛教的发展与传播在整个藏传佛教发展史上具有十分重要的历史地位。

元朝时期，中央王朝大力推崇藏传佛教并通过“凉州会谈”确立藏传佛教萨迦派为其在西藏的法定代理人，管理西藏的政教事务。“凉州会谈”的发起者是窝阔台汗的第二个儿子阔端。窝阔台汗1241年去世以后阔端被封为西凉王，镇守凉州(今甘肃武威)。在此期间西凉王阔端为攻取西藏，于1244年8月派遣多达那波为金字使者，带着邀请诏书和礼物前往西藏，迎请享有“学富五明”崇高声望且具有代表西藏僧俗势力能力的萨迦班智达贡噶坚赞到凉州会晤，共同商谈西藏的归属问题。1246年萨迦班智达应阔端邀请，带着自己的两个侄子八思巴和恰那多吉到达凉州，并于1247年初与阔端进行了具有历史意义的会晤，从而使整个西藏地区归附元朝统治，使之正式划入元朝版图。萨迦班智达与八思巴等叔侄三人到达凉州后开展了系列宗教活动，尤其是八思巴因为学习教法和在凉州为萨迦班智达的圆寂做超荐法事，在内地居住了很多年，并且在河州接受了比丘戒律。因此，萨迦派教法及

① 达仓宗巴·班觉桑布著，陈庆英译：《汉藏史集——贤者喜乐赡部洲明鉴》，112页，拉萨，西藏人民出版社，1986。

② 详见智观巴·贡却乎丹巴饶吉著，吴均、毛继祖、马世林译：《安多政教史》，217页，兰州，甘肃民族出版社，1989。

藏传佛教在甘肃地区得到广泛传播。在这种大背景之下，已有藏传佛教传承的炳灵寺地区的藏传佛教也得到进一步发展。

明朝时期，中央政府对西藏实行“多封众建”的怀柔政策，因此大量高僧前往京城进行朝贡觐见。炳灵寺所处的永靖地区临近黄河，是从西藏前往北京的重要交通要道，来往于藏区和内地的僧侣络绎不绝。因此作为佛教重要活动场所的炳灵寺融入大量藏传佛教元素，得到不断壮大和繁荣。明代炳灵寺的藏传佛教石窟发展的一大特点是很少重新开龛立窟，一般是在前代窟龛的基础上进行改造和重绘，洞沟区的诸多石窟便是以这种方式进行重构。因此，明朝时期藏传佛教在炳灵寺地区的传播是汉藏佛教相互融合的重要表现。

清代时期，炳灵寺地区的藏传佛教继续发展，先后出现嘉杨隆珠、禅僧旦增坚措、云迦玛锐、罗藏云旦、嘉祥沃色、嘛尼仓等六大活佛转世系统。嘉杨隆珠二世于康熙二十一年（1682 年）前往北京朝觐康熙帝，被敕封为“灌顶”禅师呼图克图，并赐册文、玉印、珍珠伞、孔雀扇，还准乘八抬绿轿。康熙二十四年（1685 年），又颁赐《甘珠尔》大藏经一百零八卷，《诸品集咒经》一卷，并发度牒二十七张。同时还颁布了周围各地群众对寺院的差役负担的规定。① 嘉杨隆珠四世于乾隆四十年（1775 年）去北京朝觐，住在雍和宫，乾隆四十四年（1779 年）去青海迎接六世班禅一同去北京为乾隆皇帝祝贺七十大寿，被封为呼图克图护国大师，并颁发度牒十五张。② 可见清朝康乾时期藏传佛教在炳灵寺发展的盛况。但是在清朝末年以来，随着内忧外患的社会发展现状，炳灵寺屡遭战乱及土匪的侵扰而逐渐没落。

纵观藏传佛教在炳灵寺的发展历程，它是藏族地区与中央王朝的关系史，是藏族文化与周围少数民族文化以及汉族文化相互融合的过程。

① 详见郭友实主编：《炳灵寺史话》，69 页，兰州，甘肃文化出版社，2008。
② 详见郭友实主编：《炳灵寺史话》，70 页，兰州，甘肃文化出版社，2008。

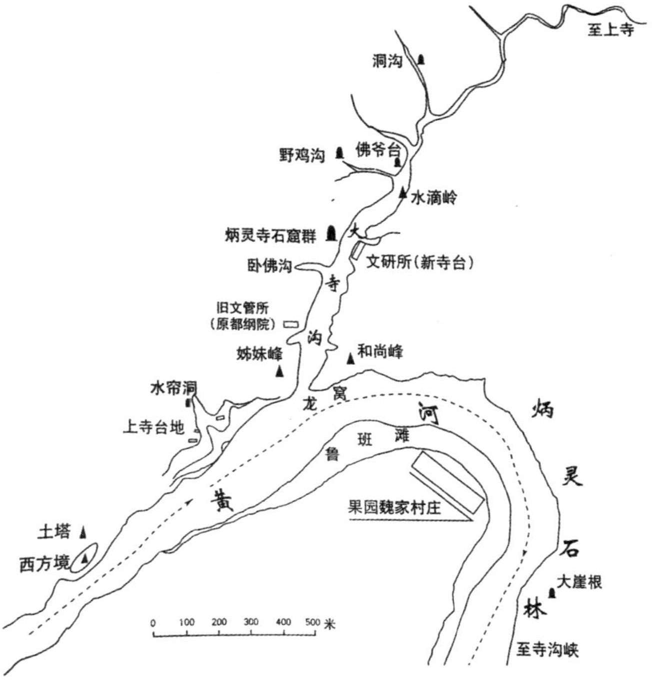

图 1　炳灵寺石窟位置图

二、佛教在洞沟区的发展及现状

洞沟区是炳灵寺石窟三大石窟群之一，位于炳灵下寺与上寺之间（见图 1①），目前主要为藏传佛教洞窟遗址，是藏传佛教在炳灵寺地区发展的另一个中心。

1963 年 4 月炳灵寺文物保护研究所对洞沟区的窟龛进行了编号，共计编号八个。王亨通与杜斗城联合主编的《炳灵寺石窟内容总录》中详细记述了上述八个窟龛的内容，其中佛教壁画是这些洞窟遗存的重要内容之一，其年代主要是在明代绘制。从目前所能够查阅的史料文献来看，鲜有关于洞沟区佛教发展的相关记载，但是从现存的石窟形制及内容来看，可大致推断其开凿年代远不止明代。如第 3 窟保存现状虽然不容乐观，窟内配置已经损毁，壁画也被火焚烧过，但从其窟顶的穹庐顶配

① 此图出自张宝玺、王亨通主编：《昔日炳灵寺》，117 页，北京，科学出版社，2004。

置来看，此窟的开凿可以追溯到唐代，甚至是唐代以前。

再如第 8 窟的形制与下寺区第 3 窟以及第 147 窟、上寺区第 3 窟极为相似，而下寺第 3 窟和第 147 窟都是盛唐时期的佛教洞窟，因此洞沟 8 窟也很有可能是盛唐时期开凿的洞窟，而到了明代又进行了重修和重绘。[①] 因为唐代特别是盛唐时期拥有强大的国力支撑，有足够的实力进行大型窟龛的开凿。而事实也是如此，炳灵寺地区的窟龛有三分之二开凿于唐代。而明代在炳灵寺地区的佛事活动与唐朝时期的做法完全不同，明代从事佛事活动的一大特点是不开设新窟，而是着重对前代洞窟进行改造，即重修和重绘。而开凿如第 8 窟这样大型的洞窟需要有一定的财力、物力、人力的支撑，否则是很难完成的。

明朝时期，洞沟区的藏传佛教发展到鼎盛时期，这从现存的洞窟壁画中便可以得到证实。另外，在甘肃临夏地区近代著名诗人、学者张思温[②] 的《炳灵寺纪游诗》中提到“坐佛庄严卧佛瞑，灵岩无复看传灯。幢幡敛影风铃寂，空说前朝千五僧”。其中“前朝千五僧”的说法是根据当时炳灵寺的朱喇嘛讲述，在明朝时期炳灵上寺和下寺的僧人一共有一千五百人，[③] 足见明代时期炳灵寺佛教发展的繁荣盛况。另外，同样是在张思温的《炳灵寺纪游诗》中提到“洞沟深邃草花香，弥勒一龛倚谷旁。奇树数章芝有盖，卧看山景对斜阳”。诗人在对这几句诗的注释中讲到：“洞沟为一深谷，蜿蜒而上有窟八区。昔有殿宇僧舍，经乱皆废。谷中草木密茂，有树名‘札木颗’，形似野榆，有小果实甘可食，朱喇嘛言系藏榆，为炳灵寺独产之木。今只存大树数章，幸免斧斤，应加保护。有一本干生一木芝若盖，尺许大，余初见之，后为考古阎先生采归。又有草名‘完尕儿香’，干叶花通体皆香，闻昔者藏民至炳灵寺，必至此沟拜弥勒龛乃还，龛在沟尽处，其地辟也。”[④] 由此可见，洞沟区

① 康明达、王亨通：《炳灵寺洞沟区石窟调查记》，载《丝绸之路》，2001（S1）。

② 张思温（1913 ~ 1996），字玉如，甘肃省临夏市人，建国后曾任甘肃省政协委员、甘肃省文史研究馆名誉馆长等职，曾分别于 51 岁、62 岁、70 岁三上炳灵寺，对炳灵寺摩崖题记作了系统整理，并在炳灵寺留下了诸多诗篇。

③ 张思温：《张思温诗选》，郭栋、赵忠选辑，192 ~ 193 页，兰州，敦煌文艺出版社，1994。

④ 张思温：《张思温诗选》，郭栋、赵忠选辑，192 ~ 193 页，兰州，敦煌文艺出版社，1994。

虽然地处深谷，但曾经是藏民到炳灵寺之时必来朝拜之地，可见此地昔日佛教发展之繁盛。

另外，在清朝时期，洞沟区曾是炳灵寺多位转世活佛的灵骨安葬之地。炳灵寺在历史上有六大转世活佛系统，明万历四十年（1612 年），内蒙古地区巴音浩特的名僧吉美成来坚措来炳灵寺朝拜，为僧众讲经传法，博得了僧众和地方居士的尊重。由于他佛学造诣深厚，僧俗信徒们将寺权布施于他，恭奉他为寺主。他圆寂后，被追认为为炳灵寺第一位转世活佛，即嘉杨隆珠一世。之后，相继产生了禅僧旦增坚措、云迦玛锐、罗藏云旦、嘉祥沃色、嘛尼仓等五位活佛。其中嘉杨隆珠活佛三世于康熙五十四年（1715 年）六月初三因病圆寂，其骨灰安置于洞沟自然洞泥塔。[①] 此后，嘉杨隆珠活佛四世、五世、六世分别于乾隆四十九年（1784 年）、嘉庆二十一年（1816 年）、道光十二年（1832 年）安葬于洞沟泥塔；嘉杨沃色活佛二世于乾隆六十年（1795 年）十月十二日圆寂，以及三世于道光十五年（1835 年）圆寂、四世于光绪二十二年（1896 年）圆寂，他们的骨灰也都安葬在洞沟泥塔或石塔内。[②] 洞沟区在清朝时期因其地处幽静的深谷之中，而且是炳灵寺藏传佛教发展的重要场地，因此此地成为炳灵寺两大活佛转世系统活佛圆寂后灵骨的安葬之地，从康熙五十四年至光绪二十二年这 181 年之间共有 7 位活佛的灵骨安葬在此。这也是清朝时期洞沟区藏传佛教继续发展的重要表现。

炳灵寺因清朝同治年间西北地区的战乱而遭到破坏，致使大量寺庙建筑被烧毁，又因清末及民国时期的战乱使得炳灵寺最终成为一片废墟逐渐被人们所遗忘，其往日的辉煌成为历史的陈迹。直到 1951 年 9 月，中国著名学者冯国瑞到炳灵寺进行初步考察后发表《炳灵寺石窟勘查记》一文，才引起国内诸多学者和相关文化管理部门的高度重视。由此，中央文化部联合西北文化部于 1952 年 9 月组织美术、考古等领域的专家学者成立考察团，对炳灵寺进行了第一次有组织、有计划的勘察，

① 详见郭友实主编：《炳灵寺史话》，69 页，兰州，甘肃文化出版社，2008。
② 详见郭友实主编：《炳灵寺史话》，76 页，兰州，甘肃文化出版社，2008。

并首次对炳灵寺石窟进行了编号。时隔 11 年后的 1963 年 4 月，甘肃省文物工作队再次组织相关专家学者对炳灵寺石窟进行了第二次有组织、有计划的勘察。在这次勘察活动中发现了 169 窟著名的西秦建弘元年墨书题记，轰动了全国石窟考古界。此后，又有北大阎文儒、宿白等多位著名专家学者带队来到炳灵寺考察，随着相关学术成果的不断问世，炳灵寺辉煌的佛教艺术逐渐被世人所知，炳灵寺昔日的辉煌再次呈现在世人面前。

洞沟区作为炳灵寺石窟重要的组成部分，在近几年来的石窟勘测中工作人员对其做了详细记录。根据相关勘测报告记录，洞沟区现存石窟八个，虽然有些石窟破坏比较严重，但有些石窟还是比较好地保留了较为完整的佛教遗迹，能够充分反映出当年佛教繁荣发展的盛况。如第 8 窟为比较大型的石窟，深 6.15 米、宽 6.3 米、高 2.9 米，窟外两侧崖壁上浮雕喇嘛塔六座，窟顶绘佛教八宝图案。如此大型的洞窟明清时期很少见，而在盛唐时期比较兴盛，因此，此窟的开凿时间很有可能可以追溯到唐代。值得一提的是第 2 龛北壁正中有一块墨书方格题记，上部为草体藏文，下部为汉文。另外在高坛基上有墨书藏文六字真言，龛内绘有大面积壁画，彩绘佛像的背光和头光，在佛像的头光之间分别绘有藏传佛教各教派祖师像。第 7 龛位于洞沟最里面，利用自然洞穴略加修整成摩崖浅龛，龛内正壁开三个小浅龛，中间龛放置一尊米拉日巴石雕像，高 70 厘米，[①] 而其壁画大部分已风化剥落。第 5 窟是洞沟区现存壁画最多而且保存最完整的一个洞窟，壁画内容涉及五佛及八大菩萨、千手观音、米拉日巴祖师像等内容。

三、洞沟石窟现存内容分析

洞沟区石窟自清末以来长期受战乱影响，各个洞窟都遭遇了不同程度的破坏。正如上文所述临夏诗人张思温对洞沟的描述 :“洞沟为一深谷，蜿蜒而上有窟八区。昔有殿宇僧舍，经乱皆废。谷中草木密茂，有树名‘札木颗’，形似野榆，有小果

① 王亨通、杜斗城 :《炳灵寺石窟内容总录》，246 页，兰州，兰州大学出版社，2006。

实甘可食，朱喇嘛言系藏榆，为炳灵寺独产之木。今只存大树数章，幸免斧斤，应加保护。有一本干生一木芝若盖，尺许大，余初见之，后为考古阎先生采归。又有草名‘完尕儿香’，干叶花通体皆香……”文中提及“考古阎先生”为北大教授阎文儒先生，阎文儒教授曾于 1963 年 8 月偕三位弟子从北京来到炳灵寺实地考察。就在此时，本地诗人、学者张思温闻听此消息，慕名前来炳灵寺加入考察队伍。上述诗词中对洞沟区的见闻便是作者在此时与阎文儒教授一起考察洞沟石窟时所得。因此，在 20 世纪 60 年代以前，洞沟区石窟窟前的庙宇建筑已经被长期的战乱所毁，但是当时的洞沟区还保留了很多珍惜的自然植被，如锅盖大的灵芝、珍稀的藏榆大树数章、名为“完尕儿香”的珍贵香草等。但是自“文化大革命”以后，洞沟区的这些自然资源也已荡然无存。再加之此地地处偏僻的深谷之中，许多洞窟被牧羊人当做临时的羊圈使用，使得尚且存留的石窟遗迹遭到进一步破坏。为保护洞沟石窟免遭继续破坏，1994 年炳灵寺文物保护研究所为其设置了围墙。

目前洞沟区有编号的石窟共计 8 个，其主要内容如下：

第 1 龛位于洞沟西崖最下层，利用自然洞穴开凿而成，洞窟形制为圆形，穹庐顶。窟内壁画基本全部脱落，仅剩三身佛像的头光和身光，头光为圆形，且在中间背光两侧绘有弟子像。可见这些背光之前应该有对应的佛像雕塑，可惜现已不存。此三身背光的位置在窟内左侧，因此，窟内同样规格的佛像有可能不止这三尊，只是其他的佛像及背光已毁和剥落。另外，从现存的壁画遗迹来看，其绘画风格属于明代，但壁画有叠压现象，应该是明朝时期在前代的壁画内容之上重新描绘。此外，在洞窟内散落大量泥质佛塔擦擦，其形制基本相同，但有大中小三种体量的差别。

第 2 龛（见图 2）位于第 1 龛北侧，同样是利用天然洞穴修整而成。龛内保留壁画内容较多，从其绘画风格来看同样是属于明代。龛内正壁彩绘五身佛像的背项光，其前方应该对应的有五尊佛像，可惜现在已不存。佛背光之间共绘有五尊胁侍菩萨，皆头戴宝冠，袒露上身，下着长裙，裙带下垂。在佛像头光之间分别彩绘藏传佛教各教派祖师像，从南到北依次为宗喀巴、阿底峡、西哇措、萨班·贡噶坚赞、

图 2　洞沟第 2 龛

莲花生。[1] 其中有四身佛像头光上部分别对应的彩绘金翅鸟的形象，金翅鸟嘴中都衔有一条绿色小蛇。在每一身金翅鸟的左右两侧都绘有一位保持对称姿势的天人形象，在每一位天人背后同样有一条粗壮的绿色大蛇。在南壁上部绘四身菩萨坐像，下部残存菩萨立像一尊。北壁外侧彩绘千手千眼观音立像一身，观音头顶上部绘无量寿佛，无量寿佛左侧绘四臂观音一身。在千手千眼观音右侧描绘一位西藏高僧讲经图，高僧头戴尖顶僧帽，身穿降红色僧衣，结跏趺坐于法座之上。高僧前有或站或坐的十一位弟子在静听佛法，高僧右下侧有绘有一男一女藏族人形象，应为供养人。在高僧法座左侧则绘有两位辩经的僧人，在这两位僧人上部为一块方格形墨书题记。题记上部为草体藏文，下部为汉文，汉文内容为：说□□□ / 圣众普度临兰西向 / 佛等如一切僧俗 / 等听法授 / 戒超度三 / 代□远十 / 类孤魂早 / 得超生。在高坛基上有墨书藏文六字真言。在本龛壁画中也能够发现有两层壁画叠压的现象。

① 详见王亨通、杜斗城主编：《炳灵寺石窟内容总录》，247 页，兰州，兰州大学出版社，2006。

图 3　洞沟第 5 窟正壁壁画

第 3 龛与第 2 龛仅一墙之隔，龛内火烧痕迹明显，窟顶为穹庐顶，南壁残存有被火烧黑的壁画，正中绘一座门阙形建筑，门内绘有持伞天王像一身，头戴宝冠，身着铠甲、战裙，门阙左侧边框绘护法像四身，均骑于飞奔的马背之上；门阙上部绘有观音像两身。

第 4 龛位于第 3 龛北上部，龛内有明显的烟熏痕迹，其壁画等内容已毁，但龛内土坯可见两层壁画痕迹。

第 5 龛（见图 3）位于第 4 龛北上部，内有高台基，平顶，无造像，但壁画内容保存较为完整。正壁（西壁）彩绘五方佛，从南到北依次为无量寿佛、弥勒佛、释迦牟尼佛、燃灯佛、药师佛。[①] 此为横三世与竖三世佛的组合，应为表达三世十方世界支佛之意。释迦牟尼佛两侧为迦叶和阿难，宝座正面描绘护法像，在宝座方格内绘狮子和力士像，头光之上绘蓝色的金刚总持。五方佛头光之间即壁画的最上

① 详见王亨通、杜斗城主编：《炳灵寺石窟内容总录》，248 页，兰州，兰州大学出版社，2006。

图 4　洞沟第 8 窟

层从南到北依次彩绘元旦沃、宗喀巴、阿弥陀佛、多尔吉强、龙树菩萨、阿底峡、夏尕旦尖措。五方佛下部从南到北依次为吉祥天母、六臂第一护法、六臂第二护法、犀牛大海。① 南壁、北壁的壁画题材为八大菩萨，南壁分为内外两层墙体，外层绘有四大菩萨，内层绘有送子观音和四臂观音像。窟顶绘莲花图案和圆轮梵文六字真言图案。窟外南北两侧各绘千手千眼观音一身，观音上部各绘米拉日巴坐像一身，窟外北壁绘天王像两身。从壁画剥离状况来看，皆有壁画叠压的痕迹。

第 6 窟从现存情况来看曾长期被牧羊者占据，窟内壁画已破坏殆尽。值得一提的是在本窟南壁上存有使用木炭书写的题记：大清光绪三十年 / 十二月初七日 / 河州北塬二会二社 / 祁福来 / 在此。由此题记我们大致可以判断在清朝光绪年间洞沟区的佛教发展已逐渐衰落，以致游人可以随意在窟龛内题字留念。

第 7 龛位于洞沟最深处，为摩崖浅龛，龛内正壁开三个小浅龛，中间浅龛内现

① 详见王亨通、杜斗城主编：《炳灵寺石窟内容总录》，249 页，兰州，兰州大学出版社，2006。

存米拉日巴雕像一尊，其余两小龛内应该也曾放置雕像，现已不存。龛内有两层壁画痕迹，但现已模糊不清。

第 8 窟（见图 4）是洞沟最大的石窟，现存高台基、石塔残件等，窟内壁画均已剥落，仅存窟顶小片吉祥八宝题材壁画。窟顶靠近窟口处浮雕二龙戏珠，现已脱落。窟外两侧崖壁上浮雕喇嘛塔六座，窟门左侧也残存小型喇嘛塔一座。从现存崖壁上密密麻麻的桩眼来看，本窟曾经是一座具有气势恢宏的窟前建筑的重要石窟寺。

综上所述，炳灵寺洞沟区石窟现存的主要佛教遗迹为壁画、浮雕塔、佛像雕刻、佛塔擦擦等内容，其中壁画基本上是明代在原来的石窟壁画之上重绘的，其题材都是藏传佛教内容；浮雕塔的造型为喇嘛塔，也是藏传佛教的重要表现形式之一。所以，我们可以推断明朝时期洞沟区的佛教表现形式主要是藏传佛教，而且其造窟特点是很少重新开窟立龛，而是在原有窟龛基础上加以改造，使其成为表现本派教法内容的窟龛。从现存壁画内容及第 7 龛米拉日巴雕像来看洞沟区藏传佛教主要流传的是噶举派教法内容。

四、结语

炳灵寺地区地处汉藏交界之地，其藏传佛教的发展与汉藏两地的关系密不可分。尤其是自元朝西藏正式划入中国版图以后，藏传佛教在炳灵寺得到快速发展，并逐渐取代汉传佛教成为本地佛教发展的主要内容。洞沟区藏传佛教便是在这一背景之下逐渐发展起来的。到明朝时期，把前代佛教窟龛全部改造成为藏传佛教形式，使藏传佛教在此地发展到鼎盛阶段。经长期战乱及自然风化等原因的影响，炳灵寺洞沟区窟龛虽然遭到了不同程度的破坏，但是还是保存下来很多重要的藏传佛教遗迹。这些佛教遗迹不仅具有很高的艺术价值，是我国现存的重要的古代文化遗产，而且充分体现了明代藏传佛教在内地的繁荣发展以及汉藏文化的密切交流。

少数民族植物染色工艺研究

范明霞 *

一、少数民族植物染色工艺概述

（一）国内外染色工艺历史及研究综述

植物染色，顾名思义，是通过自然界生长的植物进行萃取，并以萃取物为相应的物品进行染色的一种工艺。

1. 我国染色工艺历史及研究综述

早在新石器时代，我国古代人民就已经能够利用彩色石头进行壁画的创作，到了晚期，天然的植物染色也被古代智慧的先人们发现，从古书的记载和目前出土的文物来看，在西周就开设了专门管理染色的官职——“染人”，至此以后，历朝历代均设立了与染色相关的机构或部门，较为出名的有秦代的“染色司”、唐宋的染院、明清的“蓝靛所”。

在植物染色工艺上，我国也有着悠久的历史。《考工记》作为我国首部工艺规范及标准概述，记录了先秦时期我国练丝、纺绸、手绘、刺绣等纺织工艺，对织物

* 范明霞：中国民族博物馆助理馆员。

色彩和纹样进行了翔实的叙述；西晋时代的《南方草木状》中更是记载了如何从苏木中能提取黄色染料的方法；北魏贾思勰在《齐民要术》中，详细记载了多种植物染料的提炼方法；明代宋应星所著《天工开物》则列明了20多种颜料的来源、染制和定色的方法。

明清时期，我国在满足了自给自足的情况下还利用丝绸之路进行植物染料的出口贸易，可见我国的植物染色工艺发展历史悠久，有着相当雄厚的积淀，只不过随着化工业的发展，植物染色工艺的身影日益变得模糊起来，只有在地域偏远，科技发展速度慢的偏远少数民族地区还保留着传统的植物染色工艺。

我国目前对植物染色的研究成果较少。飞渡、李鹏①对贵州苗家的植物染色进行了系统的分析，阐述了纯天然染料的健康。张璇②在《岭南传统染料植物与染色研究》中，对岭南地区瑶族、苗族、黎族等少数民族的植物染色进行探究。张正学就云贵地区植物染色开展了调研，并发现市场、消费者，以及植物染色发展之间的关系。严艳③则对大理白族扎染的传统工艺进行了分析，并对图案设计加以探讨。

2. 染色工艺历史及研究综述

作为两河流域文化的发源，在公元前3000年古埃及和美索不达米亚人就已经掌握了植物染色技术。作为古埃及的瑰宝和世界文化奇迹的金字塔，其墓壁上红色和红色的染色织物就是最好的佐证。

公元前550年希腊开设羊毛手工纺织和染色的工作坊，开启染色生产工作。罗马自远古时期开始，经过纽克里特人的努力将海螺分泌物经氧化后得到的染料泰尔紫用在毛织品上染鲜艳紫蓝色，作为身份的象征。

在西方植物染色出现情况来看，欧洲存有滞后性，直到公元1371年，才开始有所起色。相关的染色、印花的记载资料出现，这就表明在此以前，染色和印花所用的染料全部都是天然的动、植、矿物染料，可见其植物染色工艺的发展起步虽然

① 飞渡、李鹏：《苗家食色一隅，植物染色更健康》，载《烹调知识》，2008（10X）。
② 张璇：《岭南传统染料植物与染色研究》，载《华南农业大学》，2012。
③ 严艳：《大理白族扎染的传统工艺与图案设计》，载《中央民族大学学报（自然科学版）》，2017（2）。

较晚但胜在发展迅猛。借助西方技术与革命的契机，文化层面上运用植物染色的几率上升。

随着植物染色的出现和发展，越来越多的国家对植物染色工艺展开研究。

约在2500年前，印度已有从茜草中提取茜红、蓝草提取靛蓝来给棉织品染色的记录。而随着印度的生产力发展，印度在植物染色的研究上从染料逐步转移到应用上。印度专家J. Raghava Rao基于天然染料的优点，用天然材料对皮革染色方面做了大量的研究。J. P. Mathur对天然染料印度楝树皮在羊毛染色工艺上的提升进行了探究。另外，印度使用超声波和微波证实了在微波和超声波的影响下，天然染料会使棉织物获得更高的上色率。

日本大和民族在植物染色方面的研究较为成熟，不仅从天然植物中完成了提取和开发，更凭借媒染剂进行染色研究。小見山、二郎、樱井等[①]在《天然染料的棉布的浓颜色坚固的染色》一文中对天然染料对棉织物染色的媒染剂的方法进行了探讨。就媒染剂与金属盐的关系进行了分析。近年，日本将植物染色运用到其他领域。伍浩松、张炎阐述了日本使用植物染料技术进行海水提铀的观点。

韩国最早的植物染色可以追溯到高丽时期。韩国古代早期的天然染料染色，有时会产生色差。而这是随着染料提取方法，配制方法，所用溶剂以及染色方法的不同而变化的。除此之外，安恩卿[②]以韩国纺织品为代表，对自然染料进行普及。并从起源、特点、自然染料种类等不同层次描述的基础上，举例分析了韩国市场中纺织品的自然染料应用。

（二）研究意义

少数民族植物染色工艺与现代染色工艺存在着明显的差别，代表着古代劳动人民的心血的凝练，随着大家对环保和非物质文化遗产保护等方面的重视，对少数民

① 小見山、二郎、樱井等：《天然染料による綿布の濃色で堅牢な染色》，実践女子大学生活科学部紀要，2006（43）。

② 安恩卿：《浅谈自然染色——以韩国纺织品为例》，载《科技信息：科学·教研》，2008（14）。

族植物染色工艺开展研究具有十分深远的意义。而且少数民族的植物染色工艺是少数民族极具代表性的文化标识，随着市场经济的发展与同化，这种文化标识正在逐渐消失，更显弥足珍贵。

从文化方面，少数民族植物染色工艺是古代先民们的经验与智慧的结晶，而对其展开研究，就是对传统文化最好的继承，避免优秀传统文化的断层与流失。

从环保方面，少数民族植物染色工艺能够真正实现自然资源的可持续利用，避免化学染料对环境造成的不可逆转的污染问题。

从艺术方面，少数民族植物染色工艺能够得到丰富而鲜艳的属于大自然缔造的色彩，通过不同色相的渲染加工，能够使物品表现出极为丰富多变的层次感，在优雅细腻中更显艺术品位。

从市场方面，人们对环境问题的关注热度日益提高，环保产品必然将成为未来市场的主流，而植物染色恰好能够满足其市场需求，尤其在高端市场的需求已经十分显而易见。

二、植物染料的来源分类

我国幅员辽阔，自然条件复杂多样，植物染料资源丰富，尤其在我国少数民族仍保留着植物染色的传统工艺，据有关统计，目前记载有至少 1000—5000 种植物可以提取出色素，构成了植物染料庞大的家族体系。根据目前的植物染料来看，主要有以下几个来源：

茶叶：茶叶作为我国南方重要的经济作物，除了饮用的功效外，其老叶是一种资源丰富的植物染料，经相关研究发现，红茶、绿茶、乌龙茶、普洱茶都能够作为染料。

中药：绝大多数中药材都可以做植物染料，是植物染料选材最多的来源。

木本植物：一般情况下，只要是含有色素的木本植物，其树皮、树根、树枝、树叶都可以用来作为植物染料。

草本植物：除了人工种植的草外，野生的杂草也可以选用为植物染料，如葎草、荩草、飞机草等。

水果：有些水果的果壳含有色素，可用于植物染料。比如李子皮可以提取紫红色，草莓可以提取红色。

蔬菜：蔬菜除了具有食用价值外，有些还可以作为染料，比如丝瓜叶、洋葱皮。

植物染料来源丰富，可以从人工种植的植物中提取，可以从农副产品的废弃物中提取，可以从野生植物中提取。

三、少数民族植物染色代表性工艺的技术原理

我国是一个多民族国家，在传统染色工艺方面每个少数民族都有其各自的特色，其中，以云贵地区及岭南地区少数民族植物染色技术尤为突出，以苗族蜡染、白族扎染、黎锦絣染为例。

（一）苗族蜡染

以苗族为例，蜡染作为苗族极具代表性的染色技术，在苗族服饰中具有十分重要的作用。

1. 染料的提取

苗族多选用植物作为染色的染料，且不同的植物会得到不同的颜料。

蓝色可选用蓼蓝，将其放入特制的木桶中，加入石灰水进行发酵处理，经过数日沉淀，其沉淀物就是靛蓝染料。

黑色可采用野杜鹃、板栗、野山柳等野果的果实，将其捣碎成泥，并用水熬成浓液，将沉淀的残渣清除，并加入分装的皂矾等固色剂，加热煮沸后便得到乌黑的颜色。

黄色可选用栀子、槐花及石黄等，将其捣烂后泡入染缸制成染液，栀子能得到深黄色，槐花能得到浅黄色。

红色可采用椿树皮、茜草等，将其切成小块放入锅中，文火慢煮，直到锅中的水全成为红色为止。

绿色可选用绿条刺，取其皮，并加入明矾，熬成染液。

灰色可选取烟子、油麻杆、稻草等，将烟子研磨成细粉，放入水中进行蒸煮即可；而油麻杆、稻草则需要将其燃烧成灰后，加入锅中煮，倘若想要使颜色更亮一些，可添加少许的碱、酒等。

2. 染料染色工艺

在操作蜡染工艺前，需要准备一把蜡刀或一支蜡刀笔和一碗蜂蜡，然后准备好染色的染料。接下来，便是蜡染的制作工序：

第一步，熔蜡，即将蜂蜡用火进行熔化，使其成为液体状。温度最好维持在60 ～ 70 度之间，倘若温度过高，则会使蜡液渗浸范围过大，导致花纹模糊不清，温度过低则会不易让织物粘上蜡液。

第二步，滚布，将被染织物的一端放在滚筒上，压上石板或木板，人将两只脚踩在两端进行摆动，反复压磨织物，使织物变得平整光滑，便于下一步操作。

第三步，绘图，用蜡刀或蜡刀笔蘸取蜂蜡熔液，在织物上描绘需要的图案或花纹，不同的用途与个人审美标准的差异，造成描绘的主题与方法的不同。描绘时要注意覆盖均匀、适度。画好后，将织物平整放置或悬挂，使其自然风干，经过反复检查与修补，确认图案完整后即可准备浸染。

第四步，浸染，以靛蓝为例，需要按照一定的比例配置染料，一般是每公斤蓝靛加二两酒和十斤水，充分搅拌后，加入适量的石灰水静置几天，将绘好图的织物放入染液中浸染，期间需不停搅动，使浸染均匀，时间越长，浸染越充分，然后将织物捞出，进行晾晒，风干后重复浸洗，这样反复几次，再将织物捞出进行清洗，漂洗干净后放入沸水中除蜡，等到蜡迹彻底除尽后，晒干即可。被蜡覆盖的部分保留原色，而其他地方被染成蓝色，各种图案花纹变换，使织物变得更加绚丽生动、丰富多彩。

（二）白族扎染

位于云南大理的白族，拥有一门独特的传统染色工艺，2006 年，大理白族扎染被文化部列为国家级非物质文化遗产，成为白族引以为傲的瑰宝。

1. 染料的特殊性

白族扎染主要以蓝靛为主，而染料的选取上则是我们较为熟悉的植物——板蓝根。众所周知，板蓝根作为预防感冒的药材，但殊不知，白族竟然以板蓝根作为原料制作扎染的染料。白族扎染的关键，就在于用板蓝根制作染料。将板蓝根的叶和茎按照一定比例加石灰和水，在松木桶里浸泡，每天用染棒进行捣打，在水起泡后，进行沉淀、上架、去渣等流程，经过一周的反复操作，由于水分的蒸发，传统扎染的蓝靛就完成了。

2. 染料染色工艺

大理白族扎染在制作上主要有八项流程，分别是画纹样、手工缝扎、浸泡、染布、晾晒、漂洗、拆线及漂洗熨烫。其中以手工缝扎和染布技艺作为关键所在。由于缝扎时，针线的松紧程度会影响布料上色的深浅及纹路，除此之外，染布的次数和技巧更是对布料最终成色有所影响。

除此之外好的扎染，需要优秀的染料和原料。板蓝根配以白族农家手织土布，青里带翠，素雅含蓄。而板蓝根的药性，使得扎染过的衣服具有消炎清凉作用。

（三）黎锦绑染

位于海南的黎族，有一门独门秘籍，它不仅是黎族千百年来的智慧结晶，也是对植物染色技艺的突破与肯定。

1. 染料

黎锦所需的染料均来自于海南岛上的植物与动物资源。在植物染料的选取上主要有棉类植物、麻类植物和染料植物共十余种。用于黎锦织造的材料主要有：

首先是海岛棉。海岛棉作为海南特有的棉布材料，所出的纤维具有细长、富有丝光、强力较高的特点。

其次是木棉。木棉由于其果实纤维的缘由，不得不依附于木棉蒴果壳体内壁，由内壁细胞发育生长而成。木棉纤维由于长度较短、强度低、抱合力差和缺乏弹性，单独纺纱，所以一般作为辅料使用。

2. 工艺

用于黎锦织造所用之染料分别为板蓝、蓼蓝、假蓝靛、乌墨、枫香、山蓝、苏木、谷木、黄姜、落葵等。而整个黎锦织造工序分为轧花、搓条、纺纱等八个工序。①

黎锦引以为傲的四大工艺：纺、染、织、绣。纺，指手捻纺纱，是人类最古老的纺纱工艺，主要工具包括手捻纺轮和脚踏纺车；染，指植物染料染色，在黎族方言区，一种被称之为“绞缬染”的扎染技术，秉承先扎经后染线再织布的特点将扎、染、织的工艺融会贯通、巧妙结合，成为我国染色史上独一无二的存在。

四、少数民族植物染色工艺介绍及应用

我国少数民族染色工艺历史悠久，且应用十分广泛，主要涉及日常的吃穿用度，常见的三种古法染布成为“三缬”。也就是绞缬、蜡缬和夹缬。即便现在科技、技术发展迅猛，使用至今的染布方法所染的手工布仍然成为广大人民健康、无害的代名词，深受喜爱。

绞缬，又叫扎染。扎染染布法被大理白族人称为疙瘩花布或疙瘩花。目前，大理白族自治州大理市周城村的大仓、庙街等地仍保留着这一传统技艺，在大理的大街小巷都能随处可见各种色彩艳丽的扎染装饰品以及服装、鞋帽等，到处洋溢着鲜明的地方色彩。大理喜洲白族分支在原有图案艺术、古代结扎技法和现代印染工艺相结合的基础上，推陈出新，研究出了彩色扎染这种符合现代人民需求的新的手工印染技术。利用扎缝时的差异，造成染色的深浅不一，形成不同纹样的艺术效果。除此之外，还有一些白族地区出现了“反朴法仿扎染”的工艺制品，以色彩艳丽、层次深远的图案花纹博得游客及外来人士的喜爱。

蜡缬，别名蜡染，始于汉代，至今被贵州少数民族地区沿用。大多数苗族妇女

① 陈琛：《黎锦织造工艺技术的初步研究》，南京大学，2014。

的衣服及日用品都是蜡染制成。安顺、普定一带的苗族妇女则通过在衣服上装扮一些蜡染的花纹，染上多种颜色，使得服饰更加多彩艳丽。蜡染工艺在苗族比较普遍外，在瑶族、壮族、侗族等少数民族中也很大众化。

夹缬，顾名思义，就是利用雕板在绸棉等织物上夹染出预定的效果，最早始于隋唐，《辞源》中也有对此提及。[①] 早些年间，夹缬布一度成为浙南地区嫁女娶媳的必备品，苍南宜山镇八岱村也因盛产夹缬布而名声远扬。但由于制作工艺复杂，目前正面临失传。

近些年来，工业化带来的严重污染使得环境问题日益突出，人们的生存环境不断受到威胁，健康与环保意识得以进一步提高，而对于与生活息息相关的衣食住行等方面的需求品质也越来越严苛，为此越来越多的企业与人才开始加大对环保产品研发的物质与精力的投入，进而使植物染色工艺重新被启用，并在继承前人宝贵经验的基础上对工艺等进行改进优化处理，比如，可医治皮炎的艾蒿色织物，具有防虫、杀菌、护肤及防过敏的功效的茜草、靛蓝色织物。

五、少数民族植物染色工艺的发展前景分析

植物染色工艺具有取材天然，安全无公害的特征，且有许多种类还有益身体健康，因此经过植物染色的商品自身附加值增加，也越来越受到追捧，尤其在近年来，不少有识之士开始着手加强对植物染色工艺的研究投入，并且取得了一定的成果，但目前看来，仍存在一些不足，随着科技的发展，未来针对植物染色工艺技术的改进与提升将得到进一步的发展，主要表现在以下几个方面：

第一，植物染料的原料供应。

如果用于工业化生产，必须保证原料供应的充足，过去单纯的民间手工操作已很难支撑，惟有规模化种植，不断提高原料产量，才能从根本上解决问题。

第二，植物染料提取技术的专业化。

① 刘安定、叶洪光、李强：《唐宋时期夹缬织物中的文字研究》，载《丝绸》，2017（4）。

传统提取方式已经不能满足染色加工的连续性与高效性，应尽早实现染料提取的专业化技术改进，提高提取纯度与产量的同时还要实现有效缩短提取时间，从而实现企业的利益最大化。

第三，染色助剂的改进。

在传统的植物染色工艺中采用的染色助剂都比较原始，大多是废物再利用，其中包含的有效成分过少，染色效率低，且还会产生二次污染，如靛类植物还原剂酒糟溏渣。另外有些媒染剂固色效果并不好，也会对人体产生一些不良影响，在工业化生产中，必须要对染色助剂进行改进，通过精加工或使用其他代替物等处理方式，提高染色效率与质量，尽可能地实现工艺流程的简化。

第四，商品功能属性的拓展。

有些植物染料本身属于中药材范畴，具有天然的保健功能，如果能够对其中的有效成分进行合理的利用，使其充分发挥药效作用，有效促进人体的健康，从而使商品的功能属性得到拓展，同时也会提升商品的附属价值，增大利润空间。

随着人们健康意识与环保意识的提高，未来健康商品的市场空间将会得到明显扩大，更多宣扬安全无害有益健康的采用植物染色技术的商品将会层出不穷。

六、总结

少数民族的植物染色工艺作为非物质文化遗产中重要的组成部分，是我们的先辈们通过无数次的实践与失败中获得的来之不易的经验瑰宝，我们应该采取有效措施，继承和发扬优秀的传统文化，况且如今的环境问题已成为社会的热点与难点，人们对健康与环保的追求愈加强烈，而植物染色工艺恰好有着天然无公害的自然优势，势必会得到人们的喜爱，整个市场环境也将会发生改变，而如何更好地传承和发展植物染色工艺来实现工业化生产，更好地适应市场，将会成为诸多企业寻求创新与突破的问题所在。目前已经有很多企业纷纷转型，开始着力于改进植物染色工艺的研究，并取得了一定的成果，相信在不久的将来，这种传统的植物染色工艺必然会焕发新的青春与活力。

浅论古籍装帧形式的演变

白晓璇　白雪松 *

书籍是人类文明的伟大标志之一，它继承着人类优秀的科学文化遗产。中华文明源远流长，早在商周时期，先民便将文字写于甲骨与青铜之上，“简策成为书写材料后，其记言、记事都呈现出了一定的系统性，我国正式意义上的图书遂告出现”。[①] 悠久的历史留下了丰富多彩的古籍文献，书籍装帧形式也随着时代的进步而不断发展，并受到民族、地域、文化及实用性等多种因素影响，形成了多样化的装帧艺术。本文拟结合实物资料，对古籍装帧形式的演变进行简要介绍。

一、概念界定

（一）古籍的概念

对于什么是“古籍”，前辈学者们聚讼纷纭，观点不尽相同。曹之先生在《中国古籍版本学》一书中对当时古籍概念存在的几种观点作了总结与评析，其观点已被广大学者接受，尤其是对古籍界定的下限年代，学术界已普遍认可 1911 年辛亥革

* 白晓璇：北京市文物进出境鉴定所副主任科员。
白雪松：北京孔庙和国子监博物馆副研究馆员。

① 何卜吉：《中国图书知识》，8 页，南宁，广西人民出版社，1985。

命以前抄写、印刷的图书为“古籍”。[①] 然而，在古籍界定的上限年代，即古籍的最初形式上，依然存在很大的争议。笔者查阅相关资料，对现有的几种争论归纳如下：

1. 以结绳书为最早的古籍

杨永德先生认为，对“书”的理解有狭义和广义两种：从简策书开始，经过众多的装帧形态，一直到现代的书籍，这是狭义的理解；从书籍装帧的初期形态结绳书开始，经过众多的装帧形态，到现代的书，是广义的理解。他在探讨书籍装帧形式问题时，使用的就是广义的概念。[②]

2. 以竹简木牍为最早的古籍

《说文解字》中认为：“著于竹帛，谓之书。”钱存训先生认为：“雕铸或印盖在坚固材料上的各种文字记录，都不能称为‘书籍’。中国书籍的形式，始自竹简的运用，继以帛书、木牍、纸卷。”[③]

3. 以甲骨文为最早的古籍

邱陵先生认为：“甲骨刻辞是应该是我们最早的书，因为这是有实物可证的。”[④]

李致忠先生认为，甲骨文是我国现存最古的文字，甲骨上记载着占卜的记录，且中间钻孔、串联成册，“殷周时期的甲骨，有记事的内容、有装订的形式，所以我们把它们统看成是我国初期书籍的形式之一”。且是现在能见到的最早的初期书籍。[⑤]

魏隐儒先生认为：“在三千年前的殷代后期，就有了记载占卜吉凶事件的图书，那时用作图书材料的不是纸，而是把文字用刀刻在龟甲和兽骨上面。……把卜辞记载下来，刻在龟甲或兽骨上面，这就是最早的书。”[⑥]

奚椿年先生认为，甲骨、金石、竹帛等材料上的记载是古人有目的地记录下来

① 曹之：《中国古籍版本学》，武汉，武汉大学出版社，1992。
② 杨永德：《中国古代书籍装帧》，北京，人民美术出版社，2006。
③ 钱存训编著：《书于竹帛：中国古代的文字记录》，159 页，上海，上海书店出版社，2004。
④ 邱陵编著：《书籍装帧艺术简史》，3 页，哈尔滨，黑龙江人民出版社，1984。
⑤ 李致忠：《中国古代书籍史话》，24 页，北京，商务印书馆，1996。
⑥ 魏隐儒：《中国古籍印刷史》，3 页，北京，印刷工业出版社，1988。

的，反映了当时一部分人的思想，也传播了一定的知识和经验以及信息，与现代的书一样，具有共同的特征与功能，而且后期历史阶段的书都是由这些文字记载发展而来的，所以甲骨文等文字记载也是书的一种，而其中时代最早的就是甲骨文。[①]

古籍是中国古代书籍的简称，书籍是文字的载体，我国古代用于记录文字的载体多种多样，纸的大量使用是在东晋时期，然而在更遥远的历史中，先人们将文字记录在甲骨、青铜器、简牍、缣帛等材料上。笔者认为这些材料是古籍的初始形态，古籍是由它们发源而来，但它们并非真正意义上的古籍。此处探讨的装帧形式，主要是针对古代书写或刊印在纸张上装订成册的书籍。

（二）装帧的概念

20 世纪 30 年代，丰子恺先生从日本引入了“装帧”这个词汇。当时中国所指的“装帧”，是指将纸张折叠起来，进行装订，最后附上书皮封面的过程。

然而在中国的历史中，“装”与“帧”分别有着不同的含义。《大辞典》中解释，“装”一共有四种含义，其中第四种是指“书册装订的形式，如线装、精装”；“帧”共有三种解释，其中第三种是“量词。画一幅，相片一张，叫帧”。明代《藏书纪要》中对装订有这样的陈述：“装订书籍，而要护帙有道。款式大雅，厚薄得宜，精致端庄，方为第一。”可见古人常将装订作装帧使用。

笔者在本文中采用的概念是李致忠先生的：装帧的“内容包括书籍的版式设计，封面、插图设计，及装订形式和水准设计”[②]。包括古籍的装订形式（即外部设计）与版式设计（即内部设计）两方面。

二、演变过程

我国古籍的装帧形式多种多样，根据时代不同，有着不同的变化。李致忠先生认为，中国古代书籍的装帧，大抵经历过简策制度、卷轴制度和册页制度三大不同

① 奚椿年：《中国书源流》，12 页，南京，江苏古籍出版社，2002。
② 李致忠：《古书版本学概论》，121 页，北京，书目文献出版社，1990。

阶段，而具体的装帧形式则先后流行过简策装、帛书卷子装、纸书卷轴装、经折装、旋风装、梵夹装、蝴蝶装、包背装、线装、毛装等十种。而笔者认为，书籍的装帧形式反映着一定社会、一定时期的历史情况，是随着时代的发展而发展的。最初的文字是记录在甲骨文、青铜器和玉石上的，在历史的发展中，竹简、纸张逐渐取代了原有的那些书写材料，故甲骨文书、青铜器铭文、石经和玉版可作为古籍的初始形态。现将各类形态结合实物资料介绍如下 ：

（一）初期形态

1. 甲骨文书

通过考古发现，在河南殷墟出土了大量的刻有文字的龟甲和兽骨（图 1）。所刻文字纵向成列，每列字数不一，皆随甲骨形状而定。由于甲骨文字型尚未规范化，

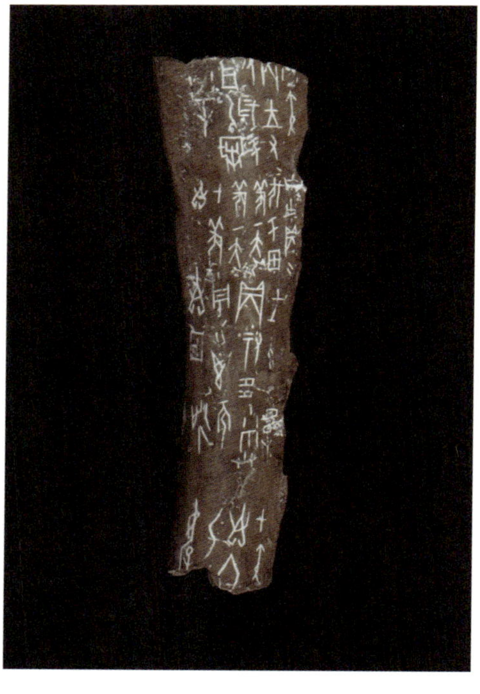

图 1　故宫博物院藏殷王武乙（文丁？）贞问祭祀先公先王卜骨

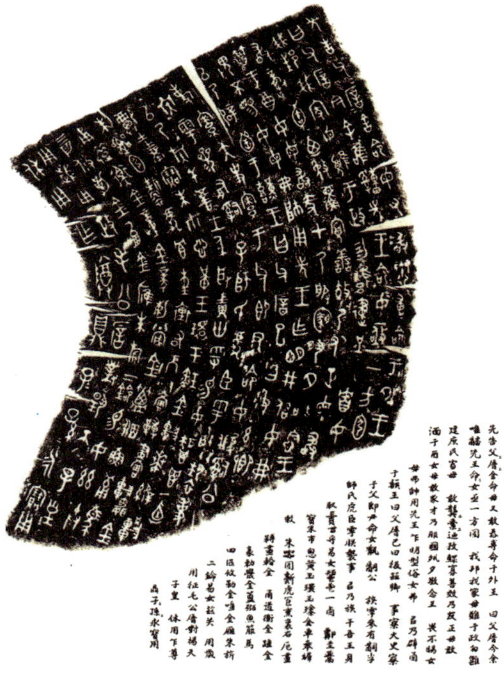

图 2　台北故宫博物院藏毛公鼎铭文拓片

图 3　故宫博物院藏秦石鼓及拓片

字的笔画繁简悬殊，刻字大小不一，所以横向难以成行。这是迄今为止我国发现最早的作为文字载体的材质。

2. 青铜器铭文

从商代后期开始，出现了青铜器铭文，或称“金文”，统治者将重要文书铸于青铜器上。特别是到了西周，铭文可以容载较多的文字，西周毛公鼎的铭文达 500 字（图 2）。因此，人们把古代这种铸之铜器上的铭文也看作是古代的重要文献。

3. 石经

《墨子》中多次提到“书于竹帛，镂之金石、琢之盘盂，传遗后世子孙”的话，表明墨子生活的春秋战国之前，就存在有刻在石头上的文字。在现存石刻文字实物中，最早的要算是唐朝初年在陕西发现的 10 个石鼓，每个鼓身的周围都刻有文字（图 3）。后世刻书也常采用石头为材料，如东汉的《熹平石经》、三国魏的《正始石经》等。

4. 玉版

关于使用玉来记载文字，在《韩非子 · 喻老》中就有“周有玉版”的话，说明周代就以玉为文字的载体了。大戴《保傅》说 :“素成胎教之道，书之玉版。”《素问》说 :“著之玉版，每旦读之，名曰玉玑。”北宋时发现的诅楚文，就是把文字记在玉上的，字体与石鼓文大体相同，也考定为周代的遗物，但后来实物就散失了。[①]1942年，在河南曾发现十几片玉片与和石片，上面有墨写的文字，内容就是古人盟誓的载书。

（二）简策形态

简策，是对用竹、木简制作书籍时代装帧形式的总称，始于殷商，秦汉时最为盛行。《尚书·多士》中说“惟殷先人，有典有册”，说明简策在商代已经出现了，它们的使用时间很长，直到东晋末年才逐渐以纸代替简策。在纸出现和大量使用之前，它们是主要的书写工具。

简策书已经具备了书籍装帧的基本形态，其文字的载体是竹和木。把竹子加工成统一规格的竹片，再放置火上烘烤，蒸发其中的水分，防止日久虫蛀和变形，然后在竹片上书写文字，仍沿袭甲骨文、金文的竖写直行、由右而左的款式，这就是竹简（图4）。《左氏传序疏》说：“单执一扎谓之简，连编诸简乃名为策。”竹简再以革绳相连成“册”，称为“简策”。它可以根据文章的长短任意确定简数，一简书字一行，最后用上下两道绳编串起来，卷捆后保存。还有苇编和丝编两种，考究者用织物缝袋装入。

竹简约起源于西周后期，一直延用到公元4世纪。竹简是早期书籍装帧比较完整的形态，在纸发明前最具代表性。竹简除以竹制成外，也有用木者，称木简。与竹简并行的还有木牍，牍是用于书写文字的木片，与竹简不同的是木牍以片为单位，一般着字不多，多用于书信。

（三）卷轴形态

1. 帛书卷轴装

竹简的材料易得，制作工序也不复杂，但也有缺点。一是笨重，秦始皇时每日

① 奚椿年：《中国书源流》，11页，南京，江苏古籍出版社，2002。

批阅公文用简达120斤，西汉东方朔上书，用简近3000片。其二，竹木简的长度宽度都有一定限制，除书写文字以外，很难适应绘制地图、作画等其他要求。而缣帛虽然价格昂贵、产量较少，但其分量轻、质地柔软、幅宽面广、易于着墨的优点使之很快成为与竹木简并行的书写材料。

帛书，就是指写在丝织品上的书，或者说是用缣帛作为书写材料而制成的书。明罗颀《物原》说："史籀始墨书于帛。"早在春秋末年或战国初年，已经出现了帛书。之后经秦、汉、三国，直到晋朝纸书盛行以前，帛书大约流行了千年左右。不过在帛书流行的过程中，简策也并未灭绝，而是几乎与帛书同时流行到纸书盛行以前。

缣帛易朽坏，很难见到出土实物。1973年，长沙马王堆西汉古墓中出土了一批帛书（图5），其中有著名的老子《道德经》甲、乙本，此外还有《周易》、《战国策》、《左传》、《天文占星》、《医经》等二十多种书。自从这批帛书出土以后，真正古代帛书的形象才大白于人间。从出土实物看，帛书的制作与装帧基本上是在模仿简策图书。版式上，一般上下绘有边栏，类似简策图书上下两端的编绳，两行文字中间用竖线隔开，就像竹、木简之间自然形成的条格界线；装订上，也是仿简策书籍卷起，但在末尾装有

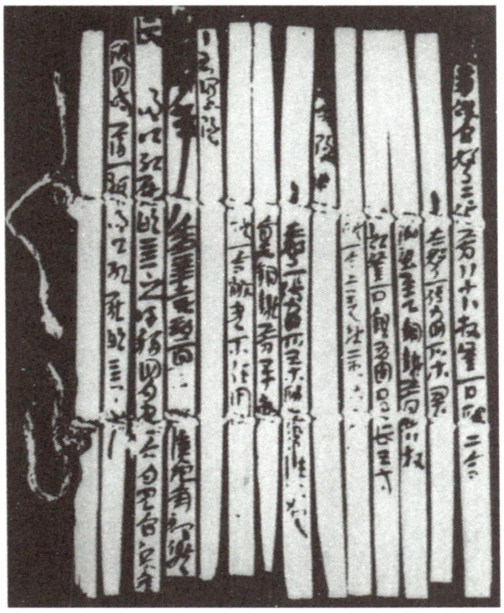

图4　居延汉简

图5　湖南省博物馆藏西汉帛书《周易》

木轴，而后以木轴为中心，从后向前卷起，中间系好以免散开，称为“卷子装”，也称“卷轴装”。由于缣帛比较珍贵，所以其装帧都很考究，可分为卷、轴、缥、带四部分。卷即绢帛，轴是用以旋转、舒卷的木片，缥是保护卷子的书衣，带是用来缚扎的。为了便于检阅，在卷口用籤条标上书名，称为“籤符”，又称“签条”。所用的材料因时代不同而异，汉代以竹简为签，汉唐以后都用象牙。

2. 纸书卷轴装

帛书的产生，适应并促进了社会文化的发展。但随着社会的不断前进，特别是到了秦汉以后，封建社会趋于成熟，社会文化更加发展，因而帛书也就逐渐暴露了它的弱点。因为其生产有限，显得特别贵重，如果继续使用缣帛写书，不但不能适应日益发展的社会文化需要，反而会形成科学文化发展的障碍。因此，一种兼备缣帛优点而又非常便宜的新书写材料出现了。

纸的发明，并经过蔡伦改进技术，但纸书并没有马上取代简策和帛书。直至东晋末年，才由政府下令，写书一律用纸，并规定了写书用纸的颜色标准和规格。由于纸书同样具有帛书的柔软和便于卷舒的优点，所以手写的纸书出现并盛行以后，乃至早期印本书，尤其是佛经，其装帧方式在很长的历史时期内一直还是采取了卷轴装的形式。这无论从文献记载和实物留存都能得到充分的证实。生活在三国至西晋时的傅咸曾作有《纸赋》，说当时的纸书“揽之则舒，舍之则卷”，应当是最早对纸书卷轴装的形象描绘，可见三国两晋时期的纸制书籍已是卷轴装了。

纸书卷轴装有简装与精装之分。简装纸书用普通纸和带漆或不带漆的木棒，不加任何装饰地从尾朝首卷起，如敦煌石室中保存的大量遗书就是这种简易的卷轴装（图6）。精装的卷轴装主要表现在轴、签、带的使用上，“缥”用丝织的绫锦，“带”用丝织的彩带，“签”、“轴”常常镶嵌象牙、珊瑚、金、玉等贵重物品。《隋书·经籍志》中说：“隋炀帝即位，秘阁之书，上品红琉璃轴，中品绀琉璃轴，下品漆轴。”《大唐六典》说：“其经库书，钿白牙轴，黄带红牙签；史库书钿青牙轴，缥带绿牙签。”

卷轴装到唐代已经非常完善，但随着社会的进步与文化发达，其缺点也日益明

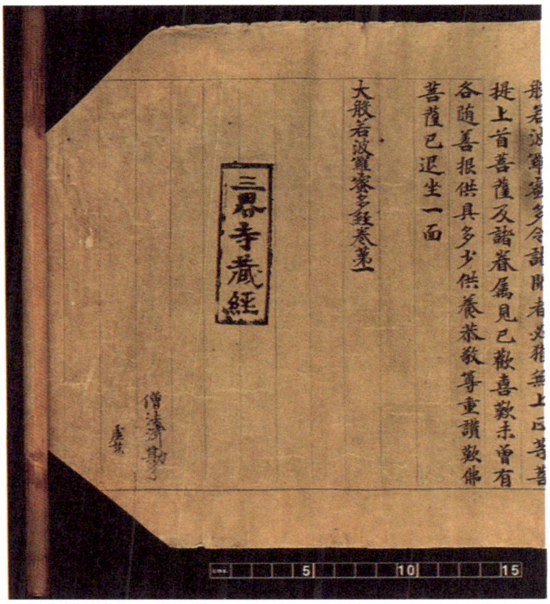

图 6　敦煌研究院藏卷轴装《大般若波罗密多经》

显。卷子一般都比较长，阅读时要边拉边卷，文字越多，卷子越长，阅读起来越不方便，要查检某一段落，尤为麻烦。到唐代后期，随着雕版印刷术的出现与普及，纸书装帧首先出现从卷轴形态到册页形态过渡的旋风装、经折装形式。

3. 旋风装

关于旋风装的形制，历来说法不一。刘国钧、郑如斯《中国书的故事》把一反一正折叠的长卷叫做经折装，并说："后人因为它同印度来的梵文贝叶经的形式相象，就称之为'经折装'或'梵夹装'"，又把首尾用厚纸粘连的经折装称为旋风装，因为这样"在拿取时，就不会有散开的扯断书叶的危险，如果从第一叶翻起，直翻到最后，仍可接连翻到第一页，回环往复，不会间断；因此就把它称为'旋风装'。旋风装是经折装的变形"。大体上认为旋风装类似于经折装，又把经折装等同于梵夹装。[①] 郑如斯、肖东发《中国书史》则认为"旋风装是由印成单页粘成长幅

① 刘国钧、郑如斯：《中国书的故事》，53 页，北京，中国青年出版社。

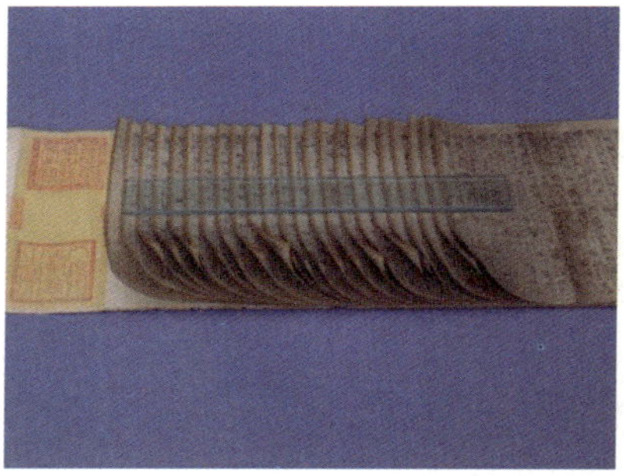
图 7　故宫博物院藏旋风装《刊谬补缺切韵》

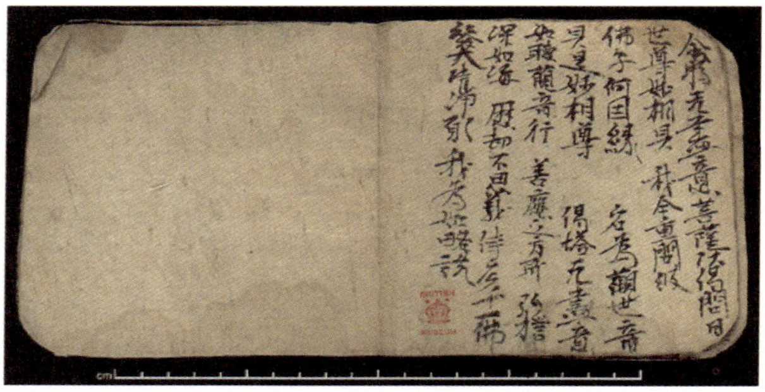
图 8　敦煌研究院藏粘页装《妙法莲华经》

后，再折叠起来的”，也把旋风装定义为折叠的形式。① 直到李致忠著《古书版本学概论》②、《古书旋风装考辨》③、《敦煌遗书中的装帧形式与书史研究中的装帧形制》④ 对旋风装作出翔实的考证，才彻底结束了学术界的纷争。

现故宫博物院藏有唐写本王仁煦《刊谬补缺切韵》（图 7），向我们展示了旋风装的形制。该书共五卷，凡二十四页，首页单面书写，其余二十三页均为双面书写，所以共是四十七面，每面三十五行（部分三十六行）。其装帧形式，是以一比书页略宽的长条纸作底，除首页因系单面书写，全幅裱于底纸右端外，其余二十三页因均系双面书写，故以每页右边无字空条处，逐页向左鳞次相错地粘裱在首页末尾的底纸上。“收藏时，从首向尾卷起，外表仍是卷轴装，但打开来翻阅时，除首页全裱于底纸上不能翻动外，其余均能跟阅览现代书籍一样，逐页翻转。”⑤

旋风装是从卷轴形态装帧到册页形态装帧的过渡形式。张邦基《墨庄漫录》形容其“逐叶翻飞，展卷至末，仍合为一卷”，它既具备册页装帧的基本特点，又保留了卷轴装的外形。至于“旋风”的得名，因故宫所藏《唐写王仁煦刊谬补缺切韵》一书经长期卷舒后，书页很像空气分成若干层朝一个方向旋转而形成的旋风，所以

① 郑如斯、肖东发：《中国书史》，154 页，北京，书目文献出版社，1987。
② 李致忠：《古书版本学概论》，北京，书目文献出版社，1990。
③ 李致忠：《古书旋风装考辨》，载《文物》，1982（2）。
④ 李致忠：《敦煌遗书中的装帧形式与书史研究中的装帧形制》，载《文献》，2004（2）。
⑤ 李致忠：《古书旋风装考辨》，载《文物》，1982（2）。

图 9　敦煌研究院藏缝缋装《金刚般若波罗密多经》

称作“旋风装”，因展开平放时错落粘连、形如鳞次，又名“龙鳞装”。

（三）册页形态

1. 粘页装与缝缋装

在敦煌藏经洞发现之前，粘页装与缝缋装并无实物可循，世人对其的认识主要源自宋代张邦基的《墨装漫录》。

宋代张邦基在《墨装漫录》中引用了王洙曾经说过的一段话：“作书册粘页为上，久脱烂苟不逸去，寻其次第足可抄录。”这里谈到书的制作方法用“粘”，就是把书叶粘在一起，所以称为“粘页装书”。基本是将纸单面书写，把有字的一面作为正面，相向对折，无字的一面作为背面。除第一叶上半叶和最后一叶下半叶外，各叶背面统统涂上浆糊，按顺序粘连，成为一册。

《墨装漫录》云：“若缝缋，岁久断绝，即难次序。初得董氏《繁露》数册，错乱颠倒。扶读岁余，寻绎缀次，方稍完复，乃缝缋之弊也。”这里谈到的“缝缋”，就是指缝缋装书。缝缋装“这种装帧书籍的书叶多是把几件书叶叠放在一起对着，成为长方形一叠，几叠放在一起，用线串连。……这样装订的书多是先装订，再书写，然后裁切整齐”。在敦煌遗书中，这种形态装帧的书有不少，中国、英国、法国国家图书馆收藏的敦煌遗书都有发现。在日本，现在还可以看到用缝缋方法装帧的书籍。①

2. 经折装

经折装，也称为“折子装”。名为“经”，大概因为与佛经有关，名为“折”，大概因为采用了折叠的形式。是将一幅长卷沿着文字版面按照一定的宽度一正一反地连续折叠，形成长方形的一叠，在首末两页上分别粘贴硬纸板或木板作为护封而成（图 10）。经折装是在卷轴装的形式上改造而来的。

随着社会发展和人们对阅读书籍的需求增多，卷轴装的许多弊端逐步暴露出来，已经不能适应新的需求。经折装首先是从佛经开始的。唐朝时佛教在中国达到了鼎盛时期，寺院遍布各地，僧尼、善男信女普遍诵经。传统书籍的卷轴装给诵经带来不小的麻烦。卷轴装形式的书，展开后如不用镇纸压住，会自行回卷，和尚诵经时，打开的经卷必须压住，很不方便。于是在佛教界便首先出现了经折装这种形式。所以一场针对卷轴装的改革首先在佛教经卷上发生了。这就是将写有文字的整幅经卷沿内文空隙，按照一定的行数或宽度，一反一正地折叠起来，形成一个长方形，完全展开以后为长卷，在某种意义上仍保留了卷轴的痕迹。这是经折装的简单形式，

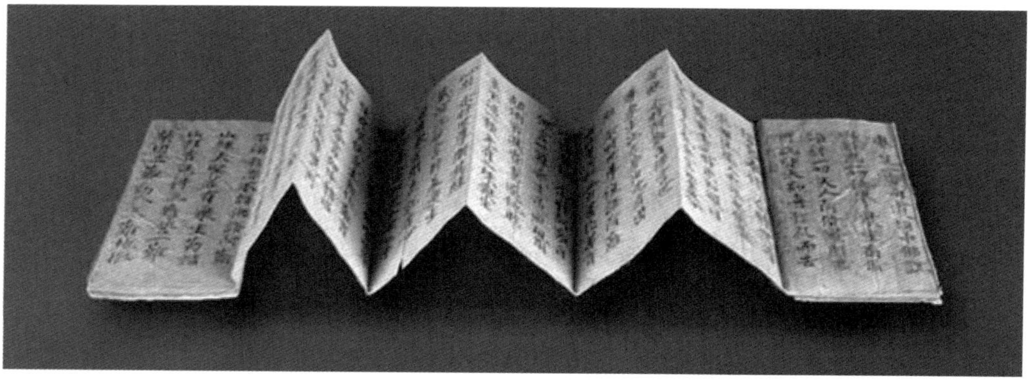

图 10　敦煌研究院藏《佛说无量大慈教经》、《佛说续命经》、《佛说地藏菩萨经》等经文合册

① 杜伟生：《中国古籍修复与装裱技术图解》，59 页，北京，北京图书馆出版社，2003。

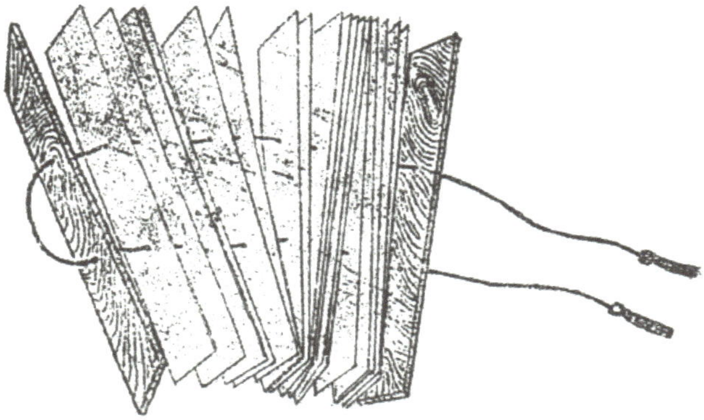

图 11　梵夹装示意图

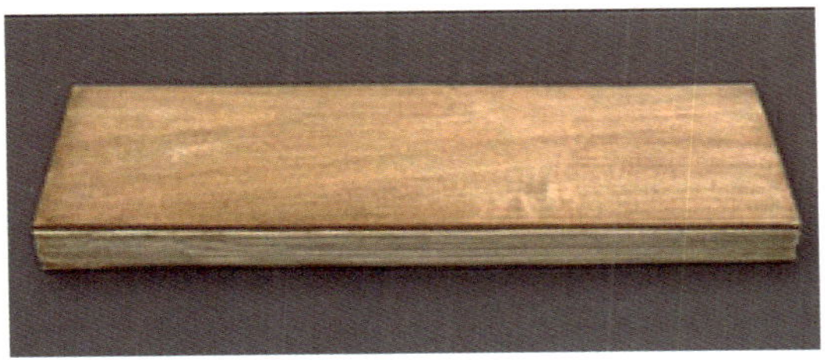

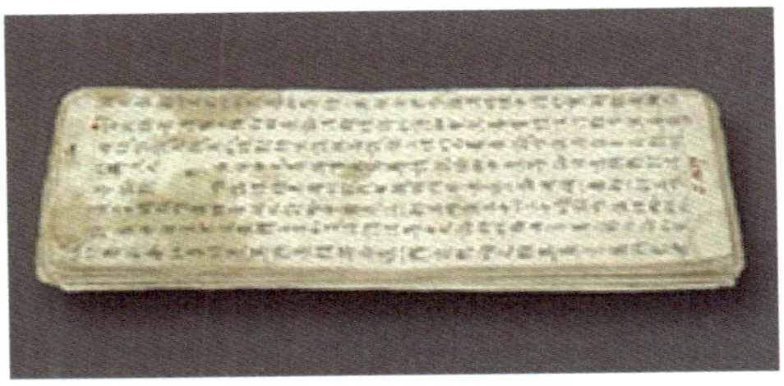

图 12　敦煌研究院藏梵夹装《唯识三十论要释》

阅读时容易散开。虽有此不足，但在收藏、阅读时却不用卷舒，非常方便，是书籍制作的一大进步。后来有人针对经折装的弊病作了进一步改进：用一张整纸对折起来，作为书籍的封面、封底，并将其与书的首页、末页粘接在一起。这样在阅读时，书便不会散开了。这种折叠形式始于唐代，沿用到北宋。

3. 梵装

梵装，也称梵夹装。它并不是从中国古代书籍装帧演变而来，“而是专指古印度书写在贝多罗树叶上的梵文佛教经典的装帧”[①]，后传入中国。(图 11)

印度境内盛产贝多罗树，树叶宽而长，表面光洁，所以古代印度佛经一般书写在这种树叶上。梵夹装的制作方式是：将书写好的贝叶经，视经文段落和贝叶多少，

① 李致忠：《古书版本学概论》，136 页，北京，书目文献出版社，1990。

依经文的内容顺序排好，然后用两块经过刮削的竹板或木板，将排好顺序的贝叶经上下各一块夹住，整齐以后在中间穿洞系绳。因其以竹木板夹住，内容又是梵文佛经，所以谓之“梵夹”，古代也习惯于以“夹”作为佛经的计量单位。

中国的古代也有类似梵夹装的书籍装帧形式，敦煌藏经洞便出土有梵夹装的经文。北京图书馆藏有五代时期回鹘文的《玄奘传》，其制作材料是纸，但采取的是单页长条双面书写的形式，显然是在模拟印度的贝叶经。其装帧方式也是集数页为一叠，每页中间都画有红色圆圈，显然也在模拟贝叶红穿洞结绳的遗迹。后世印刷的藏文佛经，很多都是采用这种形式，存世的也并不罕见。但这种装帧形式阅读时需要逐页取下，检索更谈不上方便，读后收藏也极费精力，所以“后世虽有模仿，但并没有成为图书装帧的主流形式”①。

4. 蝴蝶装

蝴蝶装，简称蝶装，因书页展开似蝶形而得名，是由经折装演化而来的。唐、五代时期，雕版印刷已经趋于盛行，而且印刷的数量相当大，以往的装帧形式已难以适应飞速发展的印刷业。经过反复研究，人们发明了蝴蝶装的形式，盛行于宋朝，是宋元版书的主要形式。(图 13)

其装帧形式是将每张印好的书页以版心为中缝线，把有字的纸面相对折起来，再将若干折好的书页对齐，以折边居右戳齐成为脊，而后再在书脊处用浆糊或其他粘连剂逐页彼此粘连，粘贴成册，然后裁齐成书，再装上硬纸作封面，便成一册书。这种装帧形式，从外表看很像现在的平装书，打开时版心好像蝴蝶身躯居中，书页恰似蝴蝶的两翼向两边张开，看去仿佛蝴蝶展翅飞翔，故称蝴蝶装。

唐代中国开始出现雕版印刷术，宋代以后，雕版印书事业得到空前的发展。雕版印书必须将一书分成若干版，一版一版地雕刻印制，印出来的书也相应地成为若干单页。传统的各种装帧已经不能适应新工艺制作的图书，于是出现了蝴蝶装。同时，蝴蝶装的特点是版心向内，单边向外，使书心得以保护。《明史 · 艺文志序》

① 曹之：《中国古籍版本学》，552 页，武汉，武汉大学出版社，1992。

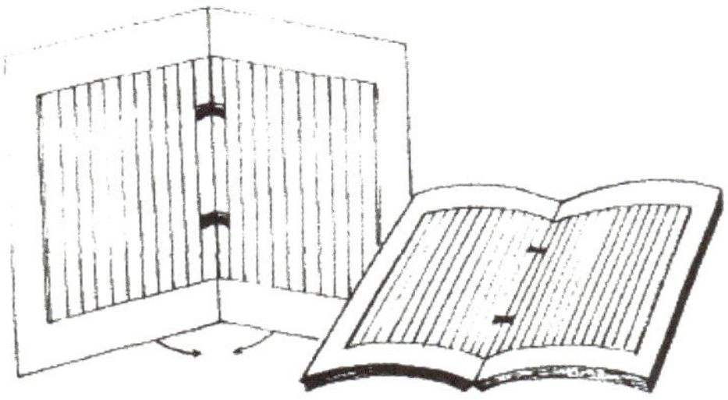

图 13　蝴蝶装示意图

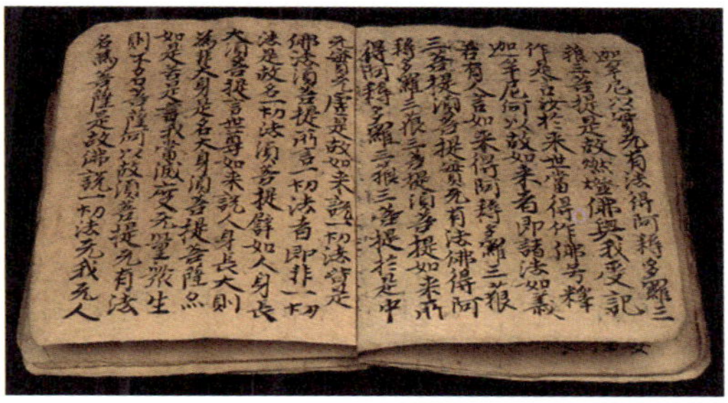

图 14　敦煌研究院藏蝴蝶装《金刚般若波罗密多经》

说："秘阁书籍皆宋元所遗，无不精美。装用倒折，四周外向，虫鼠不能损。"正因为有这么多的优点，所以蝴蝶装在宋元时期盛极一时。

5. 包背装

纵然蝴蝶装的优点有很多，但这种装帧也有弱点，即所有的书叶都是单叶，不但开卷使人看到的都是无字的反面，而且在翻阅时需经过两个背面的空白，翻两次才能看一页书，翻检极为不便，人们针对这一缺点进行改革，于是出现了包背装。

包背装是将印好的书页版心向外对折，由于是正折书页，故齐向右边而集成书脊，折好的数十页书页，依顺序摞好，而后戳齐左边书口，压稳。然后在右边框外余幅上打眼，用纸捻订起砸平，用纸捻装订成册，将书的天头、地脚处剪切齐，在书脊上刷浆，再用整张封面纸从书脊到书的上下两面包上，封面于书脊处粘住，再装上书衣，由于全书包上厚纸作皮，不见线眼，故称包背装。包背装解决了蝴蝶装翻两次才能看一页书的问题，大约南宋后期开始出现，经过元朝，一直沿用到明朝中叶，甚至到了清代，一些官印书籍仍采用包背装的形式。但是，如果经常翻看则会因粘连不牢而散开，为了解决这种矛盾，线装慢慢出现了。

6. 线装

线装指用线来装订书籍，是传世古籍最常用的装订方式，是我国书籍装帧技术发展的最后阶段。

线装书的起源大概在北宋末年或南宋初年，明朝中叶以后逐渐盛行。明朝中叶，伴随着资本主义萌芽的出现，市民阶层的精神文化生活要求也日渐提高，书籍的流

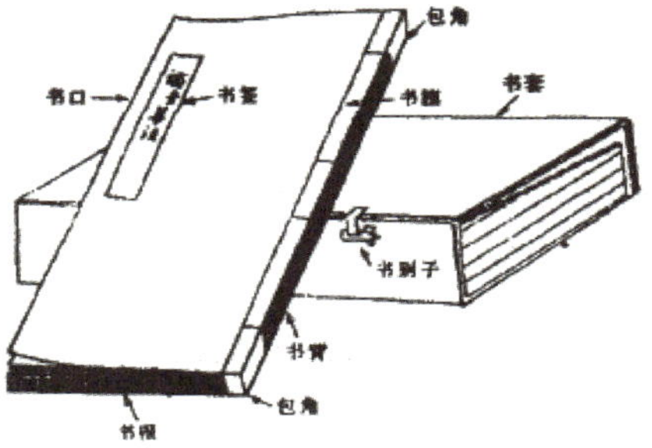

图 15　线装书示意图

图 16　毛装书

通更加频繁，书籍的装帧形式也必须作出相应的变革。蝴蝶装、包背装均是逐页粘连，费工费时。如果经常翻阅，非常容易散开。为解决这一问题，线装便逐渐流行起来了。采用线装的古籍现在依然不难见到，所以对其装帧学术界没有异议。线装与包背装在折页方面没有任何区别，但不用整纸包背作书衣。而是将封面裁成与书页大小相同的两张，前后各一张，与书页同时戳齐。而后将天头、地脚，左边余幅裁齐，即可打眼用线装订了（图 15）。这是古代最为进步的一种装帧方式，外形美观又很实用，所以流行的时间也比较长。

线装还有四种特殊的装帧形式：

（1）毛装

毛装形式在折叶和装订方法上与包背装没有任何区别，即仍然以版心为轴线，合叶折叠，集数叶为一叠，整齐书口，然后再书脊内侧打两眼或打四眼，用纸捻穿订，砸平。区别在于天头地脚及书脊毛茬自任，不用剪齐，也不用加封皮。这种毛茬参差而又纸捻粗装不要封皮的装帧形式称“毛装”，也称作“草装”（图 16）。

毛装书通常在两种情况下出现：一种是官刻书，特别是清代内府武英殿刻的书，通常都要赠送给皇亲贵戚，因不知受书者如何装潢于是就毛装发送；另一种情况就是手稿，作者写完一章一节，为不使页码章节错乱，常常简单装订起来，毛毛糙糙、边缘参差。

图 17 故宫博物院藏锦面锦函《太上三光注龄资福延寿妙寿经》(明永乐四年沈度泥金写本)

图 18 夹页书

图 19 金镶玉

(2) 套装、函装

线装书因软面书携带不便，所以加入书函、书套中（图 17)。有些用硬纸做成，包在书的前后左右四面；有些以木作匣；有些有夹板放在书的上下，左右各用两带束缚；有些用纸盒盛装。

(3) 夹页

有些线装书内文用纸很薄，书页印好后，在折页时加进一张稍厚一点的白纸，或其他颜色的纸，这页纸并不印刷（图 18)。这种做法一是为了使书页加固、硬挺一些；二是避免因纸薄透印影响阅读效果。清代后期，这种装订方法应用很普遍。

（4）金镶玉

金镶玉是一种补缀旧书的方法，因旧书被虫蛀蚀，或纸张薄脆，所以通过在书页里面衬上白纸，使天头、地脚及书脊三边都镶衬出白色的衬纸，再用纸捻将衬纸与书页重新装订，使经过镶裱衬纸的古籍既保持了原始的装帧形式，又使天头、地脚和书脑三面得以加宽，古籍版本得以拓宽，而原书页不易再受到损伤，从而延长古籍寿命。修补后的古籍线装书，黄色的书页衬以洁白柔韧的棉连纸衬托下，有着黄中透白、白中衬黄的颜色，所以才叫做“金镶玉”，扬州人称“袍套衬”，据说此法于明代（图 19）。

三、结语

根据上文的总结，笔者制作出了中国古籍装帧形式发展简表，内容如下：

装帧形态	装帧形式	书写材料	传布方法	流行时期
初期形态	甲骨文书	龟甲、兽骨	写、刻	商代至西周
	金文书	青铜器	写、刻	商后期至战国
	石经	岩石	写、刻	秦代至东汉
	玉版	玉	写、刻	周代
简策形态	简策装	竹简、木牍	写、刻	商代至东晋末年
卷轴形态	帛书卷子装	缣帛	抄写	战国至东晋末年
	纸书卷轴装	纸	抄写	东汉至唐代后期
	旋风装	纸	抄写、雕版印刷	晚唐
册页形态	粘页装、缝缋装	纸	抄写	唐代、五代
	经折装	纸	抄写、雕版印刷	晚唐
	梵夹装	贝多罗树叶、纸	抄写	五代
	蝴蝶装	纸	雕版印刷	五代至元
	包背装	纸	雕版印刷	南宋后期至清
	线装	纸	雕版印刷、活字印刷	明代中叶至民国

综上所述，古籍的装帧形式是随着书写材料、制作技术、传布方法和社会需要等因素的变化而不断发展的。新的装帧形式出现后，并不是立即取代旧的形式，旧形式依然在某些书籍上继续沿用，故同一时代可能同时使用有多种装帧形式，一种装帧形式的流行时间也不仅限于某一朝代。我国古籍装帧艺术历史久远，形式多样，技术卓绝，在世界书籍装帧史上占有重要地位。前人的研究让我们对古籍装帧形式有了丰富的认识与学习，而大量现存的实物资料和不断增加的考古发现也期待着更为深入的讨论和探索。

书评

走向融合与多元：后现代转向

——读《羌在汉藏之间》

周爱华 *

一、引言

2008 年的大地震使以往不为人知的川西羌族地区这一边缘地带进入人们视野，川西羌族地区是指汶川、北川、茂县、松潘、理县等地，其中汶川县、北川县、茂县为极重灾区，理县、松潘县为较重灾区。同一年台湾学者王明珂的《羌在汉藏之间》简体中文版交付中华书局，人们对生活在这片土地上的羌族及其及历史有了更加深刻的认识。王明珂，哈佛大学东亚系博士，现为台湾“中研院”史语所所长。王先生硕士时修读上古史，论文题目即是《上古的的姜、羌与氐羌研究》；后入哈佛大学东亚系，把大部分时间都花在了人类学系的课程中。自 1994 年开始，十多年来每年有一两个月在羌族地区进行田野调查，累积了大量的资料。[1]

《说文 · 羊部》里说：羌，西戎牧羊人也。历史上的羌并非单一民族，是当时中原对西部游牧民族的泛称，即“羌”曾是古华夏心目中的西方牧羊人或西方异族

* 周爱华：中山大学社会学与人类学学院博士研究生。

① 徐杰舜、王明珂：《在历史学与人类学之间——人类学学者访谈之二十八》，载《广西民族学院学报（哲学社会科学版）》，2004（4）。

概念，代表古华夏自觉的我群西方边缘。目前作为中国 55 个少数民族之一的羌族，约有 20 万人，主要聚居于四川省阿坝藏族羌族自治州的东南隅与北川地区，向西是人口 459 万、分布于中国 1/4 土地的广大藏族，向东则是人口达到 12 亿的汉族。王明珂在调查中逐步确立了代表各地羌族差异的三个典型社区：松潘小姓沟、茂县永和沟、北川小坝乡内外沟，分别代表西北方最藏化的、中间的以及东方最汉化的羌族地区。羌族，像是汉、藏间的变色光谱，愈往东南，这儿的羌族愈像汉族；愈往西北去，当地的羌族就愈像藏族，这一带羌族同时与汉藏两大文化接触、碰撞、交汇，具有模糊性、不确定性、边缘性、过渡性等文化特征，这是本书书名《羌在汉藏之间》的来源。

正如封底介绍所言“本书是一本羌族民族史，也是一本羌族民族志”，它是结合历史、民族志与现实关怀的书写。从民族史的角度来看，本书结合历史记忆、历史事实与历史心性来书写“羌”之历史，并借此说明华夏西部族群边界变迁，以及其如何贡献于近代中华民族之形成。从民族志的角度来看，作者以扎实的田野资料记录了在同一片土地上，汉、藏、羌等民族共同演绎的人类资源生态竞争与族群认同区分的故事。

全书分作三部分，分别是社会篇、历史篇和文化篇。第一部分通过对地理环境、语言、体质外貌、生计方式、婚丧礼仪、精神信仰等的描述向读者展现了羌族在以“沟”为单位中自给自足、相对孤立、资源匮乏的生活环境与生存状态，以及在此基础上以“羊脑壳”和“牛脑壳”、“一截骂一截”、“毒药猫”等村寨故事生动地诠释了羌族的族群认同和区分。这一部分是有关羌族历史与文化探讨的民族志基础。第二部分，作者对典范羌族史进行了解构，并以华夏边缘的观点对商代至民国时期的羌族史进行再建构，引出了一种根基历史即弟兄祖先故事，作者认为并不存在历史中延续不变的羌族，历史心性诠释并影响着羌人的历史记忆与族群认同。第三部分写的是古羌人文化作为事实、叙事和展演如何影响羌人的自我意识以及在当代的羌族认同，如何通过语言、文字、羌历年与锅庄舞、羌族妇女服饰、饮食文化、天神、白石信仰、端公与祭山会等形式进行文化再造。社会篇所描述的羌族事实上是历史和文化过程的产物，社会、历史和文化同样作为表征以反映社会本相。

此书与典型的民族史或民族志相比，在研究取向、研究内容、研究方法上带来了新观念的冲击，呈现出后现代的转向，它实现了“从主观和客观二元对立的思维方式转向在主体间性关系中提出和回答问题的思维方式”[①]。具体而言，从现代性向后现代性的转向的标志在于它放弃了把社会现象作为与物理现象一样的客观现象去观察和思考的原则，而是像常人方法学所宣称的那样，站在日常生活的立场上，在主体与主体的互动关系中给出双向解释。王明珂在访谈中说：“我认为自己做的并不是后现代主义的‘解构’，而是一种反思性的研究，是一种‘再建构’，即建构一种新的知识体系来认识我们当今的存在”[②]，尽管他并不认为自己在做后现代的解构，但他的研究正是传统民族史和民族志研究对自身的反思下得以重新建构话语，后现代的转向并没有超越现代性的框架，这种多重反思的目的是追求现代性的自我完善，正如王先生所说的建构一种新的知识体系来帮助我们更好地认识现在。这种后现代的转向体现在诸多方面，比如在族群认同与区分这一充满争议的主题上、在对待历史和“历史”的立场上、采用边缘研究的取向而非站在中心看边缘、注重文本与情境结合的方法等，下文将进行详述。

二、认同与区分

学者李亦园先生在为本书作序时对作者对待族群的看法作出较高评价：“作者不仅批判、解构历史实体论，同时也不为近代建构论所囿限，而实际上是超越了两者的境界，进而从未来世界族群和谐平等共处的观点来‘筹谋改进或规划更理想的人类资源共享环境’，这是何等开阔的胸怀！”[③]族群认同和区分是贯穿全书的主题，对群体的认同产生了对他者的认异进而有区分的意识，对他者的区分带来的“异己感”反过来又强化了特定群体的内在认同。

---

① 刘少杰：《社会学的现代性、后现代性和前现代性》，载《天津社会科学》，2005（2）。
② 王洪波：《川西羌族：“弟兄祖先历史心性”的启示》，载《中华读书报》，2008（9）。
③ 李亦园：《序〈羌在汉藏之间〉》，载《宁德师专学报（哲学社会科学版）》，2008（3）。

长久以来学术界比较流行的有客观特征派或实体论，认为一个族群就是一群拥有共同体质、语言、文化、生活习惯的人群。但在20世纪70年代后，学术界开始盛行另外一种声音，就是以巴斯等人为代表的主观认同派或建构论。王明珂在书中并没有就此进行讨论，而是对两种立场都进行了解构或批判，寻求融合——即由人类资源分享与竞争关系，及其在社会、文化与历史记忆上的表征，来说明人类一般性的族群认同与区分。

王明珂指出历史实体论在学术上的缺失，主要在于将文本与表征当作历史事实与民族志事实，忽略了历史文本的社会记忆本质以及文化表征的展演本质，也就是忽略了两者之产生与存在的历史环境与社会环境。[①] 过往持实体论的学者常以人群间的客观文化表征的相似性和一群人之文化与历史上某人群文化之间的相似性来界定群体的一体性。作者用田野事实进行反驳，川西地区这每一截的村寨人群在经济生业、聚落形式、宗教信仰、风俗习惯等各方面都十分类似，但他们并没有成为一个建立在彼此认同上的羌族。解构的路径一是指出并不存在历史中延续不变的羌族，二是提出将文化视作一种文化展演，关注文化如何在本土与外在世界的互动中不断呈现与变迁。同时他也指出了近代建构论有两大缺失，其一是他们忽略了历史的延续性与真实性面向，其二是他们也忽略了对人类族群生活的现实关怀，甚至在意识形态的敌对中解构他者的历史整合成为一种有文化偏见的表述。[②] 因此作者在书中强调他并非是解构历史上的羌族和羌族史所强调的中华民族一体性。他所要说明的是族群是人们在资源竞争与分配体系中，通过集体失忆与记忆，选择或丢弃某种共同的祖源与文化特征，达到对我族的认同与对他族的区分。[③] 资源匮乏以及因此造成的资源划分与竞争，是社会认同与区分产生的主要背景，反映在认同结构和当地人的情感和行为上。

① 王明珂：《羌在汉藏之间：川西羌族的历史人类学研究》，北京，中华书局，2008。

② 王明珂：《羌在汉藏之间：川西羌族的历史人类学研究》，北京，中华书局，2008。

③ 罗巧玲：《浅论历史人类学的研究方法——以〈羌在汉藏之间：川西羌族的历史人类学研究〉为例》，载《湖北民族学院学报（哲学社会科学版）》，2012（1）。

通过田野调查，作者发现在羌人的生活世界里，“内部”和“外部”认同是一个抽象而游移的界线，“我族”与“他族”也是特定环境中形成的相对概念，族群认同和区分具有模糊性、不确定性、相对性。他认为川西羌人存在同心圆式的认同结构，“核心是自我或本人所属的最小家庭单位，外围则是一层层有亲而疏的本家族人、本寨人、本村人、本沟人以及尔玛等”[①]。通过强化层层边界来维持此认同结构的机制可以概括为“一截骂一截”和“毒药猫理论”，前者是针对外部敌人，后者则针对内部敌人。例如在未形成“羌族”此种认同以前，山寨中的村民所认同的“自己人”不出一条沟，由此形成所谓“一截骂一截”的关系：下游的人骂上游是“蛮子”，上游的人骂再上游的“蛮子”。毒药猫故事是因为各个寨子内部不通婚，女人都是来自外面的寨子，人们相信有些女人能变成动物形状通常是猫或者用指甲下毒来害自己的孩子或丈夫。女性被视为父系家族中的外来者和潜在破坏者，她们的边缘地位使她们易于与不洁、污染、鬼联系起来，承载并反映了村寨与邻人之间的恐惧、敌意与猜忌。影响羌人的族群认同和亲疏远近的是人群的资源分配问题，分享与争夺产生的团结与竞争使人们不断调整外部和内部关系，这是他们日常生活中友好、恐惧、仇恨甚至暴力的根源，同时这也是支配人类“族群”生活的基本原则和真实图景。

三、历史与“历史”

正如作者在书中所说，在民国之初的民族史建构中，学者并非追溯一个已存在之“羌族”的历史，而是在有关“羌”的大量中国历史文献记忆中建构历史上的“羌族”，这是作者所称的国族主义观点下的“典范历史”。[②] 在后现代思潮的启示下，作者体会到此种历史的建构性，因此意图解构典范历史。在书中王明珂区分了两种历史，历史是指过去真正发生过的一些自然与人类活动过程，而“历史”则是人们

① 王明珂：《羌在汉藏之间：川西羌族的历史人类学研究》，北京，中华书局，2008。
② 王明珂：《羌在汉藏之间：川西羌族的历史人类学研究》，北京，中华书局，2008。

经由口述、文字与图像来表达的对过去的选择与建构。在追寻羌族的历史事实与历史建构过程中，作者探索的是究竟当今的羌族有着怎样的历史，而被不同的群体建构的“历史”，又怎样影响并改造了历史上的羌族，也即分析“现在如何认识过去，而过去又如何造就现在”。[①]

在第六章作者运用华夏边缘观点对中国历史文献中的羌族历史进行再建构，商代甲骨资料中羌人所处的区域是河南西部、山西南部和陕西东部一带，商到汉期间“羌”这一概念所指的地域持续向西漂移，原来所指的地域则逐渐东方化，成为华夏的一部分。到东汉魏晋时期，作为华夏边缘的“羌人”概念移到了青藏高原的东部边缘，羌人地带形成。唐至清时期随着汉化、番化与夷化羌人地带萎缩至岷江和北川之间。近代在知识分子的调查研究下羌族成为一个有具体内涵与边缘的民族范畴。作者借此说明“羌”并不是在时空中迁徙、繁衍、绵延的历史主体，它随华夏与周边民族的往来互动而不断变迁，它是华夏心中的西方异族概念。

通过实地田野，作者试图了解羌人的自我认同和本土社会历史记忆，即另一种“历史”。作者指出，此书最重要的贡献是让我们认识“弟兄祖先历史”并指出他们是一种历史心性的产物。[②] 在岷江上游许多羌、藏族村寨间都流行着一种说明本地人来源的“弟兄祖先故事”。以松潘埃期沟为例，这条小沟中有三个寨子，当地人认为这三个寨子生活的来源为：从前这儿没有人，三个弟兄到这儿来，分别到三个地方建寨，他们就是三个寨子的祖先。弟兄祖先历史故事用共同起源记忆来唤醒族群成员间的根基性情感，以此凝聚并界定一共享空间资源之族群。跨越村寨与沟的“羌族”认同则是本土知识分子通过构建英雄祖先历史形成的，如把大禹、李冰、周仓、樊梨花等英雄作为本族共同的祖先，他们选择、修饰由外面世界传来的知识与自身原有的记忆结合，表现他们作为边缘少数民族的许多无奈、卑屈、期望与骄傲。

王明珂在书中所称的“历史心性”是指流行于群体中的一种个人或群体记忆、

① 王明珂：《羌在汉藏之间：川西羌族的历史人类学研究》，北京，中华书局，2008。

② 王明珂：《在文本与情境之间：历史人类学的研究方法反思》，载《青海民族大学学报（社会科学版）》，2015（2）。

建构“过去”的心理构图模式。历史心性决定了何种历史以怎样的方式被建构起来。作者在书中不仅引用文献中的历史事实，在此意义上“羌族是历史的创作物”，也使用一些地方传说与神话以及当地人的口述来讲述本地“历史”，在此意义上“羌族是历史的创作者”。这两种历史都与社会记忆和群体认同关系密切，正是历史与“历史”的交错与环绕，造就了羌族。其中作者更加关注后者，因为“历史”有助于我们理解“历史”如何在一个社会特有的“历史心性”下被建构，即人群的主观记忆与认同。从某种意义上说，历史心性概念的提出体现了作者试图对历史实体论和建构论进行糅合的努力，将客观史实背景和主观记忆与认同两条研究路线进行合流。[①] 历史心性作为民族特有的主观特征也在一定程度上使民族史的主位研究成为可能。

四、中心与边缘

乔健先生曾在 1995 年指出中国民族史研究在方法论上存在两个问题，一个就是我们过去的民族史研究将历史与演化混淆，对于演化的概括作的总结太多，而平铺详尽的历史资料太少，另一个就是主位与客位研究的差异，即民族史研究更应注意少数民族自己的材料和观点，而非仅仅从汉人角度与汉人记载的资料出发。[②] 从民国时期王桐龄、吕思勉和林惠祥等学者的民族史著作来看，都不同程度存在大汉族中心主义，往往以中心看待边缘的角度来简单描写少数民族的演化。透过羌族如何建构自己的历史，王明珂反思了传统以中原为中心的历史叙事文化影响下的华夏历史书写，提出“从边缘看中心”的华夏边缘理论。

这本书延续了《华夏边缘》的边缘观点，作者认为所谓边缘观点或边缘研究，不一定是将边缘视为核心，而是努力发掘被忽略的边缘声音及其意义，及造成其边缘地位的历史过程。[③] 这个新的研究取向在对“族群”（包括民族）的了解和界定上，

① 王广瑞：《浅析历史史实与主观记忆、主观认同合流的可靠性——兼评〈羌在汉藏之间〉》，载《青年作家（中外文艺版）》，2010（10）。

② 乔健：《略谈研究中国民族史方法论上的两个问题》，载《民族研究》，1995（3）。

③ 王明珂：《羌在汉藏之间：川西羌族的历史人类学研究》，北京，中华书局，2008。

强调由族群成员所相信或争论的“我族边缘”（哪些是异族）来认识一族群的本质；着重资源竞争与分配体系中族群边缘的形成与变迁，以及配合与造成此变迁的历史记忆建构与再建构过程，以及影响资源分配、竞争与历史建构的群体内外权力关系。[①] 从族群内部来说，人们认为“无毒不成寨”即一个寨子需要有毒药猫存在的含义是：一个社会人群赖其边缘的维持而凝聚，而此边缘的形成与变迁则跟人们与邻近沟寨的内部紧张和资源竞争有关。而羌族的历史正是“华夏边缘”变迁的历程，羌族的存在为华夏在时间上、空间上、文化上都进行了划界。正如他在《华夏边缘：历史记忆与族群认同》所说，“当我们在一张纸上画一个图形时，事实上是它的‘边缘’让它看来像这个图形。”

正是通过这样的华夏边缘研究，王明珂提出了他的民族历史观。在他看来，“历史是延续的，但在历史中延续的并非是一个‘民族’，而是一个多层次的核心与边缘群体互动关系”。[②] 这是一种去核心、典范观点的历史认知。处于汉、藏两个民族的边缘的羌族其民族史不是一个孤立的的族群的历史，而是历史上、现实中华夏与周边族群互动、相生的历史。其次，王明珂的边缘研究虽受到了巴斯的族群边界理论的启发，但边缘较之边界却极具后现代特点。边界是如同线条一样稳定的、清晰的、明确的、易于辨别的，边缘却是一块漂移不定的、暧昧不清的、不确定性的、不可言说的区域。汉藏之间或汉与非汉之间是一个漂移的、模糊的边缘，历史主体及其文化具有模糊性、多元性、演变性。基于后现代的学术觉醒，学者们之文本分析切入点经常不是“熟悉与相似”，而是文本中或文本间所呈现的荒谬、断裂、矛盾、失忆、模糊、挫折。[③] 通过典型的边缘民族——羌族可以了解一个社会的多元本质和模糊边缘。

五、文本与情境

传统史学学者往往是扎根于对史料的考证，王明珂的历史人类学研究给传统的史

① 王明珂：《羌在汉藏之间：川西羌族的历史人类学研究》，北京，中华书局，2008。
② 王明珂：《羌在汉藏之间：川西羌族的历史人类学研究》，北京，中华书局，2008。
③ 王明珂：《羌在汉藏之间：川西羌族的历史人类学研究》，北京，中华书局，2008。

学研究注入了新的血液，结合历史学、人类学、社会学、民族学等诸学科理论交叉研究以及结合文献资料、考古资料、口述资料、田野调查等调查方法。此种结合对两个学科都有启发意义，对人类学而言，意味着人类学从共时性分析转向历时性分析；而对历史学而言，提供了新的研究领域和研究方法。[①] 王氏认为自己结合口述历史与人类学田野的方法是基于文本与情境之对应关系，"我一面从事人类学的田野情境观察记录，另一方面以一些关键问题（如历史）对本对人作采访录音，并将之化为文字文本"[②]。作者一面通过同当地人的闲聊与相处，将田间地头访问的"乡间野语"原样记录在文中附以按语，也获得大量口述资料、照片、实物、神话故事等，在现实情境中获得大量的文本；另一面通过阅读历史文献，在"历史上做田野"，获得历史上不同时代对"羌"有关的记载，与现实中羌人的生活空间和精神世界进行对应。

王明珂认为，无论是文献资料还是口述资料，或是文化、民族与历史现象，都是一种"文本"或"表征 / 再现"，而他的旨趣就是透过对文本或表征的分析，了解文本所潜藏的"情境"或"社会本相"及其变迁。文本存在于情境之中，情境也依赖文本来呈现与活化。[③] 以弟兄祖先故事来说，此种历史叙事中最重要的符号是——弟兄，其隐喻是"团结"、"区分"、"对抗"。此文本及其符号所对应的情境便为：因资源匮乏而严格划分可分享资源的人群范围的生存环境下，自称祖先为弟兄沟中几个村寨的民众共享或竞争沟中资源，人们既在生计方式、山神祭拜和婚丧嫁娶上依赖邻近寨子的人们，但也对亲近的外人有所恐惧、猜疑和怨恨。注意的是，由于文本、表征与情境、社会本相的动态对应关系，作者的文本是奠基于历史变迁的，并且也会能动地作用于历史本相本身的演化。[④] 比如随着社会变迁毒药猫叙事的情境发生变化，人们觉得"现在毒药猫越来越少了"。

作者所强调的本土情境（local context）并非指造成族群区分的资源环境、政治

① 陆启宏：《历史人类学的不同路径：人类学的历史化和历史学的人类学转向》，载《学术研究》，2016（6）。
② 王明珂：《在文本与情境之间：历史人类学的研究方法反思》，载《青海民族大学学报（社会科学版）》，2015（2）。
③ 王明珂：《羌在汉藏之间：川西羌族的历史人类学研究》，1页，北京，中华书局，2008。
④ 哈光甜：《区分与变迁——简评王明珂〈羌在汉藏之间〉》，载《社会学研究》，2007（1）。

背景、迁徙殖民，等等，而是指上述背景所造成之微观的个人日常生活经验、人际关系往来以及相关行为与表征。[①]本书的关注点之一是讨论人如何践行、夸耀、攀附、批评文化习俗，如此之微观过程有如何造成历史变迁，比如在“一截骂一截”中，人们在夸耀自己的汉文化习俗和嘲笑别人的“蛮子”习俗过程中推动了“汉化”。作者意图脱离“结构”的层次而探讨个人日常生活中相互之间的爱憎情感，以及基于此情感的行为实践，个人的情感与实践受结构的支配，也塑造或改变社会历史和结构。作者通过村寨里的毒药猫故事强调要从不断化约的社会的、结构的、观念的体系到在本土情境中看到日常情感体验、互动、行为实践。作者从主体间性出发，注重观察微观人群互动如何造成历史变化（如人们的认同变迁），“这种研究受历史社会学者诺伯特·埃利亚斯的影响，我们要非常注意历史变化发生在人与人的亲近、接触之间，在人们细微的互动中，历史慢慢地推进”[②]。

六、结语

本书的价值并不仅仅在于作者在文末追忆中所说的“让全世界都知道羌族”，也在于在羌族的历史与现实中看到了华夏乃至任何人类族群的影子，还在于它提供了民族史研究向后现代转向的路径。从以上几个方面我们可以归纳出本书在后现代转向中的主要特征是：超越了主观和客观的二元对立，而转向了从主体间性关系中寻求答案，比如作者转而探索人类资源分享与竞争的相互关系所造成的认同和区分，而不去争议历史实体论和建构论的对立。这一重要转向为民族史研究的认知和实践的融合与多元提供了可能性，历史经由解构和再建构可以有多种的解读方式，不去探讨弟兄祖先历史故事的真实性而借此种“历史”来了解羌人的历史心性；中心和边缘并非对立，而是在历史延续中互动相生，通过典型的边缘民族——羌族可以了解一个社会的多元本质和模糊边缘；基于文本与情境之对应关系将口述历史与人类

① 王明珂：《羌在汉藏之间：川西羌族的历史人类学研究》，76页，北京，中华书局，2008。
② 王明珂：《在文本与情境之间：历史人类学的研究方法反思》，载《青海民族大学学报（社会科学版）》，2015（2）。

学田野结合实现了方法论上的创新。其次，作者的研究对传统民族史和民族志研究的反思和自我完善，作者批判了历史实体论，解构了国族主义观点下的“典范历史”，反思了传统视以中原为中心的历史叙事文化和以考证为主要方法影响下的华夏历史书写，去典范、无中心是走向多元的前提。复次，作者在论调中走向了相对性、不确定性、模糊性等重要的后现代特征。在羌人的生活世界里“内部”和“外部”认同是一个抽象而游移的界线，“我族”与“他族”也是特定环境中形成的相对概念。文本分析切入点经常不是“熟悉与相似”，而是文本中或文本间所呈现的荒谬、断裂、矛盾、模糊。最后，作者像常人方法学所宣称的那样，站在日常生活的立场上观察微观世界达到宏观变迁的过程，作者通过毒药猫故事等强调要脱离结构而回到本土情境中，看到结构下人们的常情感体验、行为和互动。

然而本书也存在一些不足之处，一是作者强调当地的资源分配造成的区分和认同，在一定程度上简化了社会本相。如何翠萍（2003）提出的“在重建这个毒药猫故事产生的社会情境时，笔者认为作者对‘族’群层次议题的执著，可能使他忽视了毒药猫故事在非族群意义的文化上反思社会性建构的探讨，同时也绝对化了父系家族的亲属群体范畴。这样的做法，可能简化当时的社会本相，并影响我们对于 agency 的理解”[1]。二是作者在提出历史的另一种可能性的同时也模糊了历史真实性和主观记忆，比如永远摆荡在历史事实和历史想象之间的毒药猫故事是否确有踪迹，作者写了许多当地人讲毒药猫的故事而却从未遇到过被称为毒药猫的女性本人吗?三是作者一只脚踏在后现代性，另一只脚却还留在现代性，如作者提出挖掘边缘的声音，但这个边缘仍然是相对于中心的边缘，羌族的历史是华夏边缘变迁的历史和少数民族汉化的历程，作者对于传统的解构是不彻底的。

① 何翠萍：《书评：评王明珂〈羌在汉藏之间〉》，载《汉学研究》，2003。

《中国民族博物馆研究 2017》检索

D

E

F

G

H

J

K

L

M

P

Q

S

T

W

X

图书在版编目（CIP）数据

中国民族博物馆研究. 2017 / 顾群主编. —北京：民族出版社，2017.12
ISBN 978-7-105-15214-8

Ⅰ. ①中… Ⅱ. ①顾… Ⅲ. ①民族博物馆－中国－文集 Ⅳ. ①G269.265-53

中国版本图书馆CIP数据核字（2017）第318440号

中国民族博物馆研究 2017

责任编辑	郎洁
装帧设计	翟跃飞
出版发行	民族出版社
地　　址	北京市和平里北街14号　邮编:100013
网　　址	http://www.mzpub.com
印　　刷	北京盛通印刷股份有限公司
经　　销	各地新华书店
版　　次	2017年12月第1版　2017年12月北京第1次印刷
开　　本	787毫米×1092毫米　1/16
字　　数	280千字
印　　张	18.25
定　　价	48.00元
书　　号	ISBN 978-7-105-15214-8 / G·2100（汉1004）

该书若有印装质量问题，请与本社发行部联系退换
编辑室电话：010-64271909　　发行部电话：010-64224782